TOURISM

U0854161

京师职教

职业教育旅游大类
系 列 教 材

QIANTING KEFANG
FUWU YU GUANLI

前厅客房服务与管理

■ 主 编：孟庆伟 王坤坤 段孟霄
■ 副主编：王 晶 谢丽梅 张 娥
■ 参 编：孟芳旭 魏 伟 王学蕾
■ 闫伟红 刘彦平 王 蕾
■ 李 强 郝 爽 孙丽媛

北京师范大学出版集团
BEIJING NORMAL UNIVERSITY PUBLISHING GROUP
北京师范大学出版社

图书在版编目(CIP)数据

前厅客房服务与管理/孟庆伟，王坤坤，段孟霄主编．—北京：北京师范大学出版社，2021.12(2024.8 重印)
高等职业教育旅游大类系列教材
ISBN 978-7-303-27111-5

Ⅰ.①前… Ⅱ.①孟… ②王… ③段… Ⅲ.①饭店—商业服务 ②饭店—商业管理 Ⅳ.①F719.2

中国版本图书馆 CIP 数据核字(2021)第 139637 号

教材反馈信息 zhijiao@bnupg.com
营销中心电话 010-58802755 58800035
编辑部电话 010-58808077

出版发行：北京师范大学出版社 www.bnupg.com
北京市西城区新街口外大街 12-3 号
邮政编码：100088
印　　刷：北京溢漾印刷有限公司
经　　销：全国新华书店
开　　本：889 mm×1194 mm 1/16
印　　张：16.25
字　　数：350 千字
版　　次：2021 年 12 月第 1 版
印　　次：2024 年 8 月第 3 次印刷
定　　价：49.80 元

策划编辑：易　新　　责任编辑：陈　倩
美术编辑：焦　丽　　装帧设计：焦　丽
责任校对：康　悦　　责任印制：马　洁　赵　龙

前　言

本教材以习近平新时代中国特色社会主义思想为指导，深入贯彻党的二十大精神，坚持立德树人、德技并修。以酒店前厅部、客房部对客服务管理过程为主线，以职业综合能力培养为核心，以职业岗位工作过程为导向，引入“前厅运营管理”1＋X证书考核内容及“前厅接待赛”国赛标准，“岗、课、赛、证”融通，针对前厅部、客房部服务与管理人员的实际工作需要，对教材内容、教材结构进行编排。

编者根据前厅部、客房部的岗位任职要求设计了前厅部和客房部两大职业岗位模块。在前厅部模块下设计了前厅部业务基础、客房预订、礼宾服务、总台接待、前厅应求服务、客账与夜审以及前厅部综合管理七个引导性项目；在客房部模块下设计了客房部业务基础，客房对客服务，客房清洁保养，客房设备用品、洗衣房与布草房管理以及客房安全管理训练五个项目。在每个项目引导下提出有实际意义的“任务”，以让学生完成一个个具体的“任务”为线索，把教学内容隐含在每个“任务”之中。

本教材由孟庆伟担任第一主编，主要负责全书写作思路、写作体例和提纲的设计及统稿工作；王坤坤、段孟霄担任第二主编、第三主编，主要负责前厅部分的撰写工作；王晶、谢丽梅、张娥担任副主编，主要负责客房部分的撰写工作；孟芳旭、魏伟、王学蕾、闫伟红、刘彦平、王蕾、李强参加编写。来自校企合作酒店的两位企业导师——郝爽、孙丽媛对教材内容设计、实训项目考核等给予了全程指导。全书共分两大模块十二个项目，具体分工如下：王坤坤(项目一、项目二、项目三)、段孟霄(项目四、项目五、项目七)、王晶(项目六、项目八)、谢丽梅(项目九、项目十)、张娥(项目十一)、孟庆伟(项目十二)、李强负责全书练习题的设计及提供答案。

本教材特色：

1. 教材编写理念与时俱进。

教材编写理念与时俱进，校企双元开发，注重课程内容与职业标准对接，理实一体，编写时基于职业岗位，分析工作过程，描述工作任务，介绍相关理论知识，编制实践项目，体现职业教育特色，并且将逐步丰富相关数字化配套资源，与时俱进。

2. 书证融合、书课融通。

教材内容覆盖了"前厅运营管理"1+X等级证书考试大纲及前厅接待赛相关内容，将教学内容与职业证书等级考核及专业竞赛内容融合，同时教材建设与线上课程建设同步，对推进岗、课、赛、证融通起到了切实支撑作用。

3. 体例实用、项目驱动、任务导向

教材体例形似教案，方便实用。每个项目均以案例导入，能够引发学习兴趣；项目后的思维导图在拓宽学生知识面的同时，提升学生对知识把握的系统性和深度，同时方便学生记忆；项目结尾处的【自我学习】模块可用于测试学生对理论知识的掌握情况和对技能的应用情况。每一个教学任务均由【任务描述】【任务目标】【理论引导】【任务实施】构成，其间穿插了一些经典案例，兼具理论性与实用性。

4. 教、学、做一体化

教材每个教学项目的设计都有企业导师参与，教学实训内容贴近企业实际，任务考评标准清新，可操作性强，教、学、做一体化。

5. 形态创新，力争纸媒与数媒融合

在不断的修订中，力争运用现代信息技术创新教材呈现形式，形成纸媒与数媒融合的新形态一体化教材。不断丰富数字资源，将大量知识拓展及知识链接以二维码的形式呈现，为学生提供可听可看可感的学习体验。

6. 立德树人、融入课程思政元素

教材本着落实立德树人的根本任务，弘扬习近平新时代中国特色社会主义思想，注重引导学生树立社会主义核心价值观和良好的职业道德，弘扬工匠精神，培养吃苦耐劳精神和团队协作能力。

编者在编写过程中参考了大量专家、学者的著作和论文，还得到了内蒙古酒店的大力支持，在此深表谢意！由于编者的水平有限，书中难免存在不足之处，敬请广大专家同行和读者批评指正。

编　者

目　录

模块一　前厅部

项目一　前厅部业务基础 …… 3

任务　走进前厅部 …… 3

项目二　客房预订 …… 15

任务一　预订受理训练 …… 15

任务二　预订控制 …… 22

任务三　预订纠纷处理训练 …… 25

项目三　礼宾服务 …… 30

任务一　机场代表店外迎送服务训练 …… 31

任务二　门童店内迎送服务训练 …… 33

任务三　行李服务训练 …… 35

任务四　金钥匙服务认知 …… 41

项目四　总台接待 …… 47

任务一　入住登记服务训练 …… 47

任务二　换房、离店日期变更服务训练 …… 59

任务三　问讯、留言及邮件服务训练 …… 63

任务四　贵重物品保管服务训练 …… 69

任务五　行政楼层接待服务训练 …… 73

项目五　前厅应求服务 …… 80

任务一　电话总机服务训练 …… 80

任务二　贴身管家服务训练 …… 84

项目六　客账与夜审 …… 90

任务一　退房结账受理 …… 90

任务二　夜审 …… 95

项目七　前厅部综合管理 …… 98

任务一　客房销售管理 …… 98

任务二　宾客关系管理 …… 103

任务三　前厅部服务质量控制管理 …… 110

模块二　客房部

项目八　客房部业务基础 …… 119
任务一　认识客房部 …… 119
任务二　客房认知 …… 123
项目九　客房对客服务 …… 128
任务一　迎宾送客服务训练 …… 128
任务二　洗衣服务训练 …… 134
任务三　客房小酒吧服务训练 …… 138
任务四　开夜床服务训练 …… 142
任务五　客人遗落物品处理训练 …… 147
任务六　客房部其他服务训练 …… 150
任务七　客房对客服务质量管理 …… 155
项目十　客房清洁保养 …… 165
任务一　客房清洁训练 …… 166
任务二　中、西式铺床操作训练 …… 170
任务三　公共区域清洁管理 …… 175
任务四　客房计划卫生管理 …… 178
任务五　客房清洁设备、清洁剂认知及客房消毒训练 …… 182
项目十一　客房设备用品、洗衣房与布草房管理 …… 191
任务一　客房设备用品管理 …… 191
任务二　洗衣房与布草房管理 …… 197
项目十二　客房安全管理训练 …… 209
任务一　客房安全管理认知 …… 209
任务二　火灾应急处理训练 …… 213
任务三　住客失窃处理训练 …… 218
任务四　其他安全事故处理训练 …… 221
参考文献 …… 228
附　录 …… 230

模块一　前厅部

本模块针对酒店前厅部预订、礼宾、接待、电话总机、贴身管家、收银、大堂副理等工作岗位标准，按照工作过程中所需要的前厅部认知、客房预订、礼宾服务、前台接待、电话接转、客账管理、客房销售、宾客关系管理及服务质量控制管理等相关知识，客房预订、礼宾服务、前台接待、管家服务、投诉处理等服务操作技能，较强的服务意识以及灵活处理问题的综合职业素质要求而设计了前厅部业务基础、客房预订、礼宾服务、总台接待、前厅应求服务、客账与夜审以及前厅部综合管理七个项目。

项目一　前厅部业务基础

【项目描述】

通过学习前厅部相关知识，了解前厅部的地位、工作任务、组织机构设置与岗位设置、功能分区布局以及员工的素质要求，完成前厅部的组织机构设置及功能分区设计等工作任务。

【案例导入】

宜必思的市场调查

雅高(Accor)是全球最大的酒店管理集团之一，其旗下的品牌有索菲特(Sofitel)、美居(Mercure)、诺富特(Novotel)等，在全球140多个国家和地区拥有超过4000家店。近年来，中国市场引入了雅高旗下的经济型酒店——宜必思(Ibis)。

佛罗里达州立大学的一个调查小组曾为宜必思做过一项市场调查——酒店众多设施对客人的吸引程度。调查结果显示：居于酒店众多设施前两位的分别是酒店前厅和卫生间，由此可以看出前厅对酒店的重要程度。

>> 任务　走进前厅部<<

【任务描述】

通过现场参观高星级酒店，熟悉前厅部的组织机构设置、岗位设置以及功能分区布局，感受前厅部的工作氛围；通过酒店管理人员的讲解，了解前厅部的工作任务和工作内容，感悟前厅部员工应具备的素质，完成对前厅部及前厅部工作的整体认知。

【任务目标】

知识目标：了解前厅部的地位，掌握前厅部的工作任务及岗位设置，知道前厅部的功能分区布局

技能目标：能够合理设置前厅部的组织机构；掌握不同类型酒店的岗位设置

素质目标：树立良好的服务意识；强化酒店职业素质和职业认同感

【理论引导】

前厅部，也称客务部、大堂部，是酒店组织客源、销售客房产品、组织接待和协调各部门对客服务，并为宾客提供前厅各种服务的综合性部门。

图 1-1-1　某酒店前厅部

一、前厅部的地位

前厅部是现代酒店的重要组成部分，具有业务复杂、接待服务广泛、专业技术性强的特点，需要 24 小时运转。前厅是每一位宾客抵达、离开酒店的必经之地，是酒店对客服务开始和最终完成的场所，也是宾客对酒店形成第一印象和最后印象的地方。前厅部是酒店的窗口，是酒店的神经中枢，是酒店联系宾客的桥梁和纽带，其运行得好坏将直接影响酒店的整体服务质量、管理水平、经济效益和市场形象。因此，前厅部的地位在酒店中是举足轻重的，主要表现在以下几个方面。

(一)酒店形象的代表

从硬件方面来说，酒店前厅的建筑布局、色彩氛围等要体现出酒店星级、特色及追求的文化品位。独具特色的酒店前厅设计，不仅能加深住店宾客及社会公众对酒店的印象，而且有助于酒店实现自身的目标市场定位。

从软件方面来说，前厅部工作人员的仪容仪表、言谈举止等能给住店宾客和社会公众留下非常深刻的第一印象，并影响着他们对酒店整体形象的认知。所以，前厅部是酒店工作的“橱窗”，代表着酒店的对外形象。

(二)酒店的销售窗口

前厅部是酒店的销售窗口，是酒店创造经济收入的关键部门。客房是酒店出售的最主要商品。虽然前厅部通常销售的客房数量要低于市场营销部，但前厅柜台推销客房最终达成的价格一般要高于市场营销部的销售价格。前厅部的问讯处除了为宾客提供问讯服务外，还可以向宾客推销酒店的餐饮、商场、康乐等部门的产品和服务。因此，前厅部可通过客房的销售带动酒店其他部门的经营活动，从而提高酒店的经济效益。

（三）酒店的服务中心

前厅部是一个综合性的服务部门，服务项目多，服务时间长，并贯穿宾客在酒店内活动的全过程，因此它是酒店的服务中心。前厅部通过酒店产品的销售和服务信息，如客源流量、接待规格、结算标准和付款方式等的传递，来带动酒店其他各部门的服务工作。它的工作涉及酒店的方方面面，在一定程度上决定着其他部门的工作效率与服务质量。

（四）酒店的信息来源

前厅部是酒店的信息中心，它搜集、整理、统计、汇总、分析、传递、保存了关于市场与宾客的大量重要信息，如宾客预订、入住登记、客史档案、宾客投诉等。酒店其他部门所需要的信息绝大部分来源于前厅部，这些部门将根据前厅部所提供的信息来计划和组织对客服务工作。

（五）酒店的第一道安全防线

酒店前厅是宾客进出酒店的主要场所。前厅部工作人员在做好本职工作的同时，应细心观察进出前厅的每一个人员，对形迹可疑或利用客房的隐蔽性从事违法活动的人员要提高警惕，并与酒店的安保部联系，为酒店安全把好关。另外，前厅部工作人员应管理好客房钥匙、宾客寄存（或转交）的行李物品及贵重物品，保证住店宾客的人身安全和财产安全。因此，有效增强前厅部工作人员的安全意识就为酒店筑起了第一道安全防线，可防止犯罪活动在酒店发生。

二、前厅部的工作任务

【经典案例】

安娜女士是世界著名的钢琴演奏家，长期侨居海外，此次应邀到天津进行钢琴演奏表演，为此安娜女士通过网络在天津某五星级酒店预订了一间大床房。2015年7月10日，演奏表演前两天，酒店的出租车载着首次归国的安娜女士到达了酒店门口。门童面带微笑地为安娜女士打开车门，实施护顶服务。行李员将行李搬下车，并引领安娜女士办理入住登记手续。办完手续后，行李员护送安娜女士到她的房间。稍微整理一下后，安娜女士就通过电话总机向远在海外的家人报平安，并且发了几封邮件。由于是首次归国，安娜女士非常想感受一下祖国的气息，于是向服务员询问了附近的旅游景点情况后，便立即乘坐出租车前往著名景点游览。5天后，安娜女士的钢琴演奏结束，同时在国内的行程也结束了。她办理了结账手续之后便踏上了回家的飞机。

本次酒店入住，从客人预订，到结账离店，涉及客房预订服务、礼宾服务、接待服务、总机服务、商务中心服务、问讯服务、收银服务等前厅系列服务。

前厅部在酒店中的地位和作用决定了它的基本工作任务就是推销酒店客房及其他产品，协调酒店各部门的工作，为宾客提供满意的服务，使酒店获得理想的经济效益和社会效益。具体说来，前厅部有下列几项工作任务。

(一)销售客房

销售客房是前厅部的首要任务。客房收入是酒店经济收入的主要来源。据统计，目前国际上客房收入一般占酒店总收入的50%左右，而在我国还要高于这个比例。因此，前厅部必须参与酒店的市场调研和市场预测，参与客房价格及促销计划的制订，配合营销部进行宣传促销活动，开展客房预订业务，接受客房预订并对预订进行计划、安排和管理，掌握并控制客房出租状况，为宾客办理入住登记手续并安排住房，以此完成销售客房的任务，从而增加酒店的经济收入。

(二)协调对客服务

前厅部既是酒店综合服务的总枢纽，又是协调宾客和其他部门的桥梁，其联络和协调的功能表现在以下三个方面。

第一，将根据销售情况所做的客源市场预测、客房预订及到客情况及时通知有关部门，使各部门有计划地安排好各自的工作，并相互予以配合。

第二，通过与宾客或接待单位接触，将所掌握的宾客需求及接待要求传达给有关部门，并检查及监督落实情况。

第三，通过受理宾客投诉，将所掌握的意见、建议及处理意见及时反馈给有关部门，以保证酒店的服务质量。只有这样，才能保证宾客满意，提高酒店的整体服务水平，也才能争取更多的“回头客”，提高客房出租率。

(三)提供前厅系列服务

前厅部除了开展客房预订、客房销售、协调各部门对客服务等工作外，还要开展诸如迎宾送客服务、行李服务、贵重物品保管服务、问讯服务、电话服务、收银结账服务及委托代办服务等一系列工作。

(四)处理客人账目

前厅部收银处的基本工作是管理宾客账单，因为账单是处理宾客账务的基本依据。酒店客房账单、餐厅及酒吧账单以及其他项目的消费账单，都要被汇集到前厅部，并由前厅部统一处理。因此，前厅部必须及时、准确地获得宾客的消费账单，并进行审核和统计，以便在宾客结账离店时，能够迅速、准确地为宾客办理结账手续。

(五)处理信息

前厅部每天能接触到大量的信息，如客源市场信息、产品销售信息、营业收入信息、客人需求及意见反馈信息等。所以，前厅部要及时将这些信息转化成数据，做成报表，定期进行统计分析，并向酒店的管理部门进行汇报，以便他们及时发现问题，在经营管理上做出调整。

(六)建立客史档案

前厅部还要为住店宾客，尤其是常客建立客史档案，记录宾客在酒店居留期间的主要情况。这些资料是酒店向宾客提供周到的、具有针对性的、个性化服务的依据，也是酒店加强对客源的了解、增强市场渗透力、提高酒店客房销售能力的信息来源。

三、前厅部的组织机构设置与岗位设置

前厅部的组织机构设置受酒店类型、规模、等级、劳动力成本、管理模式等因素的影响，因而各酒店前厅部的组织机构设置的形态也有所不同。

(一)前厅部的组织机构设置

前厅部的工作任务是由其内部各机构分工协作共同完成的。一般来说，酒店按客房数量和接待规模可分成大型、中型、小型酒店。酒店规模不同，其前厅部的业务分工也不同，但一般情况下，前厅部主要设有以下机构。

1. 预订处

预订处由预订主管、领班、预订员组成，主要工作是接受、确认和调整房间预订，办理订房手续；制作预订报表，对预订进行计划、安排和管理；掌握并控制客房出租状况；负责联络客源单位；定期进行房间销售预测，并向上级提供预订分析报告。

2. 接待处

接待处负责接待抵店住宿的宾客，包括团队、散客、长住客、非预期到店以及无预订宾客；办理宾客住店手续，分配房间；与预订处、客房部保持联系，及时了解客房出租变化，准确显示房态；制作客房销售情况报表、掌握住店宾客动态。

3. 问讯处

问讯处负责分发与控制客房钥匙；解答宾客的问讯，接受宾客留言；分发宾客邮件，接受宾客订票等委托代办事项。

4. 礼宾部

礼宾部负责在店口或机场、车站、码头迎送宾客；调度门前车辆，维持门前秩序；代客卸送行李，陪客进房，介绍客房设备与服务，并为宾客提供行李寄存和托运服务；分送宾客邮件、报纸，转送留言或物品；代办宾客委托的各项事宜。高星级酒店提供金钥匙服务。

5. 大堂副理

大堂副理是酒店联系宾客的纽带，为宾客提供个性化的服务，提高宾客在酒店居留期间的满意度。其主要职责包括接待贵宾；处理宾客投诉；独立应对酒店的突发事件；为宾客提供问讯服务；组织举办宾客专项活动，如常客鸡尾酒会；管理酒店备用钥匙；做好每日前厅工作记录；巡查前厅部各个岗位并协助工作；接待来访，如相关政府管理部门的检查、媒体记者采访等。

6. 电话总机处

电话总机处的主要职责是接转酒店内外电话，承办长途电话，回答客人的电话问讯；提供留言、叫醒服务；播放背景音乐；担当酒店出现紧急情况时的指挥中心。

7. 商务中心

商务中心的主要职责是为客人提供通信及秘书性质的服务，如收发传真、电报，打字，翻译，复印，电脑文字处理，互联网服务等。另外，还可为宾客提供其他特殊服务，如租赁服务、委托代办服务等。

8. 收银处

收银处负责酒店宾客所有消费的收款业务，包括客房、餐厅、酒吧、长途电话等各项服务费用；同酒店有宾客消费的部门的收银员和服务员联系，催收核实账单；及时催收长住客或公司超过结账日期或长期拖欠的账款。

(二)前厅部的岗位设置

1. 大型酒店前厅部的岗位设置

在大型酒店中，前厅部通常设有部门经理、主管、领班、普通员工四个层次的岗位。不同酒店的前厅部的岗位设置会根据不同情况而有所变化。大型酒店前厅部的岗位设置如图 1-1-2 所示。

2. 中型酒店前厅部的岗位设置

中型酒店的前厅部一般设有部门经理、领班、普通员工三个层次的岗位。与大型酒店相比，中型酒店的前厅部下设工种较少。中型酒店前厅部的岗位设置如图 1-1-3 所示。

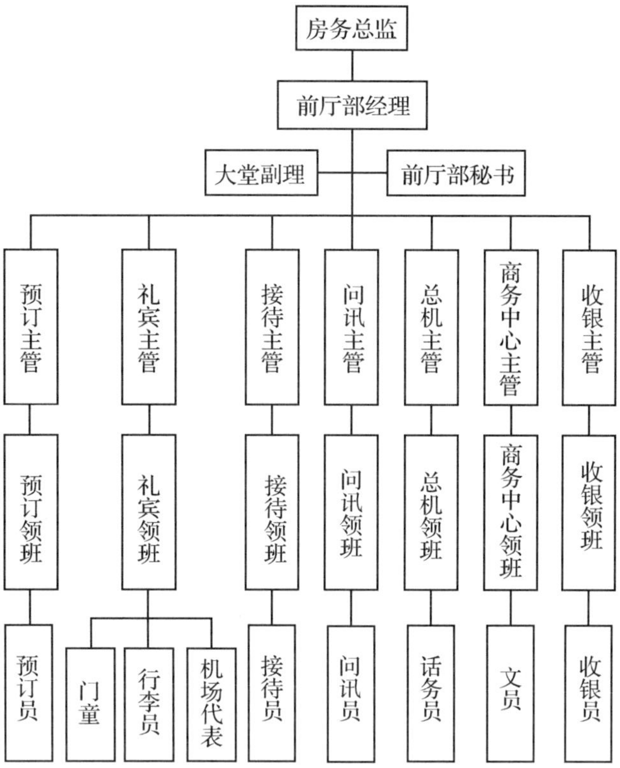

图 1-1-2　大型酒店前厅部的岗位设置

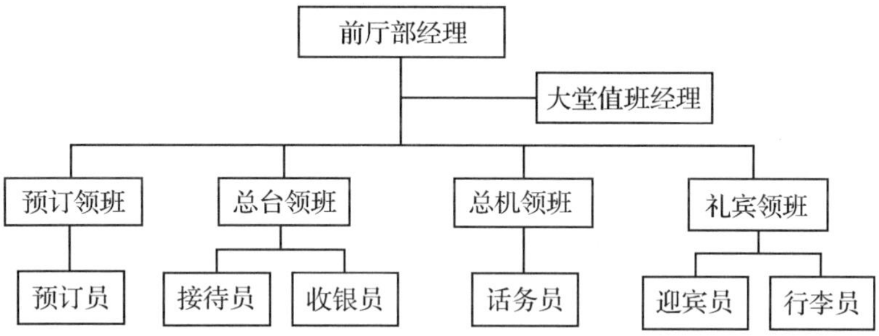

图 1-1-3　中型酒店前厅部的岗位设置

3. 小型酒店前厅部的岗位设置

小型酒店的前厅部一般由客房部下设的总服务台班组替代，一般设有领班（或主管）、普通员工两个层次的岗位。小型酒店前厅部的岗位设置如图 1-1-4 所示。

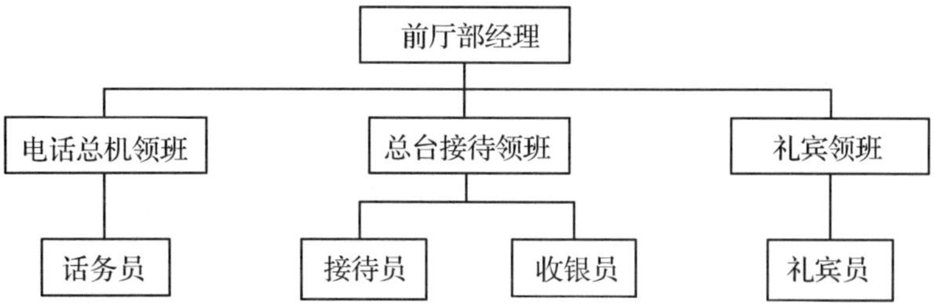

图 1-1-4　小型酒店前厅部的岗位设置

四、前厅部的功能分区布局

【经典案例】

原始粗犷与高雅奢华的完美融合

——长隆酒店的“野性”文化动物生态主题风格

长隆酒店，地处中国5A级精品景区——长隆旅游度假区的中心地段，左揽广州长隆欢乐世界、长隆水上乐园，右倚广州香江野生动物世界，拥有1500多间生态主题客房及套间，9个高级餐饮消费场所，约30000平方米的国际会展中心，约6000平方米的宴会厅及39间多功能会议室，是亚洲最大的主题公园酒店，荣获“中国最佳主题酒店”称号。

长隆酒店充分利用同属一体的香江野生动物世界，以非洲热带风光为背景，以动物生态为主题，采用原始风情与现代时尚相结合的“萨法丽”(safari)装饰风格，将非洲原野的粗犷、自然与现代生活的高雅、舒适完美融合在一起。

长隆酒店内处处是热带丛林植物景观和造型各异的动物雕塑。在酒店大堂内，巨大的狮子群雕高耸入顶，生猛野性的非洲狮们在以无数盘根错节的“树根”缠绕而成的巨大拱形高台上或嬉戏跳跃，或俯视来宾，使宾客宛若置身于非洲。宽大的总服务台就设于由狮子群雕构成的高大拱形门之下，可谓大胆夸张、别出心裁。不管是客房内，还是大堂、餐厅、商务中心等区域内，不管是墙壁上、地面上，还是地毯、沙发、座椅上，都饰有动物图案，处处彰显出野生动物的主题，豪华中投射出原始自然的气息。酒店的另外一个特色就是充分借助动物标本。酒店大堂、宴会厅、走廊、楼道等适宜场所内都放置着各种动物，如非洲象、长颈鹿、斑马、鳄鱼等的标本，为酒店平添了猎奇感。而酒店最大胆的设计当属将酒店本身也建设成一个活生生的动物园。长隆酒店的中庭花园是一个动物岛，地势高低悬殊，最低处是白虎园，四周由高高的岩石围成，里面有树，有池，有石，还有数只生猛的白虎戏耍。白虎园与大堂吧之间以特制玻璃相隔，宾客喝着咖啡就可以观赏窗外悠闲的白虎。沿着中庭花园的石阶而上，是一个位于绿树丛中的池塘，里面芳草萋萋，一群群火烈鸟闲庭信步，而酒店的西餐厅外，是一个密闭的庭园，里面生活着一对狮子。宾客可以品味玻璃墙外的猛狮与园中绿树、碧草、瀑布溪流、山石营建出的原始自然风情。

讨论：你如何评价长隆酒店的前厅环境？这样的环境会给酒店带来怎样的影响？

前厅，包括酒店的大门、大厅、楼梯、电梯和公共卫生间等。前厅是酒店建筑的重要组成部分，是宾客进出酒店的必经之处和活动汇集的场所，也是给宾客留下第一印象和最后印象的地方。因此，一个设计合理、功能齐全、环境幽雅的前厅，能赢得宾客的好感。前厅部的功能分区布局通常如下。

(一)酒店大门

酒店的大门由正门和边门构成。大门的外观要新颖，有特色，能对宾客有较强的吸引力。一般的酒店都采用玻璃门作为正门。大多数酒店的正门分成两扇，以便宾客进出及门童为宾客提供开门服务。酒店也可以根据客流量的大小增设更多扇门，或在正门两侧各开一两扇边门，以便酒店员工及团队宾客进出酒店。

(二)服务区域

前厅的对客服务区域主要包括总服务台(见图 1-1-5)、大堂副理处(见图 1-1-6)和礼宾部等。

图 1-1-5　某酒店总服务台

图 1-1-6　某酒店大堂副理处

总服务台，简称“总台”，也叫前台，是为宾客提供入住登记、结账、问讯、外币兑换等综合服务的场所。总台是前厅活动的焦点，应设在醒目的位置，最好正对大堂入口处，这样既可以使工作人员清楚地看到整个前厅、出入口、电梯等地的活动情况，以及正门外宾客车辆的到达，从而做好接待准备工作，又可以使工作人员及时发现各种可疑的人或物，确保酒店的安全。

大堂副理的办公地点应设在离总台不远的某一视野开阔的安静之处。通常放置一张办公桌、一两张座椅，供办公和接待宾客使用。

礼宾部一般设在大门内侧，以便行李员尽早看到汽车驶进通道，从而及时上前迎接。柜台后设行李房。

(三)休息区域

休息区域是宾客来往酒店时等候、休息或约见亲友的场所(图 1-1-7)。它既要位置明显，又需相对安静和不受打扰。休息区域的主要家具是沙发和茶几。休息区域的风格、面积须与酒店的规模和星级相匹配。休息区域应有足够的空间供客人活动和休息。

图 1-1-7　某酒店大堂休息区

(四)公共设施

前厅内应有齐备的公共设施，较高档的酒店还应配备供宾客查询有关酒店服务设施位置及时间等信息的电脑。前厅内或附近应设有用中英文及图形标示的供男女宾客使用的洗手间。洗手间内要宽敞、干净、无异味，各种用品，如手纸、面巾纸、香皂、干手器、小毛巾、擦鞋机等要齐全。

广州天河希尔顿酒店前厅经理招聘

五、前厅部员工的素质要求

前厅是酒店的“脸面”，前厅部工作人员就是“脸面”的体现者和维持者。因此，前厅部工作人员顶着众多头衔，担任着“酒店的外交大使”“酒店商品推销员”

"问题的解决者""矛盾调解人""信息提供者""活动协调人""金钱处理者""资料保存者""酒店的公关代理"等多种角色。一名合格的前厅部员工应该具备以下素质（见表 1-1-1）。

表 1-1-1 前厅部员工的素质要求

指标	标准
仪容仪表	着装整洁、大方，面带微笑，主动热情，彬彬有礼
语言	优美的语言，令人愉快的语音、语调，恰当的言语内容以及灵活的语言策略和技巧 必须掌握两门外语且能进行基本会话，发音标准，表达准确
行为举止	站姿标准，行为规范，举止大方 工作期间不吸烟、不嚼口香糖、不吃喝、不高声叫喊、不勾肩搭背、不指手画脚等
应变能力	反应灵敏，记忆准确，在任何情况下，都应沉着冷静，能采用灵活多变的方法，处理好每件事情
诚实度	诚实守信，有抵制诱惑的能力，特别是在做出纳工作或外币兑换工作时，必须严格遵守工作纪律 给予宾客的优惠必须符合酒店规定，绝对不能以工作之便徇私舞弊
知识面	知识面广，对历史、地理、气候、金融、风景名胜、异国风俗、宗教等方面的知识都要有所了解
合作精神	有大局意识、协作精神和服务精神，有良好的从业心态和奉献精神

【任务实施】

实训任务	酒店前厅部现场认知
实训目标	对星级酒店前厅部的布局、部门及人员素质有宏观上的认知
实训地点	五星级酒店前厅部
实训条件	大巴车；聘请酒店前厅部工作人员进行讲解
实训过程	1. 实训前 (1)着装整洁，事先了解前厅部相关知识 (2)组织有序，驱车前往酒店 2. 实训中 (1)有序参观前厅部各功能分区 (2)认识各功能分区的设施设备和用具 (3)了解前厅部的组织机构设置和岗位设置 (4)观察前厅的装修风格、色彩、灯具以及装饰物 (5)感受前厅氛围 3. 实训后 (1)教师总结 (2)学生撰写实训报告
实训考核建议	1. 考核内容：学生参观后的感受与认知 2. 考核方式：画出酒店前厅部的组织机构图；撰写观后感，谈一谈酒店对前厅部员工的素质要求 3. 考评人员：教师

【项目小结】

- 前厅部业务基础
  - 走进前厅部
    - 前厅部的地位
    - 前厅部的工作任务
    - 前厅部的组织机构设置与岗位设置
    - 前厅部的功能分区布局
    - 前厅部员工的素质要求

【自我学习】

一、理论思考题

1. 前厅部在酒店中的重要地位表现在哪些方面？

2. 谈谈自己如何成为一名优秀的前厅部员工。

3. 谈谈你对酒店前厅氛围的理解。

二、案例分析题

香港的文华东方酒店是香港历史最悠久的酒店之一，在国际上颇具声望。作家西蒙·温切斯特抖出了酒店开业之初的这样一件“糗事”。温切斯特先生想让酒店的礼宾部替他买几张贝多芬的唱片，所以他就给礼宾部打电话。以下是他和酒店礼宾部工作人员的对话：

“你好，我是1010房间的西蒙·温切斯特。”

“哦，温切斯特先生，您今天过得怎么样?”礼宾部工作人员说。

“很好，很好，谢谢——您知道贝多芬吗?”

“贝多芬先生？让我查一下——请问他住哪个房间?”

“不不，贝多芬不是一个客人，他是一个作曲家，他已经死了。”

“哦，天哪！天哪！”礼宾部工作人员惊呼道：“那我们得赶紧报警啊！”

思考并回答：

1. 请结合案例谈谈你如何看待酒店前厅服务。

2. 请结合案例分析，一名优秀的前厅部员工应该具备哪些素质。

项目一答案

三、实训拓展题

分小组参观一家星级酒店的前厅部，了解其组织机构、人员配置、岗位职责，并提交一份图文并茂的调查报告。

项目二　客房预订

【项目描述】

通过学习客房预订的渠道、方式、类别，预订受理操作程序及超额预订等方面的知识，形成处理并控制预订的职业能力，完成预订受理、预订控制、预订纠纷的处理等工作任务。

【案例导入】

盛夏，正值旅游旺季，某酒店客房经常爆满。这时一位先生打电话要预订4间标准间，并要求将房间保留到晚上11点。值班员小张查看了房态，正好有客人需要的房间，就接受了此预订。由于是旅游旺季，因此其间来了许多客人，但由于没有房间，小张都婉言拒绝了客人的要求。离与预订客人约好的时间还有几分钟，这时又来了一批客人要求住店。看到眼前着急的客人，小张看了看时间，心想也许预订客人不会来了，于是就把那4间房租出去了。可就在这时，刚才预订房间的那位客人带着朋友来到总台，要求入住。此时，酒店已经客满。当小张把情况如实地告诉客人后，客人愤怒地大声指责酒店不讲信用，明明还没到预订时间却把客房给了别人，要求小张予以解决，否则要投诉。

客人事先预订房间就是为了避免到达酒店时客满而没有房住。如果没有可供出租的客房，酒店应婉拒预订。预订员一旦接受了客人的预订，就必须严格守信，绝不能单方面毁约。

>> 任务一　预订受理训练 <<

【任务描述】

在了解客房预订的渠道、方式和类别的基础上，掌握客房预订的服务流程与标准，完成电话预订受理任务。

【任务目标】

知识目标：掌握客房预订的渠道、方式和类别

技能目标：能按规范的操作流程与标准完成电话预订受理

素质目标：热情友好、遵守职业守则；懂得规范操作，爱岗敬业

【理论引导】

客房预订是指酒店或代理机构为住店客人在其抵店前与酒店预订处所达成的预订契约。客房预订处是前厅部调节和控制整个酒店房间的预订、销售的中心机构，是酒店最早服务客人的窗口。

客房预订的责任感

一、客房预订的渠道、方式和类别

(一)客房预订的渠道

了解客人的预订渠道对酒店开展促销活动、提高开房率具有重要意义。客人的订房渠道通常有以下几种。

1. 直接订房

散客自订房：客人可以通过电话、互联网、传真等方式自己订房，不经过任何中介机构。

2. 间接订房

一是旅行社订房。随着经济、社会的发展，旅游活动越来越普遍，已成为一种特殊的生活方式。游客的订房基本上都由旅行社完成。旅行社对于酒店的销售来说至关重要。表 2-1-1 为旅行社订房表。

表 2-1-1　旅行社订房表

<table>
<tr><td colspan="2">团队名称</td><td colspan="2"></td><td colspan="2">联系人</td><td colspan="2"></td><td>电话</td><td></td></tr>
<tr><td colspan="10">以下订房 16 免 1，司陪半价</td></tr>
<tr><td rowspan="2">日期</td><td colspan="2">订房人数</td><td colspan="3">房间类型</td><td colspan="2">房费(元/间)</td><td colspan="2">早餐</td></tr>
<tr><td>游客人数</td><td>司陪人数</td><td>标准间</td><td>单间</td><td>三人间</td><td>客人房</td><td>司陪房</td><td>含餐</td><td>不含餐</td></tr>
<tr><td></td><td></td><td></td><td></td><td></td><td></td><td></td><td></td><td></td><td></td></tr>
<tr><td></td><td></td><td></td><td></td><td></td><td></td><td></td><td></td><td></td><td></td></tr>
<tr><td></td><td></td><td></td><td></td><td></td><td></td><td></td><td></td><td></td><td></td></tr>
<tr><td colspan="10">房费总计：</td></tr>
<tr><td colspan="10">用房要求：</td></tr>
<tr><td colspan="6">旅行社计调：</td><td colspan="4">导游：</td></tr>
<tr><td colspan="10">备注：</td></tr>
</table>

委托人：　　　　　　　　　　电话：　　　　　　　　　　传真：

二是公司订房。

三是各种国内外会议组织订房。

四是分时度假组织订房。

五是国际订房网络组织订房。国际订房网络组织是酒店，特别是国际性大酒店非常重要的预订和销售渠道。现在假日酒店集团管理的一些酒店没有销售部，只有预订处，主要依赖的就是强大的预订网络。有时，酒店70%的顾客均来自网络预订。

六是其他组织订房。随着互联网技术的发展和普及，一些有实力的企业(如酒店管理软件公司、网络公司等)会以合同的方式将酒店的客房大批量买断，再通过互联网等销售渠道出售给各类顾客，以赚取利差。

(二)客房预订的方式

客房预订的方式多种多样，各有特点。客人采用何种方式进行预订，受预订的紧急程度和客人设备条件的制约。常见的五种预订方式如表2-1-2所示。

表2-1-2 客房预订的方式

预订方式	特点
电话订房	客人通过电话向酒店订房。这种方式应用最为广泛，特别是提前预订的时间较短时，这种方式最为有效。其优点是直接、迅速、清楚地传递双方信息，预订员可当场回复客人的订房要求
面谈订房	客人亲自到酒店，与预订员面对面地洽谈订房事宜。这种订房方式能使预订员有机会详尽地了解客人的需求，并当面解答客人提出的问题，有利于推销酒店产品
信函订房	信函预订是客人或其委托人在离预期抵店日期尚有较多时间的情况下采取的一种传统而正式的预订方式。这种方式较正规，如同一份合约，对客人和酒店起到一定的约束作用
传真订房	传真是一种现代通信技术，其特点是操作方便，传递迅速，即发即收，内容详尽，既可传递发送者的签名、印鉴等，又可传递图表，因此被广泛使用
互联网订房	随着现代电子信息技术的迅猛发展，通过国际互联网向酒店订房的方式正迅速兴起，已成为酒店预订在21世纪的重要发展趋势 (1)通过酒店连锁集团公司的订房系统向其所属酒店订房 (2)通过酒店自设的网址，直接向酒店订房

(三)客房预订的类别

1. 临时性预订

临时性预订是预订种类中最简单的一种类型，是指客人在即将抵达酒店前很短的时间内，或在当天进行预订。由于时间紧迫，酒店无法要求客人预付定金，也没有时间进行书面确认，但可以进行口头确认。

2. 确认性预订

确认性预订是指预订员同意预订并保留所订客房到双方事先约定的某一个时间。这是一种比较重信誉的预订方式。如果到了商定的截止日期客人未到店，也未提前通知酒店，在用房高峰阶段，酒店可另租给其他客人。确认预订的方式有口头确认和书面确认。很多酒店对持有确认书的客人给予优惠服务，如信用限额升级或一次性结账服务。

3. 保证性预订

保证性预订是酒店在任何情况下都必须保证客人预订的落实，同时客人也要保证按时入住，否则要承担经济责任的一种预订方式。这种预订方式的信誉最高。保证性预订通常以三种方式得以具体实施。

第一，预付定金担保，即客人在抵店入住前或代理人(机构)在客人抵店入住前须先行支付定金或预付款。酒店的责任是预先向客人说明取消预订、退还预付款的政策及规定，并保证按客人要求预留相应的客房。对于酒店而言，预付定金是最理想的保证性预订方式。

第二，信用卡担保，指客人将所持信用卡种类、号码、失效期及持卡人姓名等信息以书面形式通知酒店，以达到保证性预订的目的。

第三，合同担保，指酒店与有关公司、旅行社等就客房预订事宜签署合同，以此确定双方的利益和责任。

4. 等待性预订

等待性预订是指在客房预订已满的情况下，将一定数量的客人列入等候名单，一旦有人取消预订，或提前离店，酒店即通知等候客人确认其预订或来店。预订员在接受这类预订时须征求客人意见，即是否同意被列入等候名单。

二、客房预订服务流程

为了确保客房预订工作的高效运行，前厅部必须建立健全的客房预订程序。无论是散客预订还是团队预订，客房预订受理业务均包括预订准备工作、受理预订(明确客源，接受或婉拒预订)、确认预订、预订修改(变更或取消)、核对预订、抵店前的准备等内容。除了要做好预订前的准备工作和客人抵店前的准备工作外，预订员在受理预订时应遵循的流程如图 2-1-1 所示。

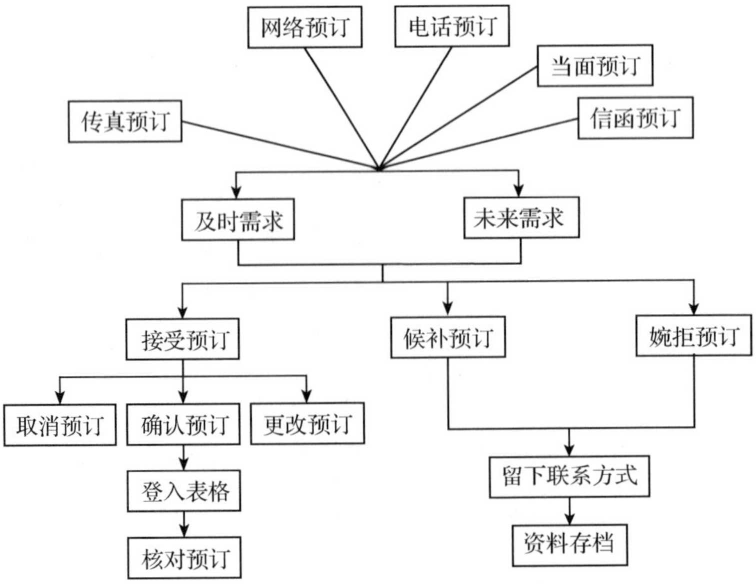

图 2-1-1 客房预订服务流程

三、散客预订服务流程与标准

(一)散客预订服务流程

电话预订房间深受散客的喜爱。散客电话订房是前厅预订的常态，具体流程如图 2-1-2 所示。

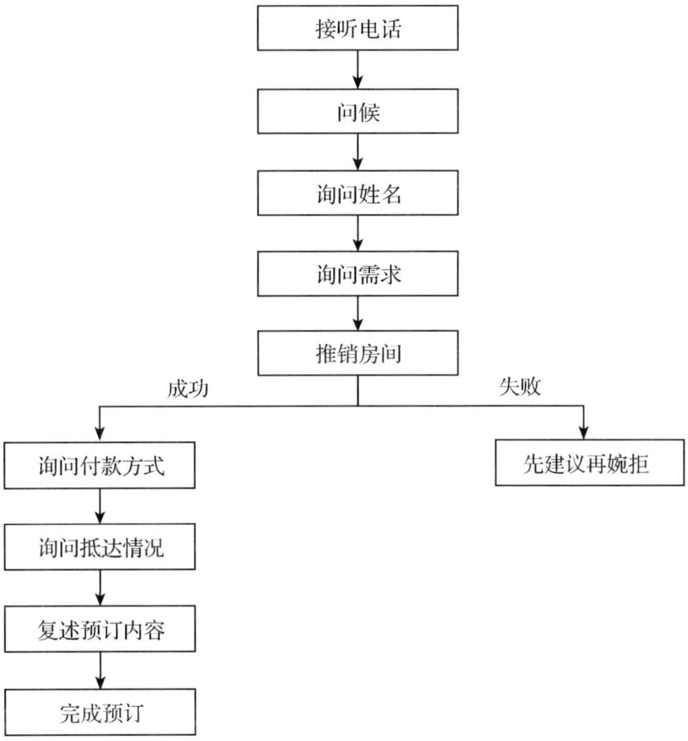

图 2-1-2　散客预订服务流程

(二)散客预订服务程序与标准

散客预订服务程序与标准如表 2-1-3 所示。

表 2-1-3　散客预订服务程序与标准

程序	标准
接听电话	(1)铃响三声以内接听，动作轻 (2)如果超过三声，接听电话时要对宾客说声“对不起，让您久等了”
问候	问候语：您好/早上(下午、晚上)好，这里是××酒店预订处 问候时面带微笑，让微笑通过声音传递给宾客
询问姓名	询问宾客姓名及拼写方式 通过计算机查询客史档案，了解宾客是否曾经入住或是否属于贵宾等 清晰复述确认，做好记录
询问需求	询问宾客的预订日期、房间数、房型及有无特殊要求 查看计算机及客房预订控制板，了解能否满足宾客的需求
推销房间	介绍房间种类和房价(三种为宜)，能够介绍不同房间的各自特色，能够合理解释不同房间价格差异的原因 询问宾客公司名称，初步识别宾客是否属于协议宾客或贵宾等 进一步确认宾客是否属于合同单位，以便给予优惠价格

续表

程序	标准
询问付款方式	询问宾客付款方式，在预订单(见表 2-1-4)上或预订客单(见图 2-1-3)上注明 如果是公司或旅行社承担费用，应要求宾客在抵店前提供公司或旅行社电传书面信函，作为付款担保
询问抵达情况	询问宾客抵达车次、时间，或航班班次、时间 向宾客说明预订房的保留时间，或建议宾客做担保预订
复述预订内容	在预订完成之前，用清晰、简洁的语言向宾客复述关键信息
完成预订	向宾客致谢，等宾客挂断电话后再轻轻挂断电话

表 2-1-4 预订单

预订单(Reservation Form)

New Booking 新订
Amendment 更正
Cancellation 取消

客人姓名 Guest Name	人数 Number of People
到达日期 Arrival Date	离店日期 Departure Date
房间类别及数量 Type & NO. of Room	房价 Rate
公司名称 Company Name	国籍 Nationality
订房人姓名 Reserved by	公司及电话 Company & Telephone
预付款 Deposit	付款方式 Payment Type
备注 Remarks	

预订员 日期
Taken by Date

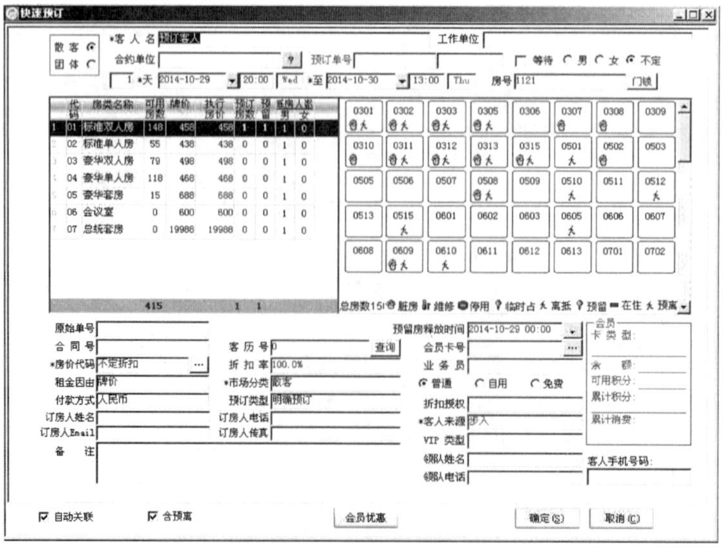

图 2-1-3 预订客单

四、团队预订的受理

与散客订房不同，团队订房一般由酒店的公关销售部受理，预订处负责后续相关工作。

(一)受理旅游团队订房

在受理旅游团队订房时，公关销售部通常会提前半年左右与旅行社签订合同或协议，然后提前足够的时间将团队接待计划下达给预订处。预订处按照团队接待计划的内容填写团队预订单，然后将团队预订单输入电脑，由电脑生成预订单编号。预订处应与公关销售部核对次日将抵达的团队的订房资料，查看是否有变更或已取消，也可依据酒店订房核对的规定，定期主动与团队订房单位核对团队订房资料。公关销售部应按酒店政策控制好团队订房的比例，将团队订房资料提前一天或更多天交至接待处，以便其合理地分房。

(二)受理会议团队订房

会议团队的订房程序与旅游团队大致相当，也是由公关销售部提前一段时间与会议举办单位签订合同或协议，然后将接待计划下达给预订处。预订处根据接待计划填写专用的会议房表，并将其传递给接待处等有关部门，以便其做好接待准备工作。

五、预订服务的注意事项

预订员受理预订时的注意事项如下。

第一，接听电话时，口齿清楚，语言表达规范、简练，有礼貌，做好完整记录，通话结束前重复客人的订房要求，并进行核对。

第二，收到预订函电应立即处理(24 小时内)，回复内容亲切、清楚、简洁。

第三，预订单填写准确、清楚。

第四，遇到大型团队预订或特别订房时，订房确认书要经前厅部经理签署后发出。

第五，无论是接受预订还是婉拒预订，都必须及时给予客人明确答复。

第六，按照国际订房惯例，不管客人以何种方式订房，如果时间允许，预订员都应采用书面确认的方式向客人签发预订确认函。

第七，不预先告知客人房号。

第八，为保证整个预订工作的严密性，应该尽可能地掌握客人的离店日期。

第九，旅行社若取消订房，应在该团队抵店前 10 天通知酒店，否则按合同处理。

第十，做好预订准备工作。交接班时，查看上一班的预订资料，问清等待预订、保证预订和确认预订等的情况，掌握需要处理的优先等候的、列为后备的或未收取定金的预订名单及其他事宜，便于灵活预订；快速掌握当日的房态、房价及房型，以便及时向客人推荐；检查计算机等设备是否完好，准备好预订单等各种资料。

第十一，客人取消订房时，要对电脑预订状况及时进行调整。如果客人要求更改订房，预订员要先查阅有无符合客人更改要求后所需的客房类型。如果有，就要接受客人的更改，并重新整理订房资料。若预订变更的内容涉及一些特殊安排，需尽快向相关部门发出变更或取消通知，并将预订取消记录加以存档。

预订的变更和取消

第十二，做好客人抵店前的准备工作，提前一周或数周将酒店的主要客情，如贵宾、大型团队、会议接待以及客满等信息通知相关部门；在客人抵店前，将客情及具体的接待安排以书面形式通知相关部门，以便其做好接待准备。

【任务实施】

实训任务	散客电话预订的受理训练
实训目标	能按操作程序与标准完成电话预订受理
实训地点	校内实训室
实训条件	电话、纸、笔、电脑
实训过程	1. 实训前 (1)着装整齐，准备实训用具 (2)分配实训小组(建议每组两人) (3)观看电话预订教学片 2. 实训中 (1)模拟预订员实施预订的场景。教师现场示范，并讲解服务程序与标准以及注意事项 (2)两人形成一个训练小组 (3)各小组自行设计情景，现场进行散客电话预订服务，交互练习 (4)抽两个小组学生演示，表演小组自评，其他小组讨论点评，教师最后讲评 (5)逐组演示，教师打分考评 3. 实训后 (1)教师总结 (2)学生撰写实训报告
实训考核建议	1. 考核内容：服务意识＋操作能力 2. 考核方式：实际操作(考核标准见附表 1-1) 3. 考评人员：教师或企业兼职教师、学生

>> 任务二　预订控制 <<

【任务描述】

通过学习超额预订、预订控制与核对相关知识，形成有效控制与处理超额预订的职业能力，完成超额预订工作任务。

【任务目标】

知识目标：掌握超额预订、预订控制与核对相关知识

技能目标：能够有效控制与处理超额预订

素质目标：遵纪守法、学会团队协作；具备灵活处理问题的应变能力

【理论引导】

在向酒店订房时，并不是每位客人都会做出保证性订房。经验告诉我们，即使酒店的订房率达到100%，也会有订房者因故不到、临时取消预订或者住店客人提前离店等情况，使酒店出现空房。因此，酒店为了追求较高的出租率，争取最大的经济效益，往往实施超额预订。超额预订是订房管理艺术的最高体现，处理得好会提高客房出租率，增加酒店的经济效益。但是如果超额过度，预订客人又都在规定的时限内抵达酒店，而酒店却因客满无法为他们提供所订住房，必然会引起客人的不满，这无疑将会给酒店带来很大的麻烦。因为接受并确认了客人的订房要求，酒店就是承诺了订房客人具有得到"住房"的权利。发生这种情况，酒店属于违约，所以必须积极采取补救措施，千方百计调剂房间，开拓房源，最大限度地满足客人的预订要求，妥善安排好客人住宿，以消除客人的不满，挽回不良影响，维护酒店声誉。

一、超额预订

客房预订的变数很大，如客人可能会临时取消预订，或者是订了房而不到，或者是提前离店等，从而导致酒店部分客房的闲置，给酒店造成损失。根据酒店的经验，一般来说，订房不到者大约占订房数的5%，临时取消预订者占8%～10%，因此超额预订就成了避免酒店遭受过多损失的有效方法。超额预订是指酒店在一定时期内，有意识地使其所接受的客房预订数超过其客房接待能力的一种预订现象，其目的是充分利用酒店客房，提高开房率。

(一)超额预订的比例控制

超额预订是一种艺术，也是一种"冒险"，应该有个"度"的限制，以免出现因"过度超额"而使部分客人不能入住的现象，或因"超额不足"而使客房闲置的现象。按照国际惯例，酒店接受超额预订的比例应控制在5%～15%，各酒店可以根据实际情况，合理掌握超额预订的比例。

1. 根据团队订房和散客订房的比例调整

团队订房多由旅行社、会务组、外交机构、贸易公司等组成，因事先有计划和安排，取消或预订不到的可能性较小，而散客预订的随机性较强，受外界因素的影响也较大。因此，当某一天团队预订多、散客预订少时，就应当相对降低超额预订的比例。

2. 根据临时性预订与保证性预订的比例调整

如果当日保证性预订较多，则不宜进行超额预订；如果当日临时性预订较多，则可适当提高超额预订的比例。

3. 根据预订资料分析订房动态

预订员可以根据酒店长期以来的预订资料分析预订取消率、预订不到率、提前离店率以及延期离店率等因素，并推算出超额预订率。计算公式如下：

超额预订数＝(预订取消率＋预订不到率)×(可预订房数＋超额预订数)＋预期离店数×延期离店率＋提前离店率×续住房数

超额预订率＝超额预订数÷可预订房数

(二)超额预订引起超员的解决方法

超额预订虽然是酒店获得最佳客房利用率的有效方法，但同样也存在着超员的风险。因此，预订员应预先仔细分析每日的预订情况，事先做好统筹安排。如果酒店没有事先做好安排，无法满足客人的要求而造成违约，处理方法如下。

第一，向客人道歉，请求客人谅解。

第二，为客人联系另一家相同等级的酒店。

第三，支付客人搬到其他酒店及返回本店的双程交通费用。

第四，次日应首先考虑安排此类客人的用房，并做好客人搬回酒店时的接待工作。

【经典案例】

超额预订，让人欢喜让人忧！

在旅游旺季，各酒店出租率均较高。为了保证经济效益，一般酒店都实行超额预订。一天，大堂副理及前台相互配合，已将大部分客人安排妥当。当时2305房为客人预离房，但2305房的客人直至18时才来前台办理延住手续，而此时，2305房的预抵客人已经到达(大堂副理已在下午多次打电话联系2305房的预离客人，但未找到)。大堂副理试图向刚刚到达的客人解释酒店超额预订，并保证将他安排在其他酒店，一旦有房间，再将其接回，但客人态度坚决，并称：“这是你们酒店的问题，与我无关，我哪儿也不去。”鉴于客人态度十分坚决，而且多次表示哪怕房间小一点也没关系，他就是不想到其他酒店去，在得到值班经理允许后，大堂副理将客人安置到了值班经理用房。客人对此表示满意。

二、预订控制与核对

(一)预订控制

如今高星级酒店的预订控制对于预订处员工而言已经变得比较简单，他们只需根据前厅信息管理系统所统计的可售房情况来进行预订控制即可。而酒店的相关管理人员则需要根据更多预订统计报表来进行长时期及全局性的预订控制。高星级酒店所使用的前厅信息管理系统一般都可以对所录入的每一条预订信息进行分类汇总，既可以生成每个时间点的统计报表以供决策，又可以生成不同时期的统计报表以供进行预订控制管理。

(二)核对

在日常预订管理中，为了提高预订的准确性和酒店的开房率，并做好接待准备，在客人抵店前(尤其是在旅游旺季)，预订员要通过书信或电话等方式与客人进行多次核对，问清客人是否能够如期抵店，住宿人数、时间和要求等是否有变化等。

核对工作通常要进行三次：第一次是在客人预订抵店前一个月进行，具体操作是由预订员每天核对下个月同一天到店的客人或订房；第二次是在客人预订抵店前一周进行；第三次是在客人预订抵店前一至两天进行，主要采用电话方式进行核对。预订员对预订内容要仔细检查，并将确切的订房信息传递到总台接待处。这种做法适用于旅游旺季、房源紧缺时。

【任务实施】

实训任务	超额预订的处理
实训目标	能够控制和正确处理超额预订带来的问题
实训地点	校内实训室
实训条件	电话、纸、笔、电脑、传真机
实训过程	1. 实训前 (1)着装整齐，准备实训用具 (2)分配学习小组，明确小组任务 (3)每小组提前确定超额预订量 2. 实训中 (1)模拟超额预订的场景。教师现场示范，并讲解服务程序与标准以及注意事项 (2)两人形成一个训练小组 (3)各小组自行设计情景，现场进行电话超额预订服务，交互练习 (4)抽两个小组学生演示，表演小组自评，其他小组讨论点评，教师最后讲评 (5)逐组演示，教师打分考评 3. 实训后 (1)教师总结 (2)学生撰写实训报告
实训考核建议	1. 考核内容：服务意识＋操作能力 2. 考核方式：实际操作(考核标准见附表 1-2) 3. 考评人员：教师或企业兼职教师、学生

>> 任务三　预订纠纷处理训练 <<

【任务描述】

在学习预订纠纷发生的原因，预订纠纷的处理、控制方法等相关知识的基础上，形成灵活处理预订纠纷的能力，完成处理预订纠纷的工作任务。

【任务目标】

知识目标：掌握预订纠纷发生的原因及预订纠纷的处理、控制方法

技能目标：能够正确处理预订纠纷并能有效控制预订纠纷的发生

素质目标：能有效沟通协调，具备灵活处理问题的应变能力

【理论引导】

一、预订纠纷发生的原因及预订纠纷的处理、控制方法

(一)预订纠纷发生的原因

预订纠纷发生的原因如下。

第一，由于客房预订处与接待处、营销部等部门以及与预订中心、预订代理处的沟通不畅，因此未能准确掌握可售房的数量。

第二，预订过程中出现差错，如写错客人姓名、日期，遗漏项目，弄乱存档顺序，未能及时处理变更或取消信息等。

第三，预订员未能真正领会客人的预订要求。

第四，预订员对销售政策缺乏了解。

第五，预订员对预订信息估计错误，如过高估计临时取消预订的客人的用房数或过高估计预订未到客人的用房数等，从而导致实施超额预订过度。

(二)预订纠纷的处理方法

如果超额预订导致在规定时间内抵店的保证性或确认性预订的客人不能入住，那么按照国际惯例，酒店可采取如下处理方法。

第一，解释原因并诚恳道歉，请求客人谅解。

第二，立即与其他同等级酒店联系，请求援助。若无法找到同等级酒店，应安排客人住档次高一些的酒店，高出的房费由本酒店支付。

第三，免费提供交通工具和第一夜房费。

第四，临时保留客人的有关信息，便于为客人提供邮件及查询服务。

第五，征得客人同意后，做好客人搬回酒店的接待工作。可由主管亲自接待，并在客房内放置道歉信，赠送鲜花、水果等。

(三)预订纠纷的控制方法

预订纠纷的控制方法如下。

第一，完善各项预订政策，以及预订程序和标准。

第二，加强与预订中心、预订代理处的沟通。

第三，健全与接待处等部门的沟通制度。

第四，加强培训，增强预订员的责任心，提高其业务素质。

二、客房预订常见问题的预防及处理

酒店在经营过程中，不能安排有预订客人准时入住的情况时有发生。日常发生的订房纠纷，除了如前所述的因超额预订引起的以外，还有一些是由其他原因引起的。针对不同原因引起的订房纠纷，酒店应根据不同情况妥善处理好。

(一)客人声称自己已办理了订房手续，但在酒店预订处却找不到订房记录

在这种情况下，酒店的接待人员应立即与预订处联系，设法找到客人的订房信息。如果找到客人的订房信息，经确认客人属于未按时抵店，或者提前到达，那么在酒店客满的情况下，接待人员应尽力为客人提供各种帮助，为客人解决困难。如果经查找，发现是酒店方面弄错客人的订房信息，那么在酒店客满的情况下，则可以参照由超额预订造成客到无房的解决方法进行处理。

(二)酒店接受了客人的电话订房，但事后未邮寄确认书，客人抵店后，酒店无法提供客房

在这类情况中，酒店虽没有向客人邮寄书面凭证，但从信义上讲，口头承诺同样生效。遇到这种情况，酒店应向客人道歉，并尽量安排客人在本酒店入住，如实在无空房提供，可暂时安排客人在附近的同等级酒店入住，并于次日将客人接回，并再次道歉。

(三)客人的抵店时间超过酒店规定的留房期限

客人的抵店时间超过酒店规定的留房期限，或者是客人未按原定的航班、车次抵达，事先又未与酒店进行联系，造成酒店无法为其提供客房，这种情况虽为确认性预订，但是已经超过了酒店规定的留房期限，责任不在酒店，但是出于宾客至上的原则，酒店同样应热情招待，并尽力为客人提供帮助。如果酒店已没有空房，可以与其他酒店联系并安排客人入住，但此时酒店不承担任何费用。

(四)预订员接到酒店内部订房

预订员接到酒店内部订房时，应仔细审查订房单是否完整，是否有负责人的亲笔签名，核实所给予的优惠幅度是否在该负责人的权限范围内。如果预订房价的优惠幅度超越了负责人的权限或协议范围，或者预订单不完整，预订员应拒绝接受并报告主管。

(五)客人在预订时指定房号

酒店通常不接受指定房号的预订，但会答应客人尽量按客人要求的房号安排。如果遇到的是贵宾或常客，客人要求又强烈，在这种情况下，预订员应根据客人的预订日期，查看电脑预订情况，判断是否接受客人的指定性预订。若有空房，则应立即办理预订手续，把需要的房号预留起来并输入电脑。若没有空房，则应向客人说明情况后推销其他房间，或建议其他入住方案(如先请客人入住其他类型的房间，然后再更换等)。最后向客人说明如果出现不能满足其要求的情况，请客人谅解并做换房处理。

(六)客人在预订时嫌房价太高

当遇到订房者嫌房价太高的情况时，预订员应妥善运用推销技巧，如先肯定房价高，然后向客人详细介绍本酒店的客房结构及配套设施设备等。

若客人还未下决心，则不妨采用对比法，将客人所预订的房间与其他酒店的房间进行比较，建议客人先入住尝试，并为客人办理预订手续。

若客人仍觉房价太高，则可在折扣权限内为客人提供折扣优惠。如果客人要求更大折扣或者是常客等入住时，则可向主管或经理申请。

【任务实施】

实训任务	预订失约行为的处理
实训目标	能正确处理预订纠纷
实训地点	校内实训室
实训条件	电话、纸、笔、电脑
实训过程	1. 实训前 (1)着装整齐，准备实训用具 (2)分配学习小组，明确小组任务 2. 实训中 (1)解释原因并诚恳道歉，请求客人谅解 (2)立即与其他同等级酒店联系，请求援助。若无法找到同等级酒店，应安排客人住档次高一些的酒店，高出的房费由本酒店支付 (3)免费提供交通工具和第一夜房费 (4)临时保留客人的有关信息，便于为客人提供邮件及查询服务 (5)征得客人同意后，做好客人搬回酒店的接待工作。可由主管亲自接待，并在客房内放置道歉信，赠送鲜花、水果等 3. 实训后 (1)教师总结 (2)学生撰写实训报告
实训考核建议	1. 考核内容：学生实训后的感受与认知 2. 考核方式：每人撰写一份实训报告，谈一谈如何处理预订失约行为 3. 考评人员：教师或企业兼职教师、学生

【项目小结】

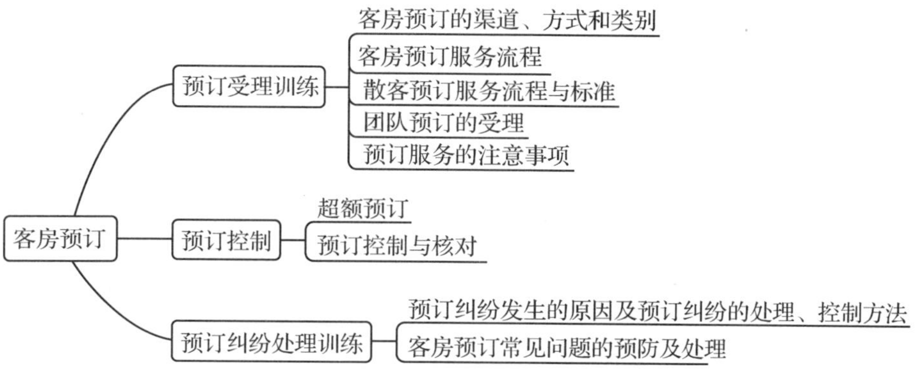

【自我学习】

一、理论思考题

1. 谈谈客房预订的不同方式及其优缺点。

2. 论述超额预订产生的原因及超额预订导致客到无房的处理措施。

二、案例分析题

2019 年 10 月 6 日，受朋友之托，林女士在三亚一家四星级酒店预订了五间标准客房。当时双方约定每天房费按每间 358 元结算，入住日期为 10 月 24 日至 31 日。林女士按酒店要求付 500 元订房押金以保证住房，其余房款入住时再付。10 月 23 日，林女士携带现金准备提前付清其余房款。此时，酒店明确告知林女士，客房已全部卖出去了，无法继续履行合同。林女士觉得十分气恼，无法向朋友交代，明明已交付了押金，但却无法入住，而且她还要重新帮朋友联系房间。10 月 28 日，林女士来到海口仲裁委员会，根据合同约定的纠纷解决方式提出仲裁申请。她请求裁决酒店双倍返还其定金，并赔偿其经济损失 2000 元。

酒店是否需要赔偿客人的经济损失呢？酒店代理人称，林女士当时预订了客房，但有某旅行社包了 1 个月的客房，酒店不可能因为林女士订房了就将房间空着。酒店同意双倍返还其定金，但不同意赔偿其经济损失。

仲裁委员会经审理后认为，双方签订的客房预订合同合法有效，均应严格按照合同全面履行义务。在合同进行过程中，酒店明确表示不能继续履行合同，已经构成根本性违约，应当承担相应的违约责任，并赔偿由此给林女士造成的经济损失。根据双方调解结果，裁决酒店双倍返还林女士的定金，并赔偿林女士经济损失 1500 元。

思考并回答：

1. 什么是保证性订房？

2. 请结合案例分析酒店与保证性订房客人双方各自的权责。

三、实训拓展题

利用课余时间，去校企合作酒店观察、了解预订处的具体工作流程，与预订处的工作人员沟通，了解预订处常见的预订纠纷及处理方法。

项目二答案

项目三　礼宾服务

【项目描述】

学习前厅礼宾服务相关岗位的职责以及服务流程与标准等知识，掌握相应的技能和素质，以良好的服务意识，按照操作规范完成礼宾服务工作任务。

【案例导入】

“星级酒店服务”的感觉

王女士和她的朋友乘坐的出租车刚刚停在国际大酒店门口，面带微笑的门童就立刻迎上前去，并躬身拉门道：“欢迎光临！”王女士和她的朋友说笑着走下了出租车。当门童正准备关门时，忽然发现前座上遗落了一部漂亮的手机，于是扭头对正准备进酒店的王女士说：“女士，您是否遗落了手机？”王女士一听，停止了说笑，忙说：“哎哟，是我的手机，谢谢，谢谢。”门童将手机递还给王女士，同时又写了一张小纸条(这张小纸条上写着这辆出租车的车牌号)递给了她，然后迅速引领客人进入酒店大堂。

王女士来到前厅接待处，接待员礼貌地问候道：“你们好，欢迎光临国际大酒店，请问有没有预订？”王女士说：“我们早在十天前就预订了一个标准间。”接待员随即请王女士出示证件，并熟练地查阅预订信息，然后立即为客人填写了入住登记表上的相关内容，并请王女士预付押金并签名，最后说：“王女士，你们住在1501房间，这是你们的房卡与钥匙，祝你们入住愉快。”

在王女士和她朋友办理入住登记手续时，行李员恭候在她们的身后，为她们看护着行李箱。行李员带着她们来到1501房间门口，敲门并报“Bell service，你好，礼宾部”，并连说三次。王女士诧异地说：“不是没有人吗？”“这是我们的服务规范。”行李员打开房门后，将客人的行李放到了行李架上，然后介绍客房设施设备，当发现客人将外套脱下随手扔在床上时，便走过去将其挂进了壁橱，最后询问道：“请问还有什么需要帮助的吗？”王女士高兴地说：“不用了，谢谢你。”“祝你们在本酒店入住愉快！”行李员说完转身退出房间。王女士和她的朋友经过了一天的旅行，已经非常疲惫了。当躺在柔软的床上，听着悠扬的音乐，欣赏着豪华的室内装潢，回忆着进入酒店的整个过程时，王女士满意地对朋友说："这真是星级酒店的服务啊！我们要的不就是这种感觉吗？"

前厅部在承担推销酒店客房工作的同时，还负责为宾客提供各种综合性服务，其中礼宾服务扮演着重要角色。礼宾服务由法语"Concierge"一词翻译而来，又可称为"委托代办服务"。目前，我国酒店礼宾服务的主要内容包括提供店内外的迎接服务、行李服务、邮政服务、订票服务、订车服务、旅游服务、委托代办服务等。在大、中型酒店，礼宾服务由前厅部下属的礼宾部提供。在一些小型酒店中，礼宾部也被称为行李处。礼宾部是前厅服务的"窗口"。接待员比起其他部门的员工与宾客接触更多，他们的业务虽然并不复杂，却极其重要，因为他们对客人对酒店形成良好的第一印象和最后印象起着重要作用。

>> 任务一　机场代表店外迎送服务训练 <<

【任务描述】

在学习店外迎送服务相关理论和技能的基础上，按服务流程与标准完成机场代表的工作任务。

【任务目标】

知识目标：掌握机场代表的岗位职责以及店外迎送服务流程与标准

技能目标：掌握机场代表店外迎送的服务技能

素质目标：具备良好的服务意识和沟通协调与应变能力

【理论引导】

店外迎送服务主要由酒店机场代表负责。酒店在机场、车站、码头等地设点，派出代表为抵离店客人提供迎接和送行服务，并争取未预订客人入住本酒店。机场代表是客人见到的第一位酒店服务人员，他的仪容仪表、行为举止、服务效率会给客人留下深刻的印象，因此店外迎送服务不仅是酒店的一种配套服务，而且是酒店开展市场营销活动的重要一环。

一、机场代表的岗位职责

机场代表的岗位职责如下。

第一，预订车辆并跟随车辆提供迎送服务。

第二，随时注意机场、车站、码头的交通情况，与酒店前台保持联系。

第三，完成上级安排的其他工作。

接机工作的失误

二、机场代表店外迎送服务流程与标准

(一)机场代表店外迎送服务流程

机场代表店外迎送服务流程如图 3-1-1 所示。

接到通知 → 准备工作 → 迎客服务 → 送客服务 → 填写工作日志

图 3-1-1　机场代表店外迎送服务流程

(二)机场代表店外迎送服务程序与标准

机场代表店外迎送服务程序与标准如表 3-1-1 所示。

表 3-1-1　机场代表店外迎送服务程序与标准

程序	标准
宾客抵达前	(1)在预订宾客抵达前一天，向预订处索取宾客接车通知单，了解宾客姓名、人数、所乘航班及接待规格等信息 (2)根据接机预测报告，安排好机场与酒店间运行的穿梭巴士或向车队下达出车指令 (3)在宾客抵达当天，根据宾客所乘航班的时间提前做好接机准备，如在接机牌上醒目写明预接宾客的姓名等 (4)密切关注航班变更、取消及延迟的最新消息。若有变化，应与管理人员联系，并对接待方案做出适当调整
宾客抵达后	(1)接到宾客后，主动问候，表示欢迎，并向宾客介绍自己的身份和任务，同时帮助宾客提取行李，引领宾客上车 (2)使用电话通知前厅礼宾值班台有关宾客抵店信息，包括宾客姓名、所乘车号、离开时间、用房有无变化等。如果宾客属贵宾，则应通知酒店大堂副理，并告知其宾客抵达后离开机场的时间，请其安排有关部门做好迎接准备 (3)一旦出现漏接或在机场找不到宾客的情况，应立即与酒店接待处联系，核查宾客是否已自己乘车抵店，并向有关部门反映情况，以便采取补救措施 (4)应掌握酒店当天的客房出租情况，积极向未预订宾客推销本酒店，主动介绍本酒店的设施设备情况，争取宾客入住 (5)介绍当地和本酒店概况以及沿途景点等 (6)到达酒店后，引领宾客到总台办理入住手续，与行李员交接，做好记录工作
宾客离店时	(1)与礼宾行李组及车队取得联系，弄清宾客姓名、所乘航班、离店具体时间、行李件数及其他要求 (2)协助宾客托运行李和办理报关手续 (3)与宾客告别，感谢宾客光临酒店，并欢迎宾客再次光临

【任务实施】

实训任务	机场代表店外迎送服务训练
实训目标	能按操作程序与标准完成店外迎送服务
实训地点	校内实训室
实训条件	电脑、电话、接机牌等

续表

实训过程	1. 实训前 (1)着装整齐，准备实训用具 (2)分配实训小组(建议每组 3～5 人) (3)观看机场代表店外迎送服务教学片 2. 实训中 (1)模拟机场代表店外迎送服务场景。教师现场示范，并讲解服务程序与标准以及注意事项 (2)3～5 人组成一个训练小组 (3)各小组自行设计情景，现场模拟机场代表接送机服务，交互练习 (4)抽两个小组学生演示，表演小组自评，其他小组讨论点评，教师最后讲评 (5)逐组演示，教师打分考评 3. 实训后 (1)教师总结 (2)学生撰写实训报告
实训考核建议	1. 考核内容：服务意识＋操作能力 2. 考核方式：实际操作(考核标准见附表 1-3) 3. 考评人员：教师或企业兼职教师、学生

>> 任务二　门童店内迎送服务训练 <<

【任务描述】

在学习门童店内迎送服务相关理论和技能的基础上，按服务流程与标准完成门童的工作任务。

【任务目标】

知识目标：掌握门童的岗位职责以及店内迎送服务流程与标准

技能目标：掌握门童的服务技能

素质目标：热情友好、有家国情怀，具备良好的团队协作能力

【理论引导】

一、门童的岗位职责

门童的岗位职责如下。

第一，为进出店宾客提供服务，拉车门及大门。

第二，密切配合车管人员的工作，保证车道畅通无阻。

第三，协助行李员，为进出店宾客提供行李搬运服务。

第四，注意大门口的灯光照明及环境卫生，发现问题及时汇报。

第五，遇到雨雪天气为宾客存放雨具。

第六，发现形迹可疑的人员进出大厅，及时汇报。

第七，回答宾客的问讯。

第八，完成上级安排的其他工作。

门童的选择

二、门童店内迎送服务流程与标准

(一)门童店内迎送服务流程

门童店内迎送服务流程如图 3-2-1 所示。

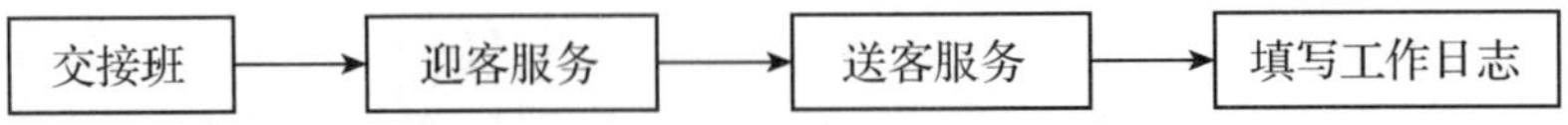

图 3-2-1　门童店内迎送服务流程

(二)门童店内迎送服务程序与标准

门童店内迎送服务程序与标准如表 3-2-1 所示。

表 3-2-1　门童店内迎送服务程序与标准

程序	标准
迎客服务技能	1. 散客到店 (1)将宾客所乘车辆引领到适当的地方停下，以免酒店门前交通堵塞 (2)面带微笑，使用恰当的敬语欢迎前来的每一位宾客 (3)上前开启车门，用左手拉开车门呈 70°左右，右手挡在车门上沿，防止宾客头部磕碰，并协助宾客下车 (4)及时为宾客拉开酒店正门。如果宾客行李物品较多，应主动帮助提拿，并提醒宾客清点件数，带好个人物品。进入大厅时应立即将行李物品交给行李员 (5)如果遇到下雨天，应主动打伞接应宾客下车进店，并提醒宾客可以将雨伞锁在门口的伞架上 2. 团队到店 (1)团队宾客到店时，待客车停稳后，门童站立在车门一侧，迎接宾客下车，主动点头致意、问候 (2)协助行李员卸行李，注意检查有无遗落物品 (3)招呼行李员引领宾客进入大堂
送客服务技能	1. 散客离店 (1)宾客离店时，门童应主动为宾客叫车，将车引至便于宾客上车又不妨碍其他车辆的停放位置 (2)协助行李员将行李装入汽车的后舱，请宾客确认无误后关上后舱盖 (3)请宾客上车，右手挡住车门上沿，防止宾客头部磕碰，并向宾客道别，预祝宾客旅途愉快，欢迎宾客再次光临 (4)轻轻关上车门，切忌夹住宾客的衣、裙等，面带微笑，后退一步，挥手道别，目送宾客以示礼貌，并说“再见”“一路平安”等礼貌用语 2. 团队离店 (1)送别团队宾客时，门童应站立在车门一侧，向每一位上车的宾客点头致意，欢迎宾客再次光临，主动搀扶老人或行动不便的宾客 (2)待宾客全部到齐，司机关门后，伸手示意司机开车，并目送宾客离去

【任务实施】

实训任务	门童店内迎送服务训练
实训目标	能按操作程序与标准完成门童的对客服务工作
实训地点	校内实训室
实训条件	前厅实训场地、旋转门、伞架等
实训过程	1. 实训前 (1)着装整齐，准备实训用具 (2)分配实训小组(两人一组)，明确小组任务 2. 实训中 (1)模拟门童店内迎送服务的场景。教师现场示范，并讲解服务程序与标准以及注意事项 (2)两人形成一个训练小组 (3)各小组自行设计情景，现场模拟门童迎送服务，交互练习 (4)抽两个小组学生演示，表演小组自评，其他小组讨论点评，教师最后讲评 (5)逐组演示，教师打分考评 3. 实训后 (1)教师总结 (2)学生撰写实训报告
实训考核建议	1. 考核内容：服务意识+操作能力 2. 考核方式：实际操作(考核标准见附表 1-4) 3. 考评人员：教师或企业兼职教师、学生

>> 任务三　行李服务训练 <<

【任务描述】

在掌握行李员基本业务的基础上，按服务流程与标准完成行李员的工作任务。

【任务目标】

知识目标：掌握行李员的岗位职责以及服务流程与标准

技能目标：掌握行李员的服务技能

素质目标：吃苦耐劳、热情友好、爱岗敬业；具备良好的服务意识

【理论引导】

酒店的行李服务是由前厅部的行李员提供的，其工作岗位位于酒店大堂一侧的礼宾部(行李服务处)。礼宾部主管在此指挥、调度行李服务及其他大厅服务。行李员还是酒店与宾客之间联系的桥梁。他们的工作可以使客人感受到酒店的热情好客。因此，对于酒店而言，行李员是酒店的宝贵财富。

一、行李员的岗位职责

行李员的岗位职责如下。

第一，为抵离店客人提供行李接送服务。

第二，引领入住客人进房间，主动介绍酒店及客房设施设备和服务项目。

第三，代客寄存行李物品。

第四，收发并分送报刊、信件及留言。

第五，为住店客人取送商务中心传真。

第六，公共区域寻人服务。

第七，召唤和预订出租车。

代客泊车，照看宠物

二、行李服务流程与标准

行李服务通常有散客抵店行李服务、散客离店行李服务、团队抵店行李服务、团队离店行李服务、行李存取服务以及委托代办服务等。为了保证服务质量，行李员一定要做好交接班工作，并及时填写工作日志。行李服务流程与标准如下。

(一)散客行李服务流程与标准

1. 散客抵店行李服务流程与标准

散客抵店行李服务流程如图 3-3-1 所示。

图 3-3-1　散客抵店行李服务流程

散客抵店行李服务程序与标准如表 3-3-1 所示。

表 3-3-1　散客抵店行李服务程序与标准

程序	标准
问候	出门迎接，表示欢迎
协助宾客提取行李	行李员将行李卸下车，并请宾客一起清点行李件数，检查行李有无破损 根据行李的多少决定是否需要使用行李车 对于贵重物品或易碎物品，不必主动提拿。如果宾客要求帮助，行李员应特别小心，轻拿、轻放，防止丢失或破损
引领宾客到前台接待处	引领宾客时，要走在宾客的左前方两三步远，步伐节奏与宾客保持一致 遇到拐弯处或人多时，要注意回头招呼宾客
看管行李等候宾客	宾客办理入住登记手续时，行李员应站在前台一侧、宾客身后 1.5 米处，看管行李，听候召唤
引领宾客进入房间	(1)入住登记完毕后，主动趋步向前从接待员手中领取房间钥匙，引领宾客至客房，在途中应主动热情地问候宾客，并适时介绍酒店特色、新增设的服务项目、特别推广活动等 (2)到达电梯时，让宾客先进电梯。行李员进电梯后，按好电梯楼层，站在电梯控制牌处，面朝宾客，并主动与宾客沟通。电梯到达后，让宾客先出电梯，行李员随后提行李跟出 (3)进入房间前，先向宾客介绍使用钥匙开门的方法及钥匙的其他用途，然后按照酒店既定程序敲门、开门，以免接待处客房登记重复给宾客造成不便

续表

程序	标准
房间服务	进房。开门后，应先开总开关，确定客房属可用房后，用手势示意宾客先进。将行李放在行李架上或按宾客吩咐放好 介绍房内设施设备及其使用方法。注意选择介绍的内容和介绍方法，避免出现没完没了的空洞“介绍”，诸如“这是卫生间”“这是电视机”等 在介绍的过程中，始终关注宾客的表情及神态，并回答宾客提问。如果宾客曾经住过本酒店，则可不必介绍
离房	离开房间前，应询问宾客是否还有别的吩咐。如宾客无其他要求，则向宾客道别，祝宾客入住愉快，然后将房门轻轻拉上，迅速离开

2. 散客离店行李服务流程与标准

散客离店行李服务流程如图 3-3-2 所示。

图 3-3-2　散客离店行李服务流程

散客离店行李服务程序与标准如表 3-3-2 所示。

表 3-3-2　散客离店行李服务程序与标准

程序	标准
热情受理	(1)站立于大门附近，注意大厅内的宾客动态 (2)见到宾客携行李离店，则应主动上前提供服务
接到通知	当接到宾客运送行李的请求后，应礼貌地问清房号、姓名、行李件数和搬运时间等，并做好记录
搬运行李	(1)按门铃，通报自己的身份，得到宾客允许后，进入客房 (2)帮助宾客清点行李，检查行李是否有破损情况，如有易碎物品，则贴上易碎物品标志 (3)若宾客不在房内，应请楼层服务员开启房门，并取出行李，核对件数，注意检查房内有无宾客遗落物品等
送别宾客	(1)来到大厅后，应先到前台收银处确认宾客是否已结账 (2)若宾客仍未结账，则应礼貌地告诉宾客收银处的位置，并再次请宾客清点行李件数 (3)确认无误后，将行李装上车，并提醒宾客交回客房钥匙，向宾客道别，祝宾客旅途愉快

(二)团队行李服务流程与标准

1. 团队抵店行李服务流程与标准

团队抵店行李服务流程如图 3-3-3 所示。

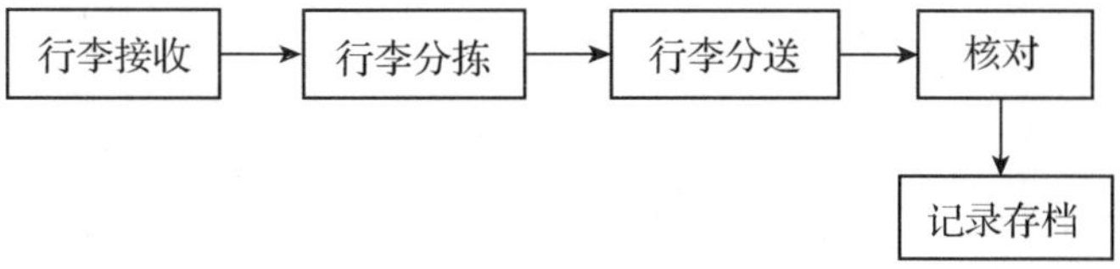

图 3-3-3　团队抵店行李服务流程

团队抵店行李服务程序与标准如表 3-3-3 所示。

表 3-3-3 团队抵店行李服务程序与标准

程序	标准
行李接收	(1)团队行李到店时，行李员与行李押运员进行交接，清点行李件数，检查行李有无破损，然后双方按各项规定程序履行签收手续 (2)行李如有破损或短缺，必须请行李押运员签字证实，并通知领队或陪同
行李分拣	(1)将行李放在指定地点，标上团号，拴上行李牌，摆放整齐。注意不同团队的行李之间应留有空隙 (2)在每件行李上都挂上酒店的行李标签，待宾客办理入住登记手续后根据接待处提供的团队分房表，认真核对宾客姓名，并在每张行李标签上写上宾客房号；填写房号要准确、迅速，然后在团队行李登记表的每一个房号后面标明入店的行李件数，以方便宾客离店时核对
行李分送	(1)硬件在下、软件在上，大件在下、小件在上，并特别注意有“请勿倒置”字样的行李 (2)同一团队的行李应放于同一趟车上，放不下时分装两车；同一团队的行李分车摆放时，应按楼层分车，尽量将同一楼层或相近楼层的行李放在同一趟车上；如果同一层楼有两车行李，应根据房号装车；如果同一位宾客有两件以上的行李，则应把这些行李放在同一趟车上，应避免分开装车，以免宾客误认为丢失行李
核对	(1)到达客房时，行李员应将行李放在房门一侧，先按门铃或敲门 (2)宾客开门后，主动问候，将行李放到房间，请宾客当面确认；如果宾客不在房间，应请楼层服务员开门，然后将行李放入房间 (3)对于破损或无人认领的行李，则应将其放在一边，并在其标签上注明团号及入店时间，然后将其放到行李房储存备查，并尽快与陪同或导游联系，确定物主的姓名、房号，尽快将其送给宾客

2. 团队离店行李服务流程与标准

团队离店行李服务流程如图 3-3-4 所示。

图 3-3-4 团队离店行李服务流程

团队离店行李服务程序与标准如表 3-3-4 所示。

表 3-3-4 团队离店行李服务程序与标准

程序	标准
接到通知	根据团队接待计划和当日领队或陪同的通知，安排次日团队预离店的行李运送事宜，确定收取行李时间
收取行李	(1)行李员在规定时间内，依照团号、团名及房间号码，按时到楼层及客房门口收取行李，记录每个房间的行李件数，并拴好行李牌 (2)如果宾客暂不在房间，门口又无行李，不可擅自开门收取行李，应及时通知值班台，尽快与领队或陪同联系
核对行李	把行李集中到行李处，整齐排列，与领队或陪同清点件数，确认无误后，双方签字
行李离店	待运送行李的车辆到达后，与行李押运员清点、检查行李，办理交接手续，协助行李押运员将行李装车

(三)行李寄存服务流程与标准

宾客在酒店入住期间，会由于种种原因，希望将一些行李物品暂时由酒店帮助免费存放保管。这种物品寄存工作在酒店可能由多个部门来分别提供，如总台收银处提供贵重物品寄存服务；餐厅、舞厅、会议室等为进店的宾客提供帽子、大衣、雨伞、皮包等的寄存服务；前厅行李房为住店宾客提供普通行李物品的寄存服务。前厅行李寄存处一般设在大堂内与总台不远的客人出入通道旁。酒店需要建立相应的安全制度，并规定必要的行李寄存服务手续。

1. 行李寄存服务流程

行李寄存服务流程如图 3-3-5 所示。

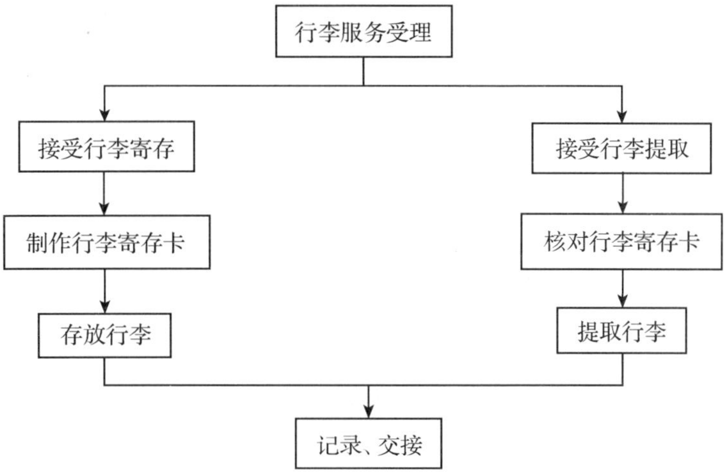

图 3-3-5 行李寄存服务流程

2. 行李寄存服务程序与标准

行李寄存服务程序与标准如表 3-3-5 所示。

表 3-3-5 行李寄存服务程序与标准

程序	标准
接受行李寄存	(1)问候宾客 (2)询问并确认宾客身份：姓名、房卡；团队宾客的团号、房卡 (3)询问并确认宾客要寄存的行李件数、办理时间 (4)检查并确认宾客要求寄存的行李在可寄存范围内
制作行李寄存卡	(1)认真填写行李寄存卡的全部内容，请宾客确认并在寄存卡主卡上签名 (2)将行李寄存卡副卡交给宾客，作为提取行李的凭证 (3)将行李寄存卡主卡挂在行李箱的明显位置——手把上 (4)按行李寄存卡的内容填写行李寄存记录
存放行李	(1)制作行李牌：行李寄存卡主卡卡号、宾客房号、寄存总件数 (2)在行李上标挂行李牌，两件以上的行李寄存时要用行李绳将其绑在一起 (3)将寄存行李送入寄存室 (4)寄存室的行李应以组为单位整齐码放，行李牌应放在明显位置，以便查找 (5)团队寄存的行李应以团为单位码放，并用行李网将同一团队的所有寄存行李罩在一起

续表

程序	标准
接受行李提取	(1)问候宾客 (2)请宾客出示行李寄存卡副卡
核对行李寄存卡	核对行李寄存卡副卡与寄存记录，确认一致后，请宾客在副卡上签字
提取行李	(1)根据行李寄存卡副卡为宾客提取行李 (2)如果是当日寄存的行李，应在行李柜台核对查找，核对主、副卡内容及宾客签名是否一致 (3)如果不是当日寄存的行李，应到行李寄存室核对查找，核对主、副卡内容及宾客签名是否一致 (4)将寄存行李交给宾客并请其确认件数 (5)在行李寄存记录上注明领取人姓名
记录、交接	(1)每班下班前，应在领班带领下重新整理寄存室行李的码放 (2)每班次的行李员下班前，要将所有行李寄存、提取事宜详细记录在行李员工作日志中 (3)交接班时，接班行李员认真阅读工作日志，仔细核对行李寄存与提取的数量，并予以签收 (4)长期无人认领的行李，应定期向酒店保卫部汇报，统一处理

三、行李寄存的注意事项

行李寄存的注意事项如下。

第一，行李房不寄存现金、金银珠宝等贵重物品和身份证、护照等身份证件。上述物品应请客人自行保管或放到总台收银处的贵重物品保险箱内免费寄存。

第二，酒店及行李房不寄存易燃、易爆、易腐烂、有腐蚀性的各类物品。

第三，一般酒店行李房不接受动物、植物的寄存。如确有必要开展此项服务，应征询专业人士的意见，使场地、设备、人员等方面符合有关条件。

第四，行李房一般不存放易变质的食品、易碎品、精密仪器等物品。若客人坚持要寄存，则应向客人说明酒店的免责条款，请其签字，注意给易碎品挂上“小心轻放”的牌子，并予以特别保管。

第五，若发现有毒品、枪支等危险物品，应及时报告上级和安保部，并报警。

第六，所有寄存物品原则上都应上锁或使用行李封条封好开口。

第七，不接受宠物寄存。

第八，非住店客人的行李一般不予寄存。

行李服务为何出错？

【任务实施】

实训任务	行李服务训练
实训目标	能按操作程序与标准完成行李服务工作
实训地点	校内实训室

续表

实训条件	1. 大堂、客房、电梯、小轿车 2. 行李车、行李牌、行李若干、散客行李登记表、房卡、笔
实训过程	1. 实训前 (1)着装整齐，准备实训用具 (2)分配学习小组(三人一组)，明确小组任务 2. 实训中 (1)教师播放散客行李服务、团队行李服务以及行李寄存服务教学视频，并讲解服务程序与标准以及注意事项 (2)各小组自行设计情景，现场模拟散客行李服务，交互练习 (3)抽两个小组学生演示，表演小组自评，其他小组讨论点评，教师最后讲评 (4)逐组演示，教师打分考评 3. 实训后 (1)教师总结 (2)学生撰写实训报告
实训考核建议	1. 考核内容：服务意识＋操作能力 2. 考核方式：实际操作(考核标准见附表 1-5、附表 1-6、附表 1-7) 3. 考评人员：教师或企业兼职教师、学生

>> 任务四　金钥匙服务认知 <<

【任务描述】

在理解金钥匙的内涵和服务理念等知识的基础上，以组为单位，分别设计一个金钥匙服务项目，进行情景模拟训练。

【任务目标】

知识目标：掌握金钥匙的相关知识

技能目标：初步掌握金钥匙服务的相关技能

素质目标：爱岗敬业、认真负责；具备良好的沟通协调能力

【理论引导】

一、金钥匙概况

金钥匙组织的全称为“国际酒店金钥匙组织”，是一个国际性的酒店服务专业组织。1997 年 1 月，在意大利首都罗马举行的国际金钥匙年会上，中国被纳入国际酒店金钥匙组织，成为其第 31 个成员。

金钥匙是一种委托代办的服务概念。随着酒店业的发展，其服务范围不断扩大。在现代酒店业中，金钥匙可为宾客提供全方位、一条龙的服务。只要不违背道德，不触犯法律，金钥匙可尽力办到任何事情，以满足宾客的需求。

二、金钥匙的内涵

在国际上，金钥匙已经成为高档酒店个性化服务的重要标志。有人称其为现代酒店之魂。有无金钥匙服务在很大程度上决定了一家酒店是否可以被冠以“豪华”的头衔。金钥匙的含义包括以下两个方面。

(一)金钥匙是一种服务标志

两把金光闪闪的钥匙交叉在一起代表着酒店委托代办的两种主要职能，一把金钥匙用于开启酒店综合服务的大门，另一把金钥匙用于开启该城市综合服务的大门。也就是说，它是一种综合服务总代理的醒目标志。国际酒店金钥匙组织标志和中国酒店金钥匙组织标志分别如图 3-4-1 和图 3-4-2 所示。

图 3-4-1　国际酒店金钥匙组织标志

图 3-4-2　中国酒店金钥匙组织标志

(二)金钥匙代表着酒店顶级的专业化服务

金钥匙虽不是无所不能的，但却以“追求卓越、尽善尽美”为宗旨。金钥匙服务涵盖了宾客所需要的接、送、买、印、修、订、寄、取、租、代等广泛的服务内容。凡是不违背道德、不触犯法律的服务都属于金钥匙的业务范畴。

三、金钥匙的服务项目

金钥匙的服务项目如下。

第一，行李及通信服务：运送行李，收发电报、传真、电子邮件。

第二，问讯服务：指路等。

第三，快递服务：国际托运、国际邮政托运、空运、紧急包裹、国内包裹托运等。

第四，接送服务：接送机服务等。

第五，旅游：个性化旅游服务、线路介绍。

第六，订房服务：提供房价、房类、折扣信息，订房，取消预订。

第七，订餐服务：推荐餐馆、订餐。

第八，订车服务：汽车租赁等。

第九，订票服务：订飞机票、火车票、戏票等。

第十，订花服务：鲜花预订、异地送花。

第十一，其他：美容、按摩、跑腿、照看小孩等。

四、金钥匙的服务理念

金钥匙的服务理念如下。

第一，在不违背道德、不触犯法律的前提下，为宾客解决一切困难。

第二，为宾客排忧解难，尽管并非无所不能，但一定会竭尽所能，有强烈的服务意识和奉献精神。

第三，为宾客提供满意加惊喜的个性化服务。

五、金钥匙的素质要求

金钥匙以其先进的服务理念和真诚的服务思想，通过其广泛的社会联系和高超的服务技巧，为宾客解决各种各样的问题，为酒店服务创造奇迹。因此，金钥匙必须具备较高的综合素质。

中国酒店金钥匙组织会员的入会资格

(一)思想素质

忠诚是国际酒店金钥匙组织对金钥匙的最基本要求，即对宾客忠诚、对酒店忠诚、对社会和法律忠诚，遵循“宾客至上、服务第一”的理念，有敬业、乐业精神。

(二)能力

金钥匙应具备如下能力。

第一，通晓多种语言，语言表达清晰、准确。由于金钥匙服务只有高档酒店才能提供，而高档酒店的宾客通常来自世界各地，对语言方面的要求很高，因此金钥匙必须通晓多种语言，起码能讲英语和日语两种外语。

第二，身体健康，精力充沛，能适应长时间站立工作和户外工作。

第三，彬彬有礼，善解人意，乐于和善于与人沟通。

第四，有耐心，热爱本职工作。

第五，处事机智老练，应变能力强。

第六，具备很强的人际交往能力和协作能力，能建立一个广泛的社会关系网。

(三)业务技能

金钥匙应具备如下业务技能。

第一，熟练掌握本职工作的操作流程。

第二，掌握中英文打字、电脑文字处理等技能。

第三，掌握所在酒店的详细信息资料，包括酒店的历史、服务设施、服务价格等。

第四，熟悉本市三星级以上酒店的基本情况，包括地点、主要服务设施、特色和价格水平。

第五，熟悉本市主要旅游景点，包括地点、特色、服务时间、业务范围和联系人。

第六，掌握本市一定数量的高、中、低档餐厅，娱乐场所，酒吧的信息资料，包括地点、特色、服务时间、价格水平、联系人。按照中国酒店金钥匙组织会员考核标准，申请者必须熟悉本市高、中、低档餐厅各 5 个，娱乐场所、酒吧各 5 个（小城市 3 个）。

第七，能帮助宾客购买各种交通票据，了解售票处的服务时间、业务范围和联系人。

第八，能帮助宾客安排市内旅游，掌握其线路、花费时间、价格、联系人。

第九，能帮助宾客修补物品，包括手表、眼镜、小电器、行李箱、鞋等，并掌握这些物品维修处的地点和服务时间。

第十，能帮助宾客邮寄信件、包裹、快件，熟悉邮寄事项的要求和手续。

第十一，熟悉本市的交通情况，掌握从本酒店到机场、车站、码头、旅游点、主要商业街的路线、路程和出租车价格标准。

第十二，能帮助外籍宾客解决签证延期办理等问题，掌握有关单位的地点、工作时间。

第十三，能帮助宾客查找航班托运行李的去向，掌握相关部门的联系电话。

【任务实施】

实训任务	金钥匙服务训练
实训目标	初步掌握金钥匙的相关服务技能
实训地点	校内实训室
实训条件	依各组情况自定
实训过程	1. 实训前 (1)着装整齐，准备实训用具 (2)分配学习小组，按需分组，明确小组任务 2. 实训中 (1)教师播放金钥匙服务教学视频，并讲解实训侧重点 (2)各小组自行设计情景，现场模拟金钥匙服务，交互练习 (3)抽两个小组学生演示，表演小组自评，其他小组讨论点评，教师最后讲评 (4)逐组演示，小组互评打分 3. 实训后 (1)教师总结 (2)学生撰写实训报告

续表

实训考核建议	1. 考核内容：金钥匙的服务宗旨 2. 考核方式：小组互评 3. 考评人员：学生

【项目小结】

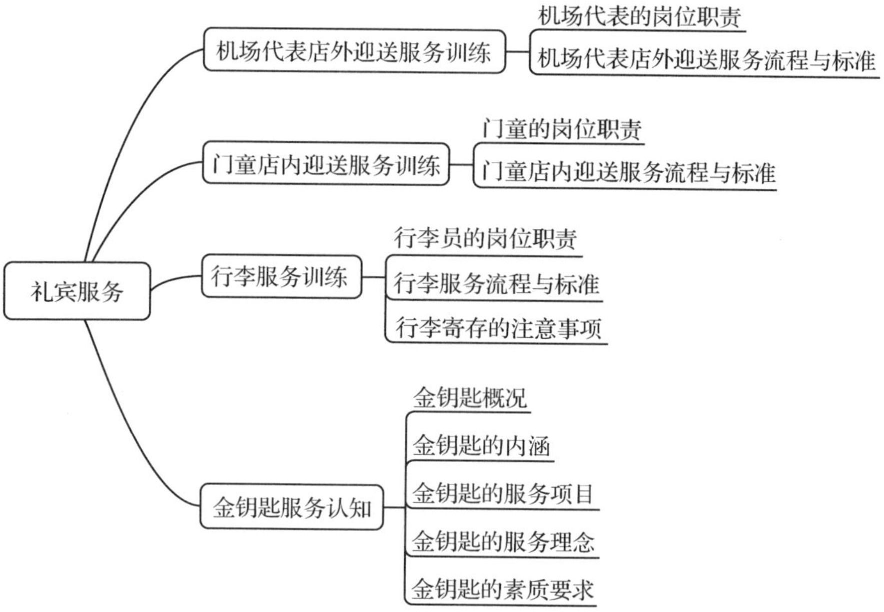

【自我学习】

一、理论思考题

1. 门童应如何为客人提供开车门及护顶服务？

2. 简述散客抵店行李服务程序。

3. 行李寄存的注意事项有哪些？

4. 根据所学内容，谈谈你对金钥匙服务的理解和认识。

二、案例分析题

一位来自泰国的商人，在参加广交会期间，萌发了经营一种特殊商品的念头。经多方求助无果后，他怀着碰碰运气的心情走进A宾馆礼宾部，金钥匙孙先生接待了他。原来这位商人想买200多只鸵鸟。孙先生立即启动了他头脑中的那个庞大信息网。他依稀记得，其中有一个姓方的年轻人，办了一个动物养殖场。通过与酒店采购部联系，很快得到了养殖场的确切地址，同时还意外地获悉，那里还有数量较多的其他动物。从客人提出求助，到掌握基本情况，只花了15分钟。次日，孙先生安排专车，将这位商人送到了养殖场。这位泰国商人原本只想试试看，没想到金钥匙真能帮自己办成。他此时的心情是激动而复杂的，一时竟想不出用什么更好的语言来表示感谢，只是真诚地向孙先生报以一笑，并说："A宾馆真好，金钥匙名不虚传。"

思考并回答：

(1)通过这一案例，你认为金钥匙的真实含义是什么？金钥匙所体现的服务哲学是什么？

(2)孙先生身上体现了金钥匙的哪些品质？

三、实训拓展题

以小组为单位，每组分别设计一个金钥匙服务的情景对话，按实际情况分组，充分体现金钥匙的服务宗旨。

项目三答案

项目四　总台接待

【项目描述】

通过学习入住登记服务，换房服务，离店日期变更服务，问讯、留言及邮件服务，贵重物品保管服务以及行政楼层接待服务等理论知识，形成相关的职业技能，完成散客、团队、贵宾的入住接待服务，换房服务，离店日期变更服务，问讯、留言及邮件服务，贵重物品保管服务等工作任务。

【案例导入】

早班时候，前台员工小王进行当日预抵房间排房，将一间当日应退房间1801排给了预抵客人杰森先生。随后，1801房间的客人刘女士来到前台办理续住。但由于1801的锁房未被释放，前台当班员工小张并没有能够成功帮助刘女士在系统中延房。晚上8点左右，杰森先生至前台由员工小吴为其办理入住。杰森办完入住后来到房间，可是打开房门后却发现房内有人。于是，双重出售产生了。

>> 任务一　入住登记服务训练 <<

【任务描述】

在学习入住登记相关知识的基础上，完成散客、团队、贵宾的入住接待工作。

【任务目标】

知识目标：了解入住登记的准备工作，掌握排房的原则与顺序，掌握散客、团队、贵宾入住登记的受理流程与标准

技能目标：能按照服务规范准确、熟练地为散客、团队、贵宾办理入住

素质目标：热情友善、爱岗敬业；具备良好的团队协作能力

【理论引导】

对于酒店前厅部来说，总台服务是前厅对客服务全过程的一个关键阶段，是整个前厅业务工作的核心，包括入住登记服务、客房分配服务、问讯服务、留言服务、贵重物品保管服务、退房结账服务等多项工作任务。由于前厅接待服务是面对

面的对客服务，因此前厅接待服务的优劣将会直接影响客人对酒店服务与管理水平的整体印象以及住宿期间的心情，同时也会影响酒店的经济效益。

一、入住登记的准备工作与排房

办理入住登记手续的必要性

(一)入住登记的准备工作

为保证对客服务工作的高效率和高质量，酒店必须做好客人入住登记前的各项准备工作。在帮助客人办理入住登记手续或分配客房之前，接待员必须掌握以下接待工作所需的信息，包括房态报告、预抵店客人名单、客史档案、有特殊要求的预抵店客人名单、预抵店重要客人名单、黑名单。

在客人到店前，接待员除应获得以上信息资料外，还应做好以下工作。

1. 用具准备

检查电脑、POS机、扫描仪等设备的状况，准备好入住登记所需的表格、用具以及钥匙，并注意查看是否有客人提前到达的邮件等。

2. 检查客房预留状况

接待员要与客房部保持密切联系，掌握房态(见表4-1-1)。

表4-1-1　房态

房态	含义	英文全称
VC	清洁空房	Vacant Clean
VD	未清洁的空房	Vacant Dirty
OC	住客房	Occupied
OOO	维修房	Out Of Order
DND	请勿打扰	Do Not Disturb
NNS	不需要打扫的房间	No Need Service
EA	预期到店	Expected Arrival
ED	预期离店	Expected Departure
NB/LB	没行李/少行李	No Baggage/Light Baggage
SO	外宿	Sleep Out
CI	客人入住	Check In
CO	客人退房	Check Out
VIP	重要客人	Very Important Person

(二)排房

为方便客人，并对客房分配进行有效管理，接待员应根据预订确认书中的订房要求，提前制订客房预分方案。在排房时，应遵循以下原则及顺序。

1. 排房原则

排房又称分房。接待员应根据宾客的实际住宿需求、性格特征以及酒店可供出租客房的实际情况(位置、大小、风格、特色、档次、价格、朝向等)进行客房分配。正确灵活的排房方式，不仅能满足宾客的需求，而且能充分合理地利用客房。在排房时，接待员应遵循以下原则。

第一，针对性原则。接待员要根据宾客的特点(身份、地位、对酒店经营的影响力、旅游目的、生理心理需求、人数等)进行有针对性的客房分配。

第二，特殊性原则。接待员要根据宾客的生活习惯、宗教信仰以及民族风俗来进行客房分配。

第三，因地制宜原则。接待员要根据酒店经营管理和服务的准则来进行客房分配。

2. 排房顺序

在排房时，接待员应根据宾客的特点及轻重缓急顺序进行排房，即团队宾客、重要宾客和常客、已付定金的预订宾客、要求延期离店的宾客、普通预订宾客、无预订的散客。

二、入住登记的受理

(一)散客入住登记的受理

1. 散客入住登记的受理流程

散客入住登记的受理流程如图 4-1-1 所示。

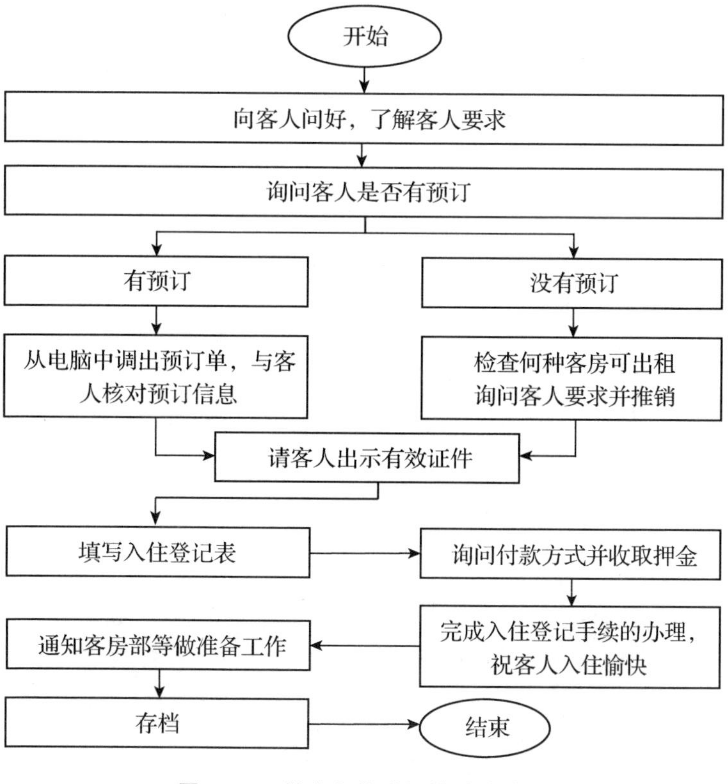

图 4-1-1　散客入住登记的受理流程

2. 散客入住登记的受理程序与标准

散客入住登记的受理程序与标准如表 4-1-2 所示。

表 4-1-2　散客入住登记的受理程序与标准

程序	标准
主动问候客人	(1)当客人行至距离前台约 3 米处时，接待员应面带微笑，热情迎接，主动问候致意 (2)如果已经知道客人的姓名，应带姓氏称呼客人
确认客人有无预订	为客人办理入住登记手续时，接待员应首先弄清客人是否有预订 (1)对于有预订的客人，接待员应迅速核对当日抵店客人名单，查询客人姓名，调出订房资料，复述订房要求，特别是房间类型与住宿天数。对于已付定金的客人，应向客人确认已收到的定金数额 (2)若客人持有订房凭证，接待员应将副本留存，作为向代理机构结算的凭证，向客人复述凭证所列各项内容，如订房凭证发放单位的印章、客人姓名、酒店名称、居住天数、房间类型、抵离店日期等，并回答客人的询问 (3)对于未预订直接抵店的客人，接待员应问清其用房要求，同时查看当日可出租客房的情况。针对客人的要求，向客人推荐客房。如果酒店不能满足客人的要求，也应设法为客人联系推荐其他酒店，尽量帮助客人，从而塑造酒店的良好形象
查验并扫描身份证	(1)中华人民共和国居民身份证和临时身份证、军官证、警官证、士兵证、文职干部证、军警老干部离休荣誉证、军警老干部退休证明书、一次性住宿有效证件 (2)港澳同胞持有证件：港澳同胞回乡证 (3)我国台湾地区居民来往大陆持有证件：台胞证 (4)华侨持有证件：中华人民共和国出入境通行证 (5)外国人持有证件：护照和签证 在查验证件时，要注意证件有无涂改伪造；核对照片是否与持证人相符；查看证件的有效期、入境日期和入境口岸等。另外还应注意，应双手递接证件，礼貌称呼客人姓氏，并向客人表示感谢
登记	住宿登记表分为国内客人住宿登记表(见表 4-1-3)和境外客人临时住宿登记表(表 4-1-4) 填表的总要求是不缺项、不漏项，字迹清晰，外文缩写规范
排房	详见排房相关内容
确定付款方式	客人常采用的付款方式有现金、信用卡、旅行社凭单、转账等 (1)现金。预付金额应超过住宿期间的总房费，具体超过多少，则由酒店自定，一般为一天的房费，结账时多退少补 (2)信用卡。接待员应首先明确信用卡受理权限；其次核实住店客人是否为持卡人；检查信用卡的有效期及信用卡的完好程度；获取预授权 (3)旅行社凭单。客人向与酒店有售房合同的旅行社购买酒店的客房，房费交付给旅行社，旅行社给客人签发凭单。客人凭此单入住指定的酒店，无须再向酒店支付房费。房费由旅行社与酒店按售房合同解决。如果客人持旅行社凭单结账，接待员则应告诉客人，房费之外的费用必须额外支付，如洗衣费、长途电话费等，并要求客人交纳一定的押金 (4)转账。这一要求客人一般在订房时就会向酒店提出，经酒店有关负责人批准后方可。客人在入住登记时提出以转账方式结账，酒店通常不予受理 (5)对于一些熟客、常客、公司客等，酒店为了表示友好和信任，通常会给予他们免交押金的优待。免交押金的名单一般由酒店的营业部或财务部印发，预订处员工在订房单的备注内容中注明，接待处则灵活处理

续表

程序	标准
填写房卡并发放客房钥匙给客人	(1)告知客人房卡用途 (2)如果酒店为客人提供餐券、免费饮品、宣传品等，此时应同房卡一并交给客人 (3)将客房钥匙交给客人，并请客人妥善保管
完成入住登记手续的办理并祝客人入住愉快	接待员安排行李员引导客人进房。如无行李员，接待员则应将房号告诉客人并指明电梯位置。为了表达对客人入住的感谢和重视，有些酒店还要求接待员在客人进房 7～10 分钟后，打电话至房间，征询客人对客房及服务的意见
传递、存储信息，建立相关资料表格	(1)将入住登记表的有关内容输入电脑。如果酒店电脑联网，则对客服务的相关部门可得到客人入住的信息。若酒店电脑没有联网，接待员则需填写入住单，并将相关信息分发至问讯处总机、礼宾部等相关部门 (2)在印制好的账单上打印客人的姓名、抵店日期、离店日期、房号、房价等，然后将账单(一式两联)与住宿登记表服务联及信用卡签购单一并交给收银处，为客人建账 (3)在预抵店客人名单中注明该订房单的客人已入住

表 4-1-3　国内客人住宿登记表

房号：　　　　　　　　　　房租：　　　　　　　　　　接待员：

<table>
<tr><td>姓名</td><td>性别</td><td>年龄</td><td colspan="2">籍贯</td><td colspan="2">工作单位</td><td>职业</td></tr>
<tr><td></td><td></td><td></td><td colspan="2"></td><td colspan="2"></td><td></td></tr>
<tr><td>住址</td><td colspan="4"></td><td colspan="2">从何处来</td><td></td></tr>
<tr><td colspan="2">身份证或其他证件名称</td><td></td><td colspan="2">证件号码</td><td colspan="3"></td></tr>
<tr><td>来宿日期</td><td colspan="2"></td><td colspan="2">退宿日期</td><td colspan="3"></td></tr>
<tr><td rowspan="3">同宿人</td><td>姓名</td><td>性别</td><td>年龄</td><td>关系</td><td rowspan="3">备注</td><td colspan="2" rowspan="3"></td></tr>
<tr><td></td><td></td><td></td><td></td></tr>
<tr><td></td><td></td><td></td><td></td></tr>
<tr><td colspan="6">请注意：
1. 退房时间是中午 12：00。
2. 贵重物品请存放在收款处之免费保险箱内。阁下一切物品之遗失，酒店概不负责。
3. 来访客人请于 23：00 前离开房间。
4. 房租不包括房间里的饮料。</td><td colspan="2">离店时我的账目结算将交付：
☐ 现金
☐ 旅行社凭单
☐ 信用卡
客人签名：</td></tr>
</table>

表 4-1-4　境外客人临时住宿登记表

REGISTRATION FORM OF TEMPORARY RESIDENCE FOR VISITORS

(IN BLOCK LETTERS)　　　　DATE:

ROOM NO.:

SURNAME GIVEN NAME		DATE OF BIRTH		SEX		NATIONALITY OR AREA	

续表

<table>
<tr><td colspan="2">PURPOSE OF STAY</td><td colspan="2"></td><td colspan="2">DATE OF ARRIVAL</td><td></td><td colspan="2">DATE OF DEPARTURE</td><td></td></tr>
<tr><td colspan="5">COMPANY NAME OR OCCUPATION</td><td colspan="5"></td></tr>
<tr><td colspan="4">PLEASE NOTE：
CHECK-OUT TIME IS 12：00 NOON.
VISITORS ARE REQUESTED TO LEAVE GUEST ROOMS BY 11：00 P. M.
ROOM RATE DON'T INCLUDE BEVERAGE IN YOUR ROOM.</td><td colspan="6">ON CHECKING OUT MY ACCOUNT WILL BE SETTLED BY：
□ CASH □ T/A VOUCHER
□ CREDIT CARD □ COMPANY

GUEST SIGNATURE：________</td></tr>
<tr><td colspan="10">FOR CLERK USE(以下由服务员填写)</td></tr>
<tr><td>护照或证件名称</td><td></td><td>号码</td><td></td><td>签证种类</td><td></td><td>签证号码</td><td></td><td>签证有效期</td><td></td></tr>
<tr><td>签证签发机关</td><td></td><td>入境日期</td><td></td><td>口岸</td><td></td><td>接待单位</td><td colspan="3"></td></tr>
<tr><td colspan="10">备注：</td></tr>
<tr><td colspan="10">值班服务员签名：</td></tr>
</table>

【经典案例】

房间还没打扫出来

酒店在长假期间经常处于满房状态，预订也非常满，中午 12 点会有客人集中退房。虽然客房部服务人员非常高效地进行清理，但是客房的清扫压力还是很大。有些房型，客人来早了还是会出现没有房间的情况。

客人下午两点来到了某酒店要求入住，但是前台服务人员查询系统后发现，客人所订的那类客房现在都还没有打扫出来，于是向客人解释、道歉，请客人在大堂稍作休息等候，并告知客人房间一经打扫完毕立即通知客人。但是客人已经有些不高兴了："我现在是正常时间过来的，又预订过，怎么来了还是没有房间?"前台服务人员耐心地向客人解释了缺房的原因，一是长假期间房间爆满，二是这种房型比较少，前客未退。解释完原因后，前台服务人员提出了两种解决方案：第一种方案是如果客人想现在就入住，可以加钱调整成高级大床房。第二种方案是客人先把行李寄存在礼宾部，酒店赠送客人大堂吧饮品券，客人可以在大堂吧喝茶或者喝咖啡休息一下。客人接受了第二种方案。房间准备好后，前台服务人员立即通知客人，并再次向客人道歉，同时祝客人入住愉快。客人对酒店的服务表示肯定。

(二)团队入住登记的受理

1. 团队入住登记的受理流程

团队入住登记的受理流程如图 4-1-2 所示。

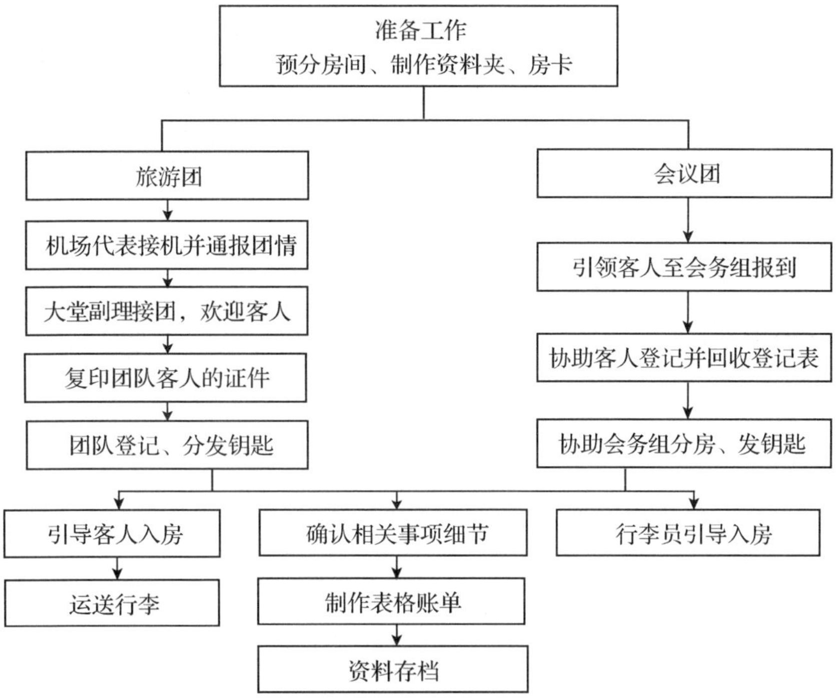

图 4-1-2　团队入住登记的受理流程

2. 团队入住登记的受理程序与标准

团队入住登记的受理程序与标准如表 4-1-5 所示。

表 4-1-5　团队入住登记的受理程序与标准

阶段	程序	标准
准备工作阶段	做好接待准备工作	(1)根据团队订房要求，查看电脑房态资料或房态显示架，为团队安排客房，打印团队用房分配表。将团队接待任务通知单中的信息，如用房、用餐、用车及其他要求，在客人抵店前按照计算机或客房状况显示架进行核准，然后进行预排房并确认 (2)准备好团队客人信封。信封上标有房号，内含房卡、客房钥匙及酒店促销品等。团队客人的房卡大多为不能签单的钥匙卡，在房卡姓名栏填写团号，在房租栏填写合同价 (3)随时与客房部联系，了解房间卫生清扫状况 (4)准备好入住登记表、团队资料表、团队入住确认表及账单。团队资料表的印发是为了将团队客人到店信息通知给相关对客部门 (5)如果团队客人行李已到，则应吩咐礼宾部妥善保管

续表

阶段	程序	标准
旅游团入住接待阶段	迎接	大堂副理、销售部团队联络员及前厅部工作人员迎接团队，致欢迎词，并将团队引领至接待区域，简要介绍酒店服务设施和服务项目
	入住登记	(1)团队客人到达后，由团队接待员迎接。如团队人数较多，有必要由大堂副理或宾客关系主任出面维持秩序 (2)弄清团队名称，找出订房资料，确认人数、房间数，核定付款方式 (3)请团队陪同人员，如导游、领队或会议组织人员等，协助团队客人填写团队入住登记表(表 4-1-6)。入住登记表的填写分两种情况：一种是客人在抵店时临时填写；另一种是在团队客人抵店前，陪同人员已事先准备好
	分配房卡	协助团队陪同人员分配客房，分发房卡和钥匙
	了解付款方式	(1)团队订房单上会标明付款方式，即现付或转账。如现付，则应请收银员收款；如转账，则应明确转账至何单位，是地接社还是组团社。若转至组团社，则应让地陪在团队账单上签名确认，最后将账单送交前厅收银员 (2)如果是团队入住，那么接待单位大多只负责房租和餐费，其他费用由客人自理。如果个别客人要求开通房间长途电话或拥有在酒店消费的签单权，则应要求客人事先交纳一定的押金
	分送客人资料	将标明房号的团队客人名单递交一份给行李员
	制作相关表格，传递信息	(1)填制团队客人资料表，将团队客人的信息分发至总机室、问讯处、前厅收银员、礼宾部、餐饮部、管家部等相关部门。如果酒店计算机联网，则不必制作表格，只需将入住相关资料输入团队接待处计算机终端，其他部门就可获取团队客人信息 (2)更改房间状况 (3)填写在店团队一览表
会议团入住接待阶段	会议团入住接待特殊程序	(1)在会议团到达前一天，接待员应根据会议团订房表及会议团名单或分房表妥善分好客房。若无后两项信息，应事先准备好足够的客房及相应的钥匙，待会议团到达后由会务组人员分房 (2)会议报到当天，一般由会务组在大厅的一角设立报到处，接待与会客人。会议报到后的有关事项和日程安排应事先印好，人手一份，或在大厅内张贴，以便每位客人知晓。接待员应把准备好的客房钥匙交予会务组，并准备足够的入住登记表 (3)参加会议的客人多数不是同一时间到达，每到一位客人，接待员或销售部人员应协助会务组人员为其分房并分发钥匙，请客人当场填写入住登记表并收回，实在无法收回的应记下房号，稍后上门收取 (4)接待员收回入住登记表并登记每位客人的最终房号，打印一份会议团安排房表交总机室、问讯处，便于酒店为客人提供服务 (5)如果会务组未提供团队分房表，接待员也应尽量了解客人房号，并了解会务组房号。如果接到关于该会议团队客人的问讯或电话，一律转接到会务组

表 4-1-6　团队入住登记表

团队名称：　　　　　　　　　　　　　　　　　　　日期：

房号	姓名	性别	出生年月	职业	国籍	护照号码
何处来：				何处去：		
留宿单位：				接待单位：		

导游签名：　　　　　　　　　　　　　　　　　　　接待员签名：

【经典案例】

团队客人拒绝办理入住登记手续

十一期间，酒店的前台接待了一个 30 人的旅游团。在为客人办理入住登记手续时，接待员按照公安机关规定，请客人出示身份证，不料却遭到了部分客人的拒绝。他们觉得人太多，等待时间过长，不需要那么麻烦，只要用导游的证件或者部分成员的证件登记一下，快点把房间安排好就可以。接待员再三解释，客人仍然不予配合，并表示酒店的服务一点都不灵活。客人情绪很激动，大嚷："把你们经理找来！"

随后大堂经理赶到，先安抚客人的情绪，给客人递上茶水，然后向客人解释："其实大家只需要将自己的证件出示给我们登记一下，只需要几分钟的时间，不会耽误大家入住的，而且登记也是为了方便您在酒店签单消费。如果我们没有你们的名单，是不方便您在酒店进行签单消费的。"听后，客人们非常配合地将自己的证件送到总台办理了入住登记手续。

(三)贵宾入住登记的受理

1. 贵宾入住登记的受理流程

贵宾入住登记的受理流程如图 4-1-3 所示。

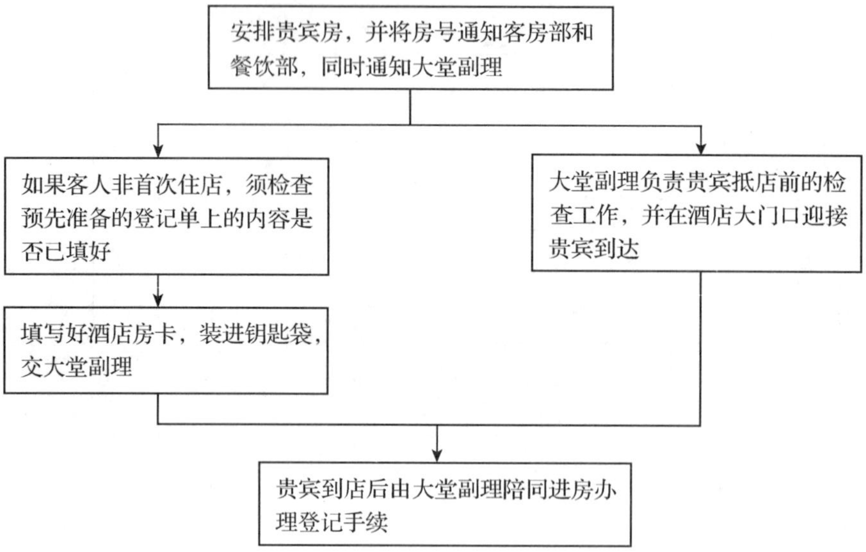

图 4-1-3　贵宾入住登记的受理流程

2. 贵宾入住登记的受理程序与标准

贵宾入住登记的受理程序与标准如表 4-1-7 所示。

表 4-1-7　贵宾入住登记的受理程序与标准

程序	标准
接待前的准备工作	(1)从次日抵店客人一览表和贵宾接待通知单(表 4-1-8)上了解抵店贵宾的详细情况：客人姓名、国籍、人数、抵离店日期、接待单位、订房种类和接待规格等 (2)按订房要求安排房间，选择同类房间中方位、视野、景观、环境和房间保养等最好的客房，并通知客房部进行环境布置、房内物品配备等，然后将贵宾房号通知礼宾部、电话总机室、安保部等相关部门 (3)将客人信息登记表、贵宾房卡提前填好，并与客房钥匙一起装入贵宾欢迎信封 (4)查看有无客人信件及其他代客收到的物品或转交物品、留言，以便及时转交和告知，并做好记录 (5)通知房务中心，安排楼层员工迎接客人 (6)通知餐饮部宴会预订处安排用餐地点，并准备特色菜肴，打印菜单等 (7)根据贵宾接待规格呈报表，通知有关部门在贵宾到达前把水果、鲜花、浴袍、酒水、糕点、巧克力等免费赠品和总经理名片、总经理签字的房卡及酒店推广业务用的宣传纪念品放入客房。赠品的多少，由酒店根据贵宾的重要程度来定，由预订处或公关部开单供有关部门执行 (8)在贵宾抵店前数小时，前台主管与大堂副理应共同检查各项准备工作：水果、鲜花、浴袍、酒水、糕点、巧克力等免费赠品是否切实到位，房间状态是否正常，礼品发放是否准确无误

续表

程序	标准
迎接客人，办理入住登记手续	(1)一般贵宾由大堂副理接待即可。如果是身份地位高的贵宾，必须由酒店最高管理者出面迎接 (2)贵宾抵店时，称呼贵宾姓名，问候，表示热烈欢迎，并向贵宾介绍自己和有关接待人员 (3)将贵宾带入房间，并对酒店和房间进行简单介绍，告知贵宾大堂副理台的服务电话，表达竭诚为其服务的愿望 (4)大堂副理将已准备好的入住登记文件夹带进客房，请贵宾签字，然后大堂副理核对证件，确认其退房日期。离开客房时，预祝客人入住愉快 (5)贵宾入住享受多种优惠，如免交押金、房费折扣，甚至是所有费用全免。具体优惠方式应按酒店贵宾申请单上的待遇执行
制作表格，存储信息	(1)大堂副理给贵宾办理完入住登记手续后，在大堂副理值班本上记录贵宾入住手续办理情况 (2)表格制作、信息储存交由接待员完成。接待员将贵宾的信息输入电脑，或制作房态卡，插入显示架，更改房态 (3)将贵宾抵店信息通过入住单或计算机联网通知相关部门；将贵宾的订房资料及登记资料整理归档；向前厅收银员交接账单资料

表 4-1-8　贵宾接待通知单

<table>
<tr><td>姓名</td><td colspan="2"></td><td colspan="2">性别</td><td colspan="2"></td><td>职务</td><td></td><td>接待规格</td><td></td></tr>
<tr><td>随行人员</td><td>男</td><td></td><td>女</td><td></td><td colspan="2">联系人</td><td></td><td>联系电话</td><td colspan="2"></td></tr>
<tr><td>接待单位</td><td colspan="4"></td><td colspan="2">联系人</td><td></td><td>联系电话</td><td colspan="2"></td></tr>
<tr><td>抵店日期</td><td colspan="7"></td><td>航班/车次</td><td colspan="2"></td></tr>
<tr><td>离店日期</td><td colspan="7"></td><td>航班/车次</td><td colspan="2"></td></tr>
<tr><td rowspan="2">客房安排</td><td colspan="2">主宾房号</td><td colspan="2"></td><td colspan="2">数量</td><td></td><td colspan="3" rowspan="2">标准客房□　标准套房□
高级套房□　高级客房□
商务套房□　商务客房□
行政客房□　至尊套房□
至尊客房□　大使套房□
总统套房□</td></tr>
<tr><td colspan="2">随宾房号</td><td colspan="2"></td><td colspan="2">数量</td><td></td></tr>
<tr><td>会议室</td><td colspan="10">大型会议室□　中型会议室□　小型会议室□　会见厅□　谈判厅□</td></tr>
<tr><td>特别提示</td><td colspan="10"></td></tr>
<tr><td>总经理室</td><td colspan="10">总经理在贵宾到达时做好迎接准备</td></tr>
<tr><td>销售部</td><td colspan="10">销售部和各部门沟通协调，做好接待准备</td></tr>
<tr><td>前厅部</td><td colspan="10">部门经理迎接□　大堂副理迎接□　宾客代表迎接□
金钥匙□　宾客代表□　机场迎接□　大堂迎接□　专车□
前台登记□　客房登记□
门童□　行李□　主管迎宾□　礼仪团队□
红地毯□　欢迎标语□　指示牌□
香巾□　手花□　欢迎信□　贵宾卡□　纪念品□
贵宾专用通道□　报纸□　杂志□　书籍□
配置规格：果篮 A级□　B级□　C级□　D级□
鲜花 A级□　B级□　C级□　D级□
酒水 A级□　B级□　C级□　D级□
点心 A级□　B级□　C级□　D级□</td></tr>
</table>

续表

客房部	把房间布置好		
餐饮部	根据贵宾的饮食习惯准备餐饮		
保卫部	做好安全防范工作		
康乐部	和各部门配合，做好迎接贵宾的准备		
工程部	检查客房设施		
抄送	前厅部、客房部、餐饮部、保卫部、康乐部、工程部		
付款方式		费用折扣	
通知时间		通知人	

【经典案例】

贵宾接待工作的失败

一日，酒店即将到店的客人中有两位是日本某跨国公司的高级行政人员。该公司深圳方面的负责人专程赴酒店为这两位客人预订了行政楼层的客房，并将该公司其他客人的房间安排在了普通楼层。客人到店之前，相关部门均做好了准备工作。管家部按客人预订要求，提前清扫了行政楼层及普通楼层的客房；前台及行政楼层接待处准备好了客人的钥匙及房卡；大堂副理则通知相关部门为贵宾准备鲜花和水果，并安排专人准备接待。然而，就在一切准备就绪，等待贵宾到店之际，其中一位贵宾出现在酒店，并声称已入住在普通楼层的客房。

经过一番查证，发现该客人确已下榻酒店普通楼层的客房。但这并非客人要求，而是由接待员的工作失误造成的。原来该贵宾与其他客人一行三人抵达酒店时，前台接待员 A 核实到只有第一位客人的名字与预订单上的客人名字相符，未进一步在电脑系统中查询另外两位客人的预订，而这三位客人声称来自同一公司，又是一起抵达酒店的，于是 A 主观判断是预订单上的客人名字弄错了，便将预订单上的客人名字更改成要求入住客人的名字，并安排了入住。因此，当实际应入住普通楼层的客人抵店时，接待员 B 无法查到该客人的预订。B 虽然让客人出示该公司名片后确认客人为该公司员工，并马上安排此客人入住，但已使客人对酒店的服务水平产生了质疑。

在查清造成上述错误的原因之后，当值大堂副理马上与客人联系，但当致电客人房间时，客人均已外出，于是酒店一方面在行政楼层为客人保留了房间，另一方面在贵宾房间内留下一封道歉信，就此事向客人道歉。在接到贵宾回到酒店的通知后，大堂副理亲自向他道歉，并询问是否愿意转回行政楼层。贵宾在接受酒店道歉之后，表示对下榻客房比较满意，无须再转去其他房间。第二天，当贵宾离开酒店时，当值大堂经理又专程向贵宾道歉。贵宾表示并不介意，并表示很满意酒店对他的重视。

【任务实施】

实训任务	入住登记受理训练
实训目标	能按正确的操作流程和规范办理散客、团队、贵宾入住登记手续
实训地点	校内实训室或校外实习基地
实训条件	硬件：前台接待台、电脑、客房磁卡钥匙、制卡机、房卡、入住登记表、银联收银机、收据、笔 软件：前台预订接待系统、客人入住登记受理教学示范片
实训过程	1. 实训前 (1)着装整齐，准备实训用具 (2)分配实训小组(建议每组 6～8 人) (3)观看客人入住登记受理教学示范片 2. 实训中 (1)模拟散客、团队、贵宾入住登记受理服务场景。教师现场示范，并讲解散客、团队、贵宾入住登记的受理程序与标准以及注意事项 (2)每个实训组为一个训练小组 (3)小组自行设计，学生分别扮演接待员和宾客，面对面模拟练习入住登记受理服务场景，自行设计情景对话，练习完一次后模拟角色进行互换 (4)抽两个小组学生演示，表演小组自评，其他小组讨论点评，教师最后讲评 (5)各小组之间交流本次实训的心得、经验 (6)推选出最佳小组在全班演示 (7)再练习后，逐组演示，教师打分考评 3. 实训后 (1)教师总结 (2)学生撰写实训报告
实训考核建议	1. 考核内容：服务意识+操作能力 2. 考核方式：实际操作(考核标准见附表 1-8、附表 1-9、附表 1-10) 3. 考评人员：教师或企业兼职教师、学生

>> 任务二　换房、离店日期变更服务训练 <<

【任务描述】

通过学习换房受理以及离店日期变更受理等相关理论知识，完成换房、离店日期变更的工作任务。

【任务目标】

知识目标：掌握换房服务程序与标准以及办理离店日期变更手续的步骤

技能目标：能够按照服务流程与规范办理换房、离店日期变更业务

素质目标：诚实守信、爱岗敬业；具备良好的沟通协调能力

【理论引导】

一、换房服务流程与标准

换房，也叫转房。客人在入住以后，对客房的位置、方向、大小、设备等方面

有了较为清楚的、详尽的了解。在此情况下，有的客人认为房间不够理想，或者不太方便，就会向前台提出换房要求。酒店应尽量满足客人的要求。酒店有时也会出于自身的原因要求客人换房。例如，如果客房设备损坏，维修需时较长，酒店就会主动为客人换房。又如，如果住店客人超过原计划住店天数，需要续住，而预订该房的客人又快要入住时，酒店亦可能要求原住客换房。

(一)换房服务流程

换房服务流程如图 4-2-1 所示。

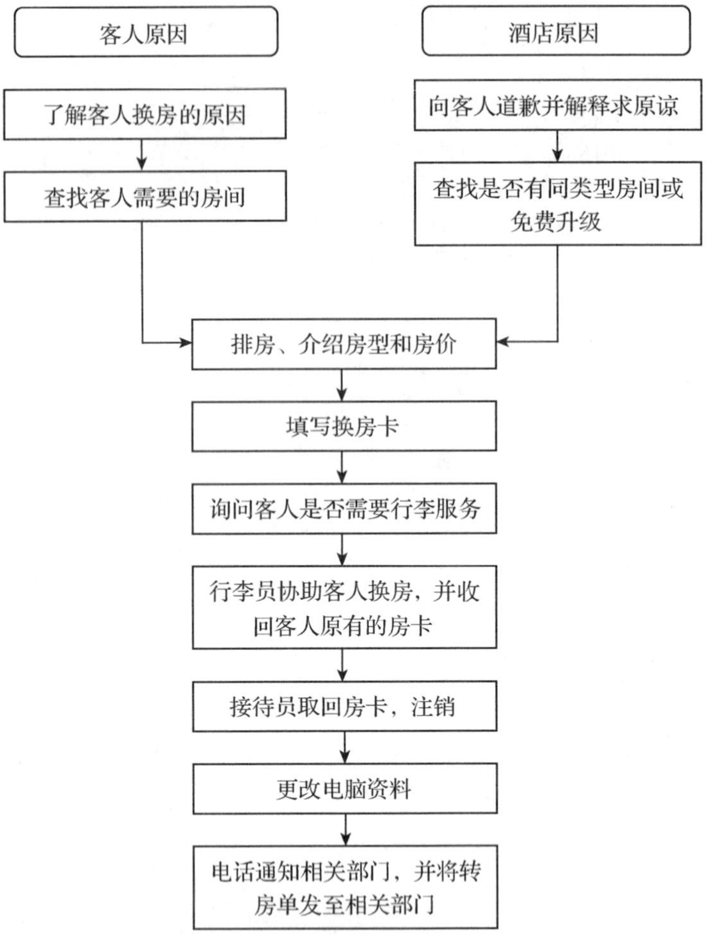

图 4-2-1　换房服务流程

(二)换房服务程序与标准

换房服务程序与标准如表 4-2-1 所示。

表 4-2-1　换房服务程序与标准

程序	标准
了解换房原因	如果由于酒店方面原因需要客人换房，接待员必须向客人解释清楚，并请求客人谅解

续表

程序	标准
查看房态资料，为客人排房	(1)查房态资料，看是否有与客人原住房相同档次的客房。如果暂时没有，则需向客人说明 (2)倘若房间档次升高了，则需要加收房费。若酒店因自身原因要求客人换房时，无须加收房费，且还要对给客人带来的不便表示歉意
填写房间/房价变更单	(1)管家部：楼层服务员接到此单后，按退房要求对原住房进行检查，然后对走客房进行清扫 (2)电话总机：方便电话转接 (3)前厅收银处：接到此单后，转移客账 (4)问讯处：方便邮件转交和访客查询 (5)礼宾部：及时协助客人提拿行李换房
行李服务	行李员协助客人换房，并收回客人原有的房卡
更改房态	接待员注销原房卡，发放新房卡

【经典案例】

换房引发的诉讼纠纷

国内某报纸上刊登了《某酒店走上法庭》的详细报道，叙述了香港某旅行社外联部经理马某与某酒店因住宿纠纷而走上法庭的经过。

简要经过是，酒店通知马某2322房已到退房日期，已预订给某团队了。如果她不能离店，酒店愿意为其免费提供其他客房一间，不过是她原来就嫌差的西翼楼房间，第二日再换回，遭马某拒绝。马某当日离店外出，其间酒店将其行李移至其他客房，将保险箱内物品移至大堂保险箱内。马某当晚11时回店，十分生气，遂与酒店发生财产遗失、损坏纠纷，提起诉讼，等候法院裁决。

二、离店日期变更的受理

(一)客人提前离店

如果客人要求提前结账离店，接待员应通知预订处更改有关预订记录，并通知客房部清扫房间，同时要更改房态。

(二)客人延期离店

接待员为客人办理延期离店手续的步骤如下。

第一，接到客人续住要求后，要问清客人姓名、房号、续住时间，然后与预订处联系，核实订房情况，确定是否能够满足客人的续住要求。

第二，如果可以，接待员要填写推迟离店通知单(表4-2-2)，通知客房部、预订处、收银处等相关部门，并更改电脑中的相关资料。

第三，若用房紧张，无法满足客人的延期离店要求，则应主动耐心地向客人解释并设法为其联系其他住处，以征得客人的谅解。如果客人不肯离开，接待员应立即通知预订处，为即将到店的客人另寻房间。如实在无房，只能为即将到店的临时预订客人联系其他酒店。

处理这类问题的原则是：宁可让即将到店的客人住到别的酒店，也不能赶走已住店的客人。

表 4-2-2　推迟离店通知单

姓名：__________ 房间：__________ 可停留至：________ 日期：__________ 前厅部经理签字：__________

【任务实施】

实训任务	换房、离店日期变更受理训练
实训目标	能按正确的操作流程和规范办理换房、离店日期变更手续
实训地点	校内实训室或校外实习基地
实训条件	硬件：前台接待台、电脑、客房磁卡钥匙、制卡机、房卡、入住登记表、银联收银机、收据、笔 软件：前台系统
实训过程	1. 实训前 (1)着装整齐，准备实训用具 (2)分配实训小组(建议每组 6～8 人) 2. 实训中 (1)模拟客人换房、离店日期变更受理服务场景。教师现场示范，并讲解客人换房、离店日期变更的受理程序与标准以及注意事项 (2)每个实训组为一个训练小组 (3)小组自行设计，学生分别扮演接待员和客人，面对面练习模拟客人换房、离店日期变更受理服务场景，自行设计情景对话，练习完一次后模拟角色进行互换 (4)抽两个小组学生演示，表演小组自评，其他小组讨论点评，教师最后讲评 (5)各小组之间交流本次实训的心得、经验 (6)推选出最佳小组进行全班演示 (7)再练习后，逐组演示，教师打分考评 3. 实训后 (1)教师总结 (2)学生撰写实训报告
实训考核建议	1. 考核内容：服务意识＋操作能力 2. 考核方式：实际操作(考核标准见附表 1-11、附表 1-12) 3. 考评人员：教师或企业兼职教师、学生

>> 任务三 问讯、留言及邮件服务训练 <<

【任务描述】

通过学习问讯、留言及邮件服务的相关知识，解答客人的各种询问，完成留言服务及邮件服务。

【任务目标】

知识目标：了解问讯服务、留言服务、邮件服务的相关知识，熟悉留言服务的程序与标准。

技能目标：能很好地为客人提供问讯、留言等服务

素质目标：具备较广的知识面和较强的人文推介能力，并积极上进

【理论引导】

住店客人来自世界各地，对很多情况不了解，需要询问，因此酒店的每一位员工都应该随时回答客人的询问，协助客人解决困难。酒店在前台一般都设有问讯处，就是为了方便客人、帮助客人，使酒店服务更加完善。问讯处的工作除了向客人提供问讯服务外，还有受理客人留言、处理客人邮件等。

一、问讯处的主要服务项目及岗位要求

问讯处是高星级酒店总台的一个重要岗位，主要负责提供问讯服务、留言服务、邮件服务以及钥匙管理等工作。因此，问讯员应具备丰富的知识，并在掌握大量信息资料的基础上，尽可能解答客人提出的问题，满足客人的需求，帮助客人，并给客人以宾至如归的感觉。

二、问讯服务

(一)咨询服务

1. 酒店内部情况的咨询

有关酒店内部情况的咨询内容通常涉及以下三个方面。

第一，餐厅、酒吧、咖啡厅等营业场所的位置及服务时间。

第二，宴会、会议、展览会举办场所的具体位置及时间安排。

第三，酒店为客人提供的娱乐、健身、医疗、洗衣等方面服务的收费标准及营业时间等。

2. 酒店外部情况的咨询

有关酒店外部情况的咨询内容涉及的范围非常广泛，大致包括以下几个方面。

第一，酒店所在地区的交通情况，如公共汽车站、地铁站、火车站、码头、机

场等。

第二，酒店所在地区的著名旅游景点的位置、特色及与酒店的距离等。

第三，酒店所在地区的主要商业区、购物中心等的情况。

第四，有关餐饮、风味小吃、娱乐场所的位置、经营特色等情况。

第五，政府部门、商业机构、领事馆、大中专院校等的位置及交通情况等。

第六，国内、国际航班，火车车次的时刻表，机票、车票价目表等。

第七，有关近期大型文体、会展等活动的组织、位置等情况。

(二)查询服务

1. 来访者查询住店客人的有关信息

来访者查询的有关住店客人的信息主要包括客人的房号、客人是否在酒店、有无他人来访问客人。问讯员应先问清来访者的姓名、与住店客人的关系等，然后打电话到被查询客人的房间，经该客人允许后，才可以让来访者去找住店客人。如果住店客人不在房内，或者客人拒绝访问，切不可将住店客人的房号及电话号码告诉来访者，也不可以让来访者到房间找人。如果客人尚未抵店，请对方在客人预订抵店的日期再来访问。如果查明客人已退房，则向对方说明情况。除已退房客人有嘱托外，一般不可把客人离店后的去向和地址告诉来访者。

2. 通过电话查询住店客人的情况

接到店外打来的查询住店客人信息的电话时，问讯员必须注意以下几点。

第一，问清被查询客人的姓名，通过电脑查到客人所住房间。

第二，征求客人意见，询问客人是否愿意接听电话，客人同意后，将电话转接。

第三，如果房间无人接听电话，询问查询者是否需要留言服务或建议他稍后再打来，不可将住店客人的房号告知。

第四，如果接到的是查询团队客人信息的电话，要问清客人的国籍、旅行团名称、到店时间等。

(三)问讯服务的注意事项

问讯服务的注意事项如下。

第一，为了准确回答客人的问讯，问讯员必须有广博的知识，掌握流利的外语，熟悉酒店所在地区的特色景点、交通情况，懂得交际礼仪，了解各国、各民族的风土人情及风俗习惯，做个有心人。

第二，问讯员应做到热情、耐心、迅速、周到、有问必答、百问不厌。

第三，不可使用模棱两可的语句进行回答，如“可能还在营业吧”“大概没下班”“我想可能”等语言。对于不能即刻解答的问题，问讯员应先向客人道歉，然后迅速查阅有关资料或请教他人或与有关部门联系，做出令客人满意的答复。

第四，为防止因语言不通而给客人带来不便，问讯处可为客人准备一种向导卡（分别用中、英文标明酒店名称、地址、电话号码及客人要去的地方），以方便客人出行，使其不致迷路。

第五，当来访者要求查询住客信息时，问讯员要注意为客人保密，未经客人允许，不得向外泄露其房号、活动情况等。

第六，不论是对待住店客人还是来访者，都要有礼貌，一视同仁。

【经典案例】

失窃的客房

一天傍晚，北京某酒店总台的电话铃声响了，服务员小遥马上接听。对方自称是住店的一位美籍华人的朋友，要求查询这位美籍华人的相关信息。小遥迅速查询了住房登记的有关资料，向对方报了几个姓名，对方确认其中一位就是自己要找的人。小遥未加思索，就把美籍华人所住的房间号818告诉了对方。过了一会儿，酒店总台又接到一个电话，自称是818房的美籍华人，说他有一位姓谢的侄子来看他，此时他正在谈生意不能回来，请服务员把他的房间钥匙交给其侄子，让他在房间等候。接电话的小遥满口答应。又过了一会儿，一位西装革履的男青年来到总台前，自称小谢，要取钥匙。小遥见了以为是刚才电话中说的客人，就把818房的钥匙交给了那位青年。晚上，当那位真的美籍华人回房时发现一只高级密码箱不见了，里面放有一份护照、几千美金和若干首饰。

以上就是一名犯罪青年通过扮演“美籍华人的朋友”“美籍华人”和“美籍华人的侄子”三个角色而实施的一场诈骗。几天后，当这位神秘的男青年再次出现在另一家酒店，用同样的方法实施诈骗时，被具有高度警惕性，严格按酒店规章制度、服务规程办事的总台服务人员和大堂副理、大堂保安识破，并被当场抓获。

三、留言服务

来访者未见到住店客人，或者住店客人外出前未见到约定的来访者时，都可以求助问讯处。问讯处通过留言服务及时帮助他们传递信息。客人留言可以是口头的，也可以是书面的。口头留言由来访者口述，问讯员做记录，记录后要重复一遍，向来访者进行确认。书面留言是指来访者自己填写留言单并交由问讯处转交。问讯处的留言有访客留言和住客留言两类。

（一）访客留言单

访客留言单（见表4-3-1）一般为一式三联，第一联由行李员送入客房，第二联放在问讯处留言邮件架内留存，第三联给总机。

表 4-3-1 访客留言单

致(To)：________________

房号(Room No.)：____________ 时间(Time)：____________ 日期(Date)：____________

贵客有电话来自(You had a telephone call from)：________________

电话号码(Tel No.)：________________ 地点(Place)：________________

令友并无留言(Your friend left no message)： □

令友将再给您打电话(Your friend would call you again)： □

请您回电话(Please call back)： □

令友曾到访(Your friend came to see you)： □

令友将再次来访(You friend would visit you again)： □

留言(Message)：____

____

经办人(Clerk)：________________

(二)留言服务的流程与标准

1. 留言服务的流程

留言服务的流程如图 4-3-1 所示。

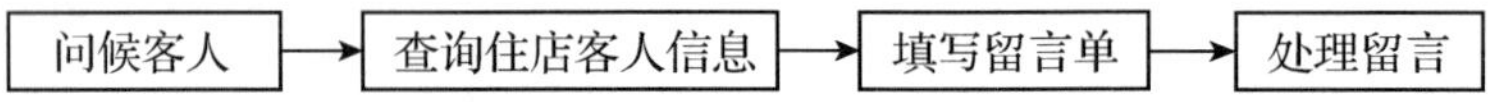

图 4-3-1 留言服务的流程

2. 留言服务的程序与标准

留言服务的程序与标准如表 4-3-2 所示。

表 4-3-2 留言服务的程序与标准

程序	标准
问候客人	(1)遇到客人先微笑，以礼貌、热情、友善的语气问候客人，如果不知道其姓名，称呼其“先生”或“女士” (2)尽量记住客人的姓名，如果是经常来的客人，接待员要以姓氏或以体现其身份的称呼问候客人(用其姓氏称呼客人至少在对话中使用一次) (3)当接到要求留言的电话后(铃响三声内接听客人电话)，应清晰地报出所在部门，并表达很高兴为客人提供帮助的意愿
查询住店客人信息	礼貌地询问被查询客人的姓名和房号，及时与电脑信息比对，看客人是否已经住店，或者客人是否预抵店但尚未登记入住。除非客人已结账离店，否则应做留言
填写留言单	准确记录留言者的姓名和联系电话，详细填写访客留言单，并向客人重复留言内容，在留言单上记录留言时间
处理留言	(1)在留言登记簿上记录该留言的大致内容，电话告知总机该留言的内容，请其做留言标记 (2)若客人正在房间，由派送员将留言单在 30 分钟内送往客人房间；若客人暂时不在酒店，应将留言单插入钥匙盒中 (3)若钥匙及房卡由客人自行保管，那么客人插卡取电时前台可显示房间有人，应尽快将留言单送至客人房间 (4)若客人预抵店但尚未登记入住，应在客人到店当日将留言单取出，与客人入住登记卡放在一起，以便客人在入住登记时及时收到留言

(三)住客留言单

住客暂时离开客房或酒店时，如果想告知访客自己在何处，可填写住客留言单(见表 4-3-3)。住客留言单一般一式两联，问讯处和总机各存一联。其操作程序如下。

第一，请住客填写住客留言单。

第二，听清住客的要求并复述，请住客提供留言的时效。

第三，将留言内容输入电脑中的住客留言单上，并打印出来。

表 4-3-3 住客留言单

先生、女士、小姐(Mr.，Mrs.，Miss.)：　　　　房号(Room No.)：
日期(Date)：
兹收到一份
Please be informed that there is a
☐ 电传(Telex)　　☐ 挂号信(Registered Letter)
☐ 电报(Cable)　　☐ 包裹(Parcel)
☐ 信件(Letter)
其他(Others)：______________________________
____
请联络问讯处索取或致电安排传递(For collection, please contact Information Desk or call for delivery service)
留言(Message)：______________________________
____
____
住客签名(Guest Signature)：__________
经办人(Clerk)：__________

四、邮件服务

问讯处的邮件服务包括两类，一类是分拣和派送收入的邮件，另一类是代售邮票及为住客寄发邮件。

(一)邮件服务的内容

第一，对于收到的邮件，问讯员应按酒店邮件和客人邮件进行分类并登记。

第二，对于酒店的邮件，问讯员应请行李员送到各有关部门；对于寄给住客的邮件，要按房号发一份住客通知单给客人，通知客人到问讯处签收。

第三，对于特快专递邮件，问讯员要确认其是否属于住店客人，确认后才能签收，然后请行李员立即将特快专递邮件送到客房，并请客人收到后在邮件收发簿上签名。

第四，对于未到店客人的邮件，问讯员应将其与预订资料一同存放，待客人到店时转交。

第五，如果客人已离店或查无此人，可将邮件退回原处。

（二）出店邮件的处理

在处理出店邮件时要注意以下几点。

第一，当客人请求帮助寄出邮件时，问讯员应仔细检查邮件的种类。对于的确难处理的邮件，要婉拒并有礼貌地向客人解释。

第二，检查邮件上的字迹是否清楚，项目是否齐全，同时检查邮件是否属于违禁品。

第三，询问邮件寄出的方式，并做好记录。

第四，对邮件进行分类，每天派专人到邮局办理邮寄。

第五，将邮局开出的发票交给相关客人。

（三）邮件服务的注意事项

邮件服务的注意事项如下。

第一，邮件处理要及时，以免耽误客人的时间。

第二，提供邮件服务时一定要做好记录。

【经典案例】

被延误的客人快件

南京某酒店地理位置优越，紧邻火车站，距高速公路入口处也只有十分钟车程。当地和外地的不少公司都将这里作为他们安排客人住宿、用餐以及召开会议的首选之地。

杰克(Jack)先生是酒店的老顾客之一。这次他是从5月15日开始入住的，算起来已有半个多月的时间了。杰克为人很好，与酒店员工之间已经建立了深厚的友谊。但这两天该酒店大堂副理小李发现杰克先生一直愁眉不展，就请其到咖啡厅坐下，真诚地询问。杰克先生终于道出了原委，原来他患有心脏病，服的药基本上都是由美国医生特配的。这次因为工期延长，所带的药量不够，十天前要求太太从美国寄些药过来，但十天过去了，从美国寄来的药品快件却还没有收到。

经了解，快件是5月22日从美国寄出的。从5月30日这天开始，杰克先生就每天到礼宾部查询。虽然礼宾部员工每天都在密切关注所有寄到酒店的快件，甚至普通邮件，但又一个十天过去了，仍然没有收到杰克先生的快件。

小李便安抚杰克，告诉他不要着急，酒店将尽快帮助寻找。事后小李立即向经理做了汇报。6月14日，酒店通过关系查询了快递公司的收发件记录，得知杰克先生的快件已于5月28日由酒店门卫签收并被总办人员领走。小李迅速到总办取回邮件，并通知相关部门准备了精美的礼品，亲自送到杰克先生的房间。考虑到酒店一贯良好的服务，杰克先生最终原谅了酒店的失误。

【任务实施】

实训任务	留言服务
实训目标	通过为宾客提供留言服务，掌握留言服务程序与标准
实训地点	校内实训室或校外实习基地
实训条件	前台接待台、电脑、笔、留言单、电话记录本、工作记录本
实训过程	1. 教师让学生配合进行模拟示范，并讲解 2. 学生两人一组，分别扮演问讯员和宾客，面对面练习 3. 抽两组学生演示，并讨论讲评 4. 学生再练习 5. 教师总结
实训考核建议	1. 考核内容：服务意识+操作能力 2. 考核方式：实际操作(考核标准见附表 1-13) 3. 考评人员：教师或企业兼职教师、学生

>> 任务四　贵重物品保管服务训练 <<

【任务描述】

在学习保险箱的配备、贵重物品保管服务流程与标准的基础上，为住店客人提供贵重物品保管服务。

【任务目标】

知识目标：了解保险箱的配备、保险箱钥匙遗失的处理方法、贵重物品保管服务的注意事项；掌握贵重物品保管服务流程与标准

技能目标：能够按照服务流程规范办理贵重物品保管业务

素质目标：遵纪守法、诚实守信、恪守职业道德

【理论引导】

一、保险箱的配备

酒店为保障住店客人的财产安全，通常免费提供两种形式的贵重物品保管服务。一种是设在客房内的小型保险箱，现在比较普遍的有电子密码式保险箱，磁卡、IC 卡式保险箱，操作简单，方便实用；另一种是设在前台的客用保管箱，此项服务由前厅收银处负责。

客用保管箱通常在前厅收银处后面或旁边僻静的房间内。该设备由一组小保险箱或保险盒组成，其数量通常按酒店客房数的 15%～20%来配备。每个保险箱有两把钥匙，一把由收银员负责保管，另一把由客人自己保管。只有这两把钥匙同时使用，才能打开或锁上保险箱。

图 4-4-1　客用保管箱

二、贵重物品保管服务流程与标准

(一)贵重物品保管服务流程

贵重物品保管服务流程如图 4-4-2 所示。

启用保险箱 → 中途开箱 → 客人退箱

图 4-4-2　贵重物品保管服务流程

(二)贵重物品保管服务程序与标准

贵重物品保管服务程序与标准如表 4-4-1 所示。

表 4-4-1　贵重物品保管服务程序与标准

程序	标准
启用保险箱	(1)礼貌问候客人，详细了解客人的寄存要求 (2)询问客人的房号，并查验房卡，确认客人的身份 (3)请客人填写贵重物品寄存单(见表 4-4-2)，并提醒客人阅读保险箱使用须知和注意事项，请客人签名 (4)根据客人需求选择相应规格的保险箱，将保险箱的箱号记在寄存单上 (5)同时使用总钥匙与子钥匙打开保险箱，取出存放盒，打开后在一旁回避并示意客人将寄存物品放入 (6)客人亲自将存放盒盖上后，收银员将存放盒与已填好的寄存单第一联同时放入保险箱，锁上箱门，并请客人亲自确认箱门已锁好 (7)再次向客人介绍保险箱使用须知和注意事项 (8)将寄存单第二联及保险箱子钥匙交给客人，总钥匙则由总台收银处保管 (9)填写客用保管箱使用登记表，以备查核
中途开箱	(1)当客人中途要求开箱时，请客人出示房卡、保险箱子钥匙，经核准后，当面使用总钥匙和子钥匙同时开箱 (2)客人使用完毕后，请其在寄存单相关栏内签名，记录开启日期及时间 (3)在客用保管箱使用登记本上登记，以备查核

续表

程序	标准
客人退箱	(1)客人提出要终止使用保险箱时，请客人出示房卡、保险箱钥匙 (2)打开保险箱，请客人取出寄存物品，同时提醒客人检查保险箱内是否有遗落物品 (3)锁上保险箱，请客人在寄存单终止栏内填写退箱日期、姓名，并比对客人签名是否一致，收回寄存单客人联 (4)在客用保管箱使用登记本上登记退还时间、经手人姓名等 (5)将贵重物品寄存单存档

三、保险箱钥匙遗失的处理

如果客人遗失保险箱钥匙，通常酒店会要求客人做出经济赔偿，但必须有明文规定，并让客人知晓，以减少处理工作中可能出现的不必要麻烦。当客人将保险箱的钥匙遗失而又要取物时，必须在客人、当班收银员以及酒店保安在场的情况下，由酒店工程部有关人员强行将该保险箱的锁钻开，并做好记录，以备查核。

【经典案例】

2019 年 6 月的某天，一张姓客人拿着保险箱钥匙来到前台要求取出寄存的贵重物品。收银员小王询问客人的姓名与房号，结果客人支支吾吾、左顾右盼，表示快一点取出来，他要赶飞机。这引起了小王的怀疑，所以小王随即又问了保险箱内存放有何物等几个相关问题，客人均回答不出来。小王根据规定拒绝开箱并叫来了值班经理。几分钟后，客人李先生慌张地跑到前台说自己保险箱的钥匙在大堂吧遗失，怀疑存放在保险箱内的大额现金已被取走。原来是张姓人员看到李先生寄存现金的过程后心生歹念，偷取了钥匙，但是没料到贵重物品的取出程序如此严格，因此未得逞。

四、贵重物品保管服务的注意事项

保管客人的贵重物品是一项非常严肃的工作，要求收银员具有很强的安全意识。收银员在为客人保管贵重物品时应注意以下几点。

贵重物品丢失的责任问题

第一，定期检查各保险箱是否处于良好的工作状态。

第二，必须请客人亲自前来存取，不能委托他人代取。

第三，必须认真仔细、严格准确地比对客人的签名。

第四，不得当着客人的面检查或好奇地观看客人存入或取出的物品。

第五，当班收银员必须保管好保险箱总钥匙，并做好交接记录。

第六，必须科学地排列填写过的记录卡，以方便取用。

第七，客人退箱或中途开箱时，要注意将客人填写的记录卡副卡或正反面的有关内容及签字与客人填写过的正卡进行比对。

第八，必须按规定将客人退箱后的记录卡安全地存储一定时间（至少半年），以备查核。

表 4-4-2　贵重物品寄存单

柜　号 BOX NO.

贵重物品寄存单

DEPOSIT LIST OF VALUABLE ITEMS

宾客姓名：　　　　　　　　　　房　　号：

GUEST NAME：　　　　　　　　　ROOM NO.：

身份证号码：

ID NO.：

固定住址：

PERMANENT ADDRESS：

客人认可签名：

AUTHORIZED SIGNATURE(S)：

保险箱使用注意事项：

1. 保险箱仅供本酒店宾客使用
2. 保险箱之唯一独立配合匙在启用后，乃由客人监管，故酒店不需负任何损失之责
3. 如钥匙遗失或不能交回本酒店，本人将会缴付 600 元人民币
4. 若退房后一星期内不能交回以上号码的保险箱钥匙，酒店可以打开上述保险箱而无须负任何责任

MATTERS NEEDING ATTENTION WHEN USING THE SAFE DEPOSIT BOX：

1. SAFE DEPOSIT BOXES ARE PROVIDED FOR HOTEL GUESTS ONLY
2. SINCE ONE OF THE EXCLUSIVE COMBINED KEY OF THE SAFE DEPOSIT BOX IS KEPT BY THE GUEST，THE HOTEL IS NOT LIABLE FOR ANY LOSSES
3. IF THE KEY IS LOST OR NOT RETURNED TO THE HOTEL，YOU WILL BE CHARGED 600 *yuan*
4. IF THE KEY TO THE ABOVE NUMBERED SAFE DEPOSIT BOX IS NOT RETURNED TO THE HOTEL WITHIN 7 DAYS AFTER CHECK-OUT，THE HOTEL RESERVES THE RIGHT TO OPEN THE SAFE DEPOSIT BOX WITHOUT ANY LIABILITIES

日期：　　　　　　　　　　　　发匙人：

DATE：　　　　　　　　　　　　KEY DELIVERED BY：

保险箱使用完毕，钥匙交回后，经本人检查证实所存物品已全部取回

I HEREBY CERTIFY THAT ALL THINGS HAVE BEEN RETRIEVED AFTER I RETURNED THE KEY

房号：　　　　　　　　　　　　客人认可签名：

ROOM NO.：　　　　　　　　　　AUTHORIZED SIGNATURE(S)：

员工签名：　　　　　　日期：　　　　　　时间：

SIGNATURE：　　　　　DATE：　　　　　　TIME：

【任务实施】

实训任务	贵重物品保管服务训练
实训目标	通过为宾客提供贵重物品保管服务，掌握贵重物品的保管流程与标准
实训地点	校内实训室或校外实习基地
实训条件	前台接待台、电脑、笔、储物箱

续表

实训过程	1. 教师让学生配合进行模拟示范，并讲解 2. 学生两人一组，分别扮演收银员和宾客，面对面练习 3. 抽两组学生演示，并讨论讲评 4. 学生再练习 5. 教师总结
实训考核建议	1. 考核内容：服务意识＋操作能力 2. 考核方式：实际操作(考核标准见附表 1-14) 3. 考评人员：教师或企业兼职教师、学生

>> 任务五　行政楼层接待服务训练<<

【任务描述】

在学习行政楼层相关理论知识和行政酒廊服务流程与标准的基础上，完成行政楼层的服务任务。

【任务目标】

知识目标：了解行政楼层的概念、部门设置、主要服务项目和日常工作流程，掌握行政酒廊服务流程与标准

技能目标：能够按照服务流程高标准地为行政楼层客人提供更加周到和优质的服务

素质目标：熟知服务礼仪、热情友善；具备良好的服务意识

【理论引导】

行政楼层是高星级酒店(通常为四星级以上)为商务客人等高消费客人提供特殊的优质服务而专门设立的楼层。

图 4-5-1　某酒店行政酒廊

由于行政楼层为客人提供的服务更加周到，而且很多服务项目是免费的，如免费洗衣、熨衣，免费早餐和下午的鸡尾酒会以及全天免费享用咖啡和茶，还有每天两小时免费使用会客室等，因此行政楼层的房价一般要比普通房价高出 20％～50％。

图 4-5-2　某酒店行政酒廊

一、行政楼层的概念

一些高星级酒店会把某些楼层设置成专门面向高消费客人的楼层，即行政楼层。酒店会在行政楼层上建立豪华客房群。这种客房里面的家具、日用品和室内装潢等非常高档。住在行政楼层的客人一般是级别高的行政官员、公务旅行者、企业老总或其他社会名流。

行政楼层被誉为“店中之店”，通常隶属于前厅部。住在行政楼层的客人不必在总台办理入住登记手续。他们的入住登记手续、结账手续等直接在行政楼层由专人负责办理。另外，行政楼层通常还设有客人休息室、会客室、咖啡厅、报刊资料室、商务中心等，因此行政楼层集酒店的前厅登记、结账、餐饮、商务中心于一体，为客人提供更为温馨的环境和各种便利，让客人享受更加优质的服务。

二、行政楼层的部门设置

行政楼层提供的服务有别于普通楼层提供的服务。行政楼层的管理系统是一套相对独立运转的接待服务系统。与普通楼层相比，行政楼层在设施格局上和服务模式上都有明显不同，它可以为客人提供更多、更细致、更专业、更具个性化的服务。

(一)单独设接待处

凡预订行政楼层的客人在进店后都可直接在本楼层快速登记入住，并在本楼层结账退房。接待处设计雅致，环境舒适，旁边设有沙发等休息设施，令人备感温馨。

(二)单独设酒廊

行政楼层设有环境优雅、独具匠心的专用行政酒廊。酒廊中提供冷饮、热饮、早餐、午茶，还可以举办鸡尾酒会及朋友会晤，既可以使行政楼层的客人体会到被尊重的“身份感”，又可以使行政楼层的客人体会到“家”的温暖。

(三)单独设商务中心

行政楼层一般设有商务中心及规格不等的会议室、洽谈室等，以供商务客人随时召开会议，或与客户会晤及洽谈生意。商务中心的设备先进，种类齐全，服务效率高。

不少高星级酒店的经营管理者在看到国际上流行的行政楼层能够卖出比一般楼层高出30%的房价后，一般都会心动，于是就想在酒店内设置行政楼层，一是为了提高酒店的等级和档次，二是期望有一个新的利润增长点，所以在有机会进行客房、楼面的装修改造时，都会忍不住辟出两层楼面，推出行政楼层的概念。有的专门设计了行政酒廊，有的则简单地用了两个客房的面积做成了行政酒廊。只完成形式改造的酒店，往往在增加了行政楼层以后就把这些楼层的房价上调了30%左右，但这些楼层的使用率却不尽如人意，并没有受到宾客的欢迎。在使用率不理想的前提下，如果考虑更新改造费用的回报率，会使得经营管理者不寒而栗。那么为什么事与愿违呢？

高星级酒店行政楼层经营得好坏，其关键并不在于是否有单独的行政酒廊，而在于能否为顾客提供他们所需要的增值服务。增值服务的内容有很多，如为顾客提供贴身管家服务、免费熨衣服务，为顾客提供免费会客场所和休闲食品，为顾客提供与之行程配套的商务服务。这些服务是一对一服务。这是顾客花费比一般客房高的房价后的基本期望。所谓“一对一服务”，是指为顾客提供的专业化、私人化的一站式服务，即集酒店的前厅、客房、餐饮服务于一体的服务。入住行政楼层的客人将得到一位特定的贴身管家的照应。这套系统的服务包括机场接送、搬卸行李、入住和退房手续的办理、客房就餐服务、洗衣服务、叫醒服务、订票服务、安排会议服务、秘书服务等。要能够提供这种一对一的系统服务，酒店不仅需要有一批训练有素的贴身管家服务员，还需要有一套能够提供服务的运作系统。

顾客入住行政楼层有两个目的，一是想得到与自己身份相匹配的服务，二是想拥有异地“第三生活空间”。基于顾客的这两个目的，开辟行政楼层业务的酒店就需要认真考虑以下几点：第一，酒店是否有足够的美誉度，能够吸引有身份的顾客入住。第二，酒店是否有一批能够为顾客提供一对一贴身管家服务的训练有素的员工。第三，酒店是否有能力提供整套一对一贴身服务的运作系统。

三、行政楼层的主要服务项目

行政楼层的主要服务项目如下。

第一，帮助入住。行政楼层有专人负责为客人办理入住登记手续。

第二，提供丰盛早餐。自助餐台上的食品、饮品种类丰富，任由客人选择。就餐环境幽雅。接待员态度热情，动作敏捷，服务意识极强。

第三，提供时事动态。行政楼层摆放多种报刊，供客人阅览，同时播放电视新闻等，使客人随时了解世界各地要闻及商业动态。

第四，提供悠闲下午茶。行政楼层每天下午按时布置好茶水台，精心准备各种茶饮、餐食及点心，供客人免费选用。

第五，举办鸡尾酒会。行政楼层在晚间还精心安排鸡尾酒会，供客人结识新朋友。

第六，提供商务洽谈的场所。行政楼层设有各种会议室、洽谈室，并配复印机、电脑工作台、多功能投影仪等设备，还提供打印、翻译、装订文件、发送文稿等服务。

第七，提供委托代办服务。行政楼层为商务客人出行、中转提供订房、订车等代办服务，使客人足不出户，便可享受快捷、方便的服务。

第八，提供快速结账服务。行政楼层有专人负责为客人办理结账服务。

【经典案例】

行政楼层不同待遇引发的不满

某酒店行政楼层的“欢乐时光”活动区于17：30—19：30向本楼层客人开放。享有行政酒廊待遇的客人能够免费享用一些热菜、酒水与甜品。同时，行政楼层12岁以下的儿童在这个时间段内可以在三楼自助餐厅的儿童活动区玩耍并享用儿童食品。

一天下午，行政楼层的刘女士带着儿子在三楼的儿童活动区玩耍并用餐，第二天向前台抱怨菜单上提供的食物没有行政楼层的品种多，认为这是酒店不合理的安排，没有让他们享受到行政楼层应有的待遇。

四、行政楼层的日常工作流程

行政楼层的日常工作流程如下。

第一，07：00，行政楼层的接待员到前厅签到，并到信箱拿取有关邮件，与夜班接待员交接班。

第二，07：00—07：30，打出房间状况报表，包括当日抵店客人名单、在店客人名单。在客人名单上将今日预计离店的客人用彩笔标出，以便对当日离店的客人做好相应服务。行政楼层当班人员按职责分工完成各自工作：A组负责接待、收银、商务中心工作；B组负责早餐，送鲜花、水果工作。

第三，准备鲜花、水果。检查前一天夜班接待员准备的总经理欢迎卡、行政楼层欢迎卡，并根据当日抵店客人名单逐一核对。

第四，早餐服务时间为07：00—10：00。早餐后开当日例会，由主管传达酒店信息及酒店近期重要活动。

第五，为到店客人办理入住登记手续并呈送欢迎茶，为离店客人办理结账手续并与客人道别。

第六，检查客人是否需要熨衣、商务秘书、预订机票等服务，主动为客人提供帮助，并告知哪些服务是免费的。A组、B组员工要根据当时的情况互相帮助，互相配合。

第七，上午10点至下午3点，宾客关系主任查房并将鲜花、水果、两张欢迎卡送入每个预抵店客人的房间。

第八，中班接待员于下午1点半报到，打报表(内容同早班)，检查房间卫生及维修工作。下午3点半与早班接待员交接班。B组服务员负责提供下午茶和鸡尾酒服务。中班接待员还要做第二天的准备工作，如打印第二天的欢迎卡，申领鲜花、水果等。

第九，夜班时前厅部、客房部的服务员将代理行政楼层的服务工作。

五、行政酒廊服务流程与标准

(一)行政酒廊服务流程

行政酒廊服务流程如图4-5-3所示。

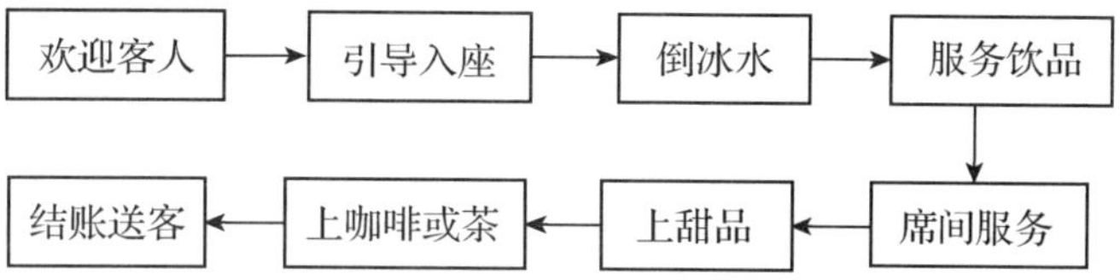

图4-5-3 行政酒廊服务流程

(二)行政酒廊服务程序与标准

行政酒廊服务程序与标准如表4-5-1所示。

表4-5-1 行政酒廊服务程序与标准

程序	标准
欢迎客人	(1)打开大门，立于行政楼层电梯间 (2)见到客人后，向客人微笑，打招呼。如果是常客，则以某某先生/女士称呼
引导入座	(1)为客人拉椅 (2)将餐巾对折成三角，铺于客人大腿上(和厅面服务员合作做) (3)询问客人需要何种饮料 (4)倒退两步，转身离开，迅速回到领位台
倒冰水	(1)立于客人右侧 (2)用左手轻轻拿起水杯 (3)将水往水杯中间倒，以示对客人的尊重 (4)将水杯倒八分满 (5)将水杯轻轻放置在客人右手边
服务饮品	(1)左手托托盘，用右手进行服务 (2)立于客人右手边，将饮品倒入相应杯具
席间服务	(1)添酒水：不断添加酒水，杯里的酒水不能少于1/3 (2)更换烟灰缸：烟灰缸内不能超过两个烟头，不能有许多杂物
上甜品	(1)立于客人右侧 (2)在客人左手边放甜点叉，右手边放甜点匙，两者离开桌边一英寸(1英寸=2.54厘米) (3)从冷菜间取出甜品 (4)用右手服务 (5)退后两步，离开

续表

程序	标准
上咖啡或茶	(1)在糖盅内放4包咖啡晶糖、6包白糖；在奶盅内倒1/2盅奶 (2)将糖盅、奶盅置于餐桌中间 (3)右手拿咖啡底碟，上放咖啡杯，茶匙平置于咖啡杯前，从客人右手边将其放于客人两手之间 (4)用茶壶/咖啡壶为客人倒2/3满，将壶放于客人右手边。壶口应朝外，勿对客人
结账送客	(1)为客人拉椅 (2)与客人道别，欢迎客人再次光临

【任务实施】

实训任务	行政酒廊服务训练
实训目标	通过为行政酒廊的客人提供服务，掌握行政酒廊服务的工作程序与标准
实训地点	校内实训室或校外实习基地
实训条件	校外实习基地：行政酒廊服务人员、行政酒廊设施设备等
实训过程	1. 教师让学生配合进行模拟示范，并讲解 2. 学生两人一组，分别扮演行政酒廊服务人员与商务客人，面对面练习 3. 教师抽两个小组学生演示，并讲评 4. 学生再练习 5. 教师总结
实训考核建议	1. 考核内容：服务意识＋操作能力 2. 考核方式：实际操作(考核标准见附表1-15) 3. 考评人员：教师或企业兼职教师、学生

【项目小结】

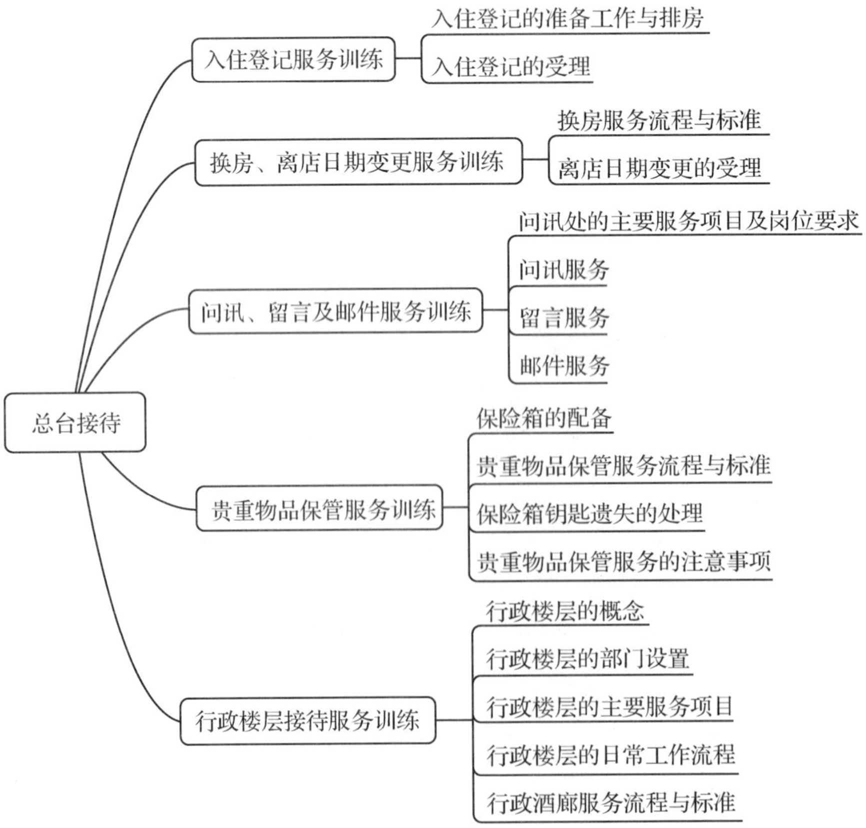

【自我学习】

一、理论思考题

1. 简述总台接待处的岗位职责和工作任务。

2. 简述入住登记的程序。

3. 前厅部如何做好贵宾的接待准备工作？

项目四答案

二、实训拓展题

选择 1～2 家酒店，仔细观察总台入住接待程序和特殊情况的处理方法。例如，客人不愿意登记时或登记时有些项目不愿意填写；繁忙时刻，客人等候办理入住手续的时间过久，以致引起抱怨；客人刚登记入住完就要退房；客人离店时要带走酒店客房的物品；客人表示不愿意交付押金；登记后由于房间未清理出来，客人无法进房；客人要求换房等。

项目五　前厅应求服务

【项目描述】

通过学习电话总机服务、贴身管家服务等前厅应求服务相关知识，形成电话接转服务、叫醒服务、免打扰服务、贴身管家服务等对客服务职业技能，为客人提供电话接转服务、叫醒服务、免打扰服务，以良好的服务意识按照操作规范完成前厅应求服务工作任务。

【案例导入】

电话总机服务的标准化与个性化

一天中午，一位外国客人打电话给总机处寻求帮助，请工作人员帮他拨打一个号码并告诉对方，他已经到达中国并顺利入住酒店。总机处工作人员明白客人的要求后，就用座机拨打了该号码。在打电话的过程中，该工作人员用非常标准的服务语言联系对方："您好，我们这里是××酒店，我们有一位客人……"话还没说完，对方以为是遇到什么推销公司，直接就把电话挂断了。工作人员向经理反映了该情况。经理了解情况后，和客人做了进一步沟通，然后用个人手机联系对方，并用口语化的语言向对方说明了客人的来意。得知客人要去的单位具体位置后，经理又帮客人在网上查了一下乘车班次，并将信息写在一张便签上，交给客人。客人非常满意，向经理表达谢意后，离开了酒店。

>> 任务一　电话总机服务训练 <<

【任务描述】

在学习电话总机服务的概念、内容与程序等相关理论知识的基础上，掌握电话接转服务、叫醒服务、免打扰服务的流程与标准，为客人提供电话接转服务、叫醒服务、免打扰服务。

【任务目标】

知识目标：了解电话总机服务的概念、内容与程序；明确电话接转服务的流程

与标准；熟悉人工叫醒服务和自动叫醒服务的程序；了解免打扰服务的流程与标准

技能目标：能够熟练且准确地为客人接转电话；为客人提供人工叫醒服务和自动叫醒服务；为客人提供免打扰服务

素质目标：具备较强的语言表达能力、对数字较敏感、热情友善

【理论引导】

电话总机是酒店内外信息沟通的通信枢纽，是处理紧急事件的指挥中心，在对客服务中有着不可替代的重要地位。总机话务员以电话为媒介，为客人提供接转电话、问讯、留言、叫醒等各种话务服务，虽不直接和客人见面，但要用甜美的声音和规范的语言来体现酒店的热情和礼遇。总机话务员的服务态度、语言艺术和操作水平直接决定着话务服务的品质，影响着酒店的声誉和形象。许多客人对酒店的第一印象是在与总机话务员的电话接触中形成的。总之，电话总机是酒店对外的一个无形门面，做好总机话务服务对酒店运营管理有着重要意义。

电话总机服务包括电话接转服务、叫醒服务、免打扰服务、回答客人问讯服务、外线寻呼酒店工作人员服务及消防中心紧急报警服务。下面主要介绍前三项服务的操作流程与标准。

一、电话接转服务流程与标准

总机话务员以电话为媒介，为客人提供电话接转服务。电话接转服务的流程与标准如下。

(一)电话接转服务流程

电话接转服务流程如图5-1-1所示。

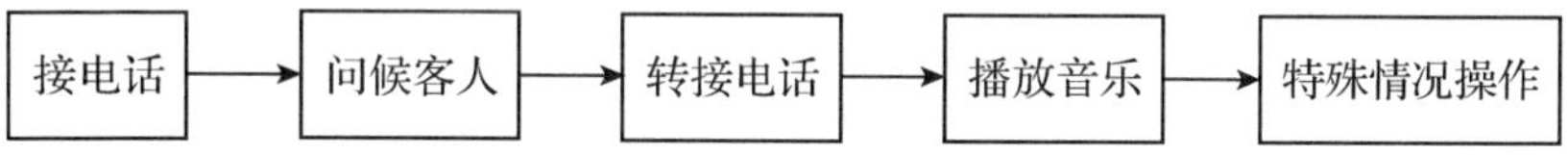

图5-1-1　电话接转服务流程

(二)电话接转服务程序与标准

电话接转服务程序与标准如表5-1-1所示。

表5-1-1　电话接转服务程序与标准

程序	标准
接电话	话务员在总机铃响三声之内应答电话，必须礼貌、友善，且面带微笑。这时，致电者虽然看不到话务员，但能感受到话务员的笑容，因为只有微笑时，才会表现得友善，声音才会甜美，语调才会自然、有吸引力
问候客人	(1)主动问候致电者，用中英文熟练、准确地自报家门 (2)应答外线电话时，报出酒店名称："您好，××酒店" (3)应答内线电话时，报出本岗位："您好，总机"

续表

程序	标准
转接电话	(1)仔细聆听致电者的要求，迅速、准确地转接电话，并说“请稍等” (2)必要时，可礼貌地请致电者复述某些细节或含混不清之处 (3)如果致电者需要其他咨询服务或留言服务，应对对方说：“请稍等，我帮您接通××部门”
播放音乐	(1)电话线路繁忙时，应请对方稍候 (2)使用音乐保留键，播放悦耳的音乐
特殊情况操作	(1)若转接后无人应答，铃响五声后，话务员应委婉地向致电者说明：“对不起，电话没人接。请问您是否需要留言?”如果致电者需要留言，应将其转接到问讯处 (2)如果致电者只告诉客人的姓名，话务员应迅速在电脑中查找，找到房号后接通客人电话；如果致电者只告诉客人的房号，话务员应先了解客人的姓名，并比对电脑中的相关信息，再根据酒店的具体规定，判断是否直接接通客人房内的电话 (3)对于要求保密房号但没有要求不接任何电话的客人，话务员可问清致电者姓名、单位等，然后告诉客人，询问客人是否接听电话。如果客人表示不接听任何电话，话务员应立即通知前台在电脑中输入保密标志，再遇来访或电话查询时，即答复客人未入住本酒店 (4)如果客人采取了“免打扰”措施，话务员应礼貌地向致电者说明，并建议其留言或待客人取消“免打扰”之后再来电话 (5)如果有人打错电话进来，话务员应有礼貌地说：“对不起，您打错了。”如果是客人打错电话，话务员应耐心地问清客人的要求，再将电话转出 (6)遇到无法解决的问题时，话务员应立即转交领班、主管处理

【经典案例】

客人向总机投诉客房加湿器缺失

在某酒店刚开业的时候，有一位女士从客房给总机处打电话，说房间太干燥，需要增加一个加湿器。话务员并未转接电话询问客房部，而是理所当然地认为酒店没有加湿器，因此没有向客人做好相应的解释工作，而是直接回答说：“不好意思，女士，我们酒店刚开业，还没有购买加湿器。”客人一听就恼了，说：“没有准备好，你们还开什么业啊！这不是坑客人嘛!”第二天便向酒店管理层提出了投诉。

二、叫醒服务流程与标准

叫醒服务是酒店对客服务的一项重要内容，绝对不能出现差错，否则会打乱客人的出行计划和日程安排，给客人和酒店带来不可弥补的损失。酒店为客人提供的叫醒服务方式有两种：人工叫醒服务和自动叫醒服务。

(一)人工叫醒服务

人工叫醒服务的流程如下。

第一，受理客人要求叫醒的预订。

第二，问清要求叫醒的具体时间和房号。

第三，填写叫醒记录单，其内容包括房号、时间、话务员签名。

第四，在定时钟上准确定时。

第五，定时钟鸣响，话务员接通客房分机，叫醒客人。

第六，核对叫醒记录，以免出现差错。

第七，若客房内无人应答，5 分钟后再叫一次。若仍无人回答，则应立即通知大堂副理或楼层服务员前往客房，实地察看，明确原因。

(二)自动叫醒服务

1. 自动叫醒服务流程

自动叫醒服务流程如图 5-1-2 所示。

图 5-1-2　自动叫醒服务流程

2. 自动叫醒服务程序与标准

自动叫醒服务程序与标准如表 5-1-2 所示。

表 5-1-2　自动叫醒服务程序与标准

程序	标准
接听电话	接到叫醒需求电话后，话务员应将客人的房号、叫醒日期、叫醒时间、通知人、通知时间、受理人、是否需要二次叫醒等信息记录在叫醒记录单上
复核叫醒时间与房号	复核客人下午叫醒与早晨叫醒的时间差异，并关注客人在白天要求叫醒或夜晚预定叫醒的时间段内是否接听电话。如果客人表示不接，应将房间电话设置为“免打扰”模式
把叫醒信息输入机台	将客人的信息准确输入机台。在输入过程中，如发现同一房间有重复叫醒、空房状态等，一定要与客人或通知人再次进行核对
认真核对叫醒	(1)提前核查叫醒，检查所输入叫醒有无差错以及是否有其他情况影响叫醒 (2)若未按时叫醒客人，应立即通知客房服务员进行人工补叫
保存叫醒记录	对特殊情况做好记录，要求字迹清晰，表述准确

三、免打扰服务流程与标准

(一)免打扰服务流程

免打扰服务流程如图 5-1-3 所示。

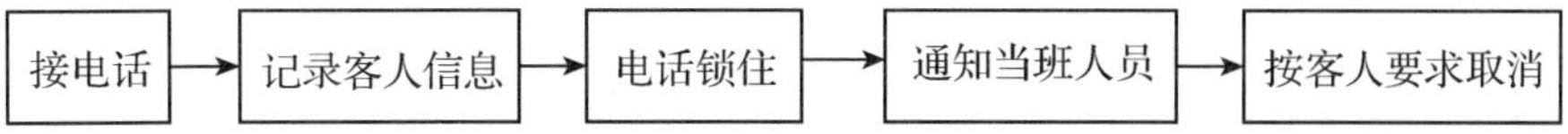

图 5-1-3　免打扰服务流程

(二)免打扰服务程序与标准

免打扰服务程序与标准如图 5-1-4 所示。

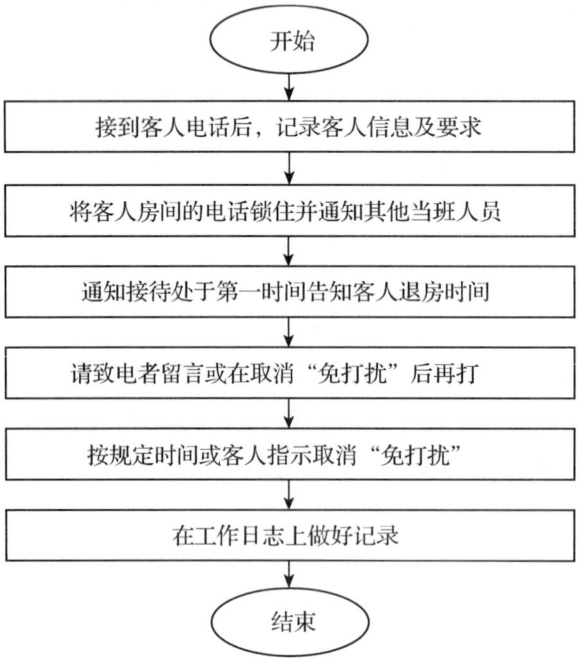

图 5-1-4 免打扰服务程序与标准

【任务实施】

实训任务	电话总机服务受理训练
实训目标	能够按照操作规范完成电话接转、叫醒、免打扰服务
实训地点	校内实训室或校外实习基地
实训条件	硬件：总机话务台、电话交换机、记事白板 软件：总机服务教学片
实训过程	1. 课前让学生收集各星级酒店总机电话接转、叫醒、免打扰服务操作流程 2. 组织观看总机服务教学片 3. 教师选用某家星级酒店的操作流程做现场演示 4. 将学生 6～8 人分成一组 5. 学生分组演练操作流程 6. 抽几组学生演示，其他小组对演示小组的表现进行点评 7. 教师总结
实训考核建议	1. 考核内容：服务意识＋操作能力 2. 考核方式：实际操作(考核标准见附表 1-16、附表 1-17) 3. 考评人员：教师或企业兼职教师、学生

>> 任务二　贴身管家服务训练<<

【任务描述】

在学习贴身管家服务的基本知识和技能技巧的基础上，完成为客人提供优质管家服务的任务。

【任务目标】

知识目标：了解贴身管家的概念和服务对象，明确贴身管家的素质要求和岗位职责，掌握贴身管家服务流程与标准

技能目标：可以为客人提供优质的贴身管家服务

素质目标：诚信、友善；具备较强的沟通协调与应变能力

【理论引导】

贴身管家服务是酒店为商务客人"量身定做"的个性化服务。贴身管家主要负责为宾客提供全过程、跟进式的服务，并针对不同客人的不同需求做好客史档案的收集与管理。

一、贴身管家概述

(一)贴身管家的概念

贴身管家服务是更专业、更私人化的一站式酒店服务，它是集酒店前厅、客房和餐饮等部门的服务于一体的服务。下榻酒店的贵宾将会得到一位指定的贴身管家的专门服务。贵宾所需要的一切服务，诸如拆装行李、办理入住退房、客房服务、清晨叫早、订餐送餐、订票、安排旅游和秘书服务等，都由这位贴身管家提供。

(二)贴身管家的服务对象

五星级酒店内的贴身管家一般只为明星、商界名流、政界要人等服务。这些人身份特殊，工作繁忙，他们住进酒店后，管家充当总调度，根据客人的要求为其提供个性化服务。

(三)贴身管家的素质要求

贴身管家的素质要求如下。

第一，具有三年以上酒店基层服务工作经验；熟悉酒店前厅各部门工作流程及工作标准；熟悉餐饮部的菜肴及红酒搭配原则。

第二，具有较强的服务意识，能够站在客人的立场和角度提供优质服务，具有大局意识，工作责任心强。

第三，具有较强的沟通、协调及应变能力，能够妥善处理与客人之间发生的各类问题，与各部门保持良好的沟通。

第四，了解酒店的各类服务项目，本地区的风土人情、旅游景点、土特产，具有一定的商务知识，能够简单处理客人的相关商务材料。

第五，形象气质佳，具有良好的语言沟通能力，至少掌握一门外语。

第六，具备丰富的知识和较强的抗压能力。

(四)贴身管家的岗位职责

贴身管家的岗位职责如下。

第一，对管家部经理负责，根据酒店接待活动需要，执行管家部经理的工作指令。

第二，负责检查客人的历史信息，了解客人抵离店时间，在客人抵店前安排赠品，做好客人抵店时的迎候工作。

第三，负责客人抵店前的查房工作。在客人抵店前做好房间的检查工作及餐室的准备工作，准备客人的房间赠品，引导客人至客房并适时介绍客房设施和特色服务。提供欢迎茶(咖啡、果汁)，为客人提供行李开箱或装箱服务。

第四，与前厅各部门密切配合，安排客人房间的清洁、整理、夜床服务及餐室准备工作的检查和用餐服务，确保在第一时间满足客人的需求。

第五，负责点菜、用餐服务，免费水果、当日报纸的配备收取服务和送还客衣服务，安排客人的叫醒、用餐、用车等服务。

第六，征询客人住店期间的意见，了解客人的消费需求，并及时与相关部门协调、沟通，对客人的需求予以落实。

第七，及时、准确地了解酒店的产品、当地旅游信息和商务信息等，适时向客人推荐酒店的服务及产品。

第八，致力于提高个人的业务技能和服务水平，并与其他部门保持良好的沟通，24 小时为客人提供高质量的专业服务。

第九，为客人提供会务及商务秘书服务，根据客人的需要及时、有效地提供其他相关服务。

第十，整理、收集客人在住店期间的消费信息及生活习惯等相关资料，并做好记录。

第十一，在客人离店前为其安排行李、出租车服务，欢送客人离店。

第十二，严格遵守国家相关的法律法规、行业规范及酒店的安全管理制度。

酒店管家与金钥匙的区别

二、贴身管家服务流程与标准

贴身管家服务流程如图 5-2-1 所示。

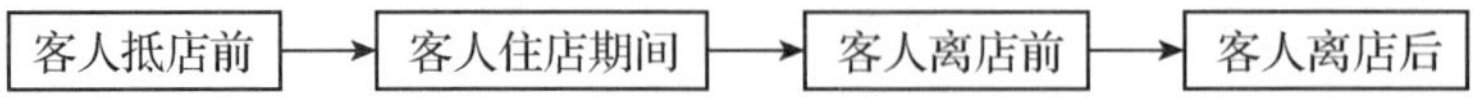

图 5-2-1 贴身管家服务流程

贴身管家服务程序与标准如表 5-2-1 所示。

表 5-2-1 贴身管家服务程序与标准

程序	标准
客人抵店前	(1)查看客人预订，保留房间；查看客史档案，了解客人喜好 (2)与相关部门沟通，及时跟进客人的喜好 (3)在客人抵店前两小时，检查房间、餐室状况和赠品的摆放情况
客人住店期间	(1)提前 10 分钟到大厅迎候客人，客人到达后做简单介绍，引领客人至客房，介绍客房设施及客房情况 (2)待客人进房后，送上欢迎茶及免费水果 (3)与前厅各部门密切配合，安排客人房间的清洁、整理、夜床服务及餐室准备工作的检查和用餐服务 (4)根据客人需求每日为客人提供房内用餐服务、洗衣服务、叫醒服务、商务秘书服务、用车服务、日程安排服务、当日报纸的配备收取服务、天气预报服务、商务会谈服务、休闲娱乐服务等 (5)观察并记录客人的喜好，妥善处理好客人的意见和建议 (6)做好与酒店各部门的沟通，满足甚至超越客人的愿望 (7)24 小时为住店客人提供细致、周到的服务
客人离店前	(1)掌握客人离店的时间 (2)为客人安排车辆、叫醒服务和行李服务 (3)了解客人对酒店的满意度，确保客人将满意带离酒店
客人离店后	(1)做好客史档案管理 (2)妥善处理客人遗落的物品

【经典案例】

贴身管家寻找绵羊油

2018 年某天，客人来某市游玩，入住 A 酒店，在住店期间突然想要绵羊油，就问贴身管家小陈能不能找到。当时已经是晚上 10 点了，附近商店都已经关门，而第二天上午 10 点客人就要离开酒店了。小陈保证尽力做到，请客人放心。等客人睡着后，小陈离开酒店，骑车逛遍所有的夜间超市，都没有找到绵羊油。随后打开网购，寻找同城的卖家，但是卖家都表示早上发货，快递 10 点前是到不了酒店的。最终小陈决定上门取货。第二天早上 6 点，小陈乘坐大巴车来到绵羊油卖家所在的店铺，并最终在客人退房前将绵羊油送到她的手中。客人十分感动，一周后寄来感谢信，对贴身管家小陈细致周到的服务表示赞扬。

三、贴身管家服务的注意事项

贴身管家服务的注意事项如下。

第一，在客人入住前需做足功课。贴身管家的工作从客人入住酒店之前就开始了。在接待每一位客人之前，贴身管家都必须事先“备课”，做好详细的接待计划，了解客人的生活习惯、个人爱好，如客人沐浴时喜欢的水温、爱吃的饭菜、有哪些禁忌……掌握如此多的个人信息，为的是让客人一进酒店，就如同回到家一样。

第二，贴身管家并非寸步不离。贴身管家就像一个“隐形人”。贴身管家的“贴”是一种职业艺术，既要在最短时间内拉近与客人的关系，取得客人的信任，又要和客人保持适当的距离。因此，做到适度的“贴身服务”很关键。每天早上，贴身管家都要依据客人的日程表，守候在客人的门口，保证他们一天中最早见到的人是贴身管家。晚上，不论客人多晚回来，贴身管家必须守在大堂接车。客人不休息，贴身管家也不能睡。即便已经睡下了，如果客人临时有事，召唤贴身管家，贴身管家也必须立刻起身，通过专用通道，尽快到达。

第三，注意对客人的尊称。

第四，了解客人是否有宗教禁忌。

第五，将自己的联系方式告知客人，向客人介绍贴身管家的职能，即 24 小时为客人提供服务。

第六，根据客人的性格，选择相应的沟通、服务方式。

第七，将房间的温度、气氛(味、花及音乐)调到适宜程度。

第八，将客人遗落衣物洗好并妥善保存。

第九，管家需量力而行，如果服务内容超出了自己的能力范围，需逐级请示，不能擅自向客人许诺。

第十，贴身管家既要以真诚之心打动客人，又不能忘记这份工作代表酒店，对待再熟悉的客人也不能掺杂太多私人感情，否则自己的服务就会变得随意。

【任务实施】

实训任务	酒店贴身管家认知
实训目标	明确贴身管家的素质要求和岗位职责，可以为客人提供优质的贴身管家服务
实训地点	校内实训室或校外实习基地
实训条件	聘请酒店贴身管家为学生进行讲解
实训过程	1. 着装整齐，事先了解酒店贴身管家的相关知识 2. 教师组织学生观看贴身管家服务视频 3. 认真听酒店贴身管家讲解 4. 了解贴身管家服务的注意事项 5. 实训结束 (1)教师总结 (2)学生撰写实训报告
实训考核建议	考核内容：感受与认知＋服务意识 考核方式：每人撰写一份实训报告，谈一谈对贴身管家服务的认知 考评人员：教师

【项目小结】

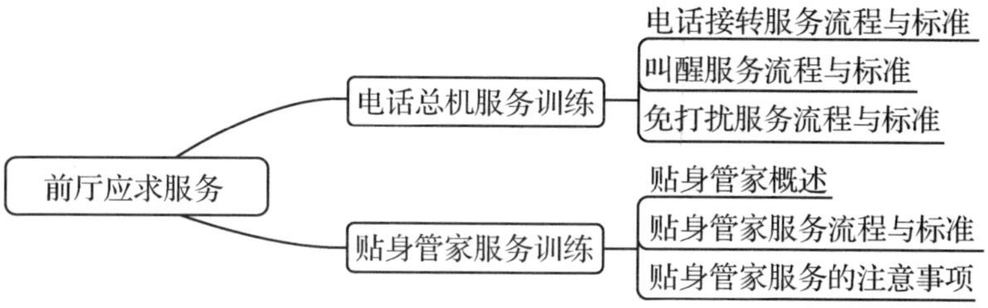

【自我学习】

一、理论思考题

1. 在为客人接转电话时，你认为有哪些电话礼仪是十分重要的？

2. 叫醒服务失败的原因是什么？

3. 贴身管家的岗位职责有哪些？

二、实训拓展题

实地走访几个酒店，体验总机接待的工作。

项目五答案

项目六　客账与夜审

【项目描述】

通过学习退房结账受理、夜审等项目的相关知识，形成退房结账、夜审等职业技能，能够以良好的服务意识按照操作规范完成收银服务工作任务。

【案例导入】

阿里的未来酒店

近日全球第一家未来酒店开业，地点在杭州西溪园区，而这家神奇的酒店，正是阿里巴巴全力打造的变革性产物。宾客到达酒店大堂时，一个一米高的机器人会欢迎宾客。首先它会通过人脸识别记住宾客的样子，随后，它会带宾客到"自助入住机"办理入住登记手续，"自助入住机"自动识别身份证和护照等国家颁发的26种证件。身份验证成功后，宾客手机会收到一串确认码，输入确认码后就能成功入住。入住过程仅仅一分钟，这个效率大部分传统酒店都很难达到。随后，机器人会将宾客引领到电梯口。电梯的设置也是智能的。宾客只要与电梯旁大屏幕对视，电梯会将宾客送至对应的入住楼层。电梯手动按键也可以使用。如果不是住店客人，按键则不能使用。宾客到达房间门口时，房门上有蓝灯摄像头，与它对视之后，房门确认身份后就会自动开启。宾客在客房内可以通过桌子上的"天猫精灵"控制房中的一切，包括灯的开关、窗帘的闭合、电视的控制等，同时，也可以通过"天猫精灵"呼叫客房服务。

>> 任务一　退房结账受理<<

【任务描述】

在学习退房结账服务流程等相关理论知识和操作技能的基础上，按操作流程与标准完成退房结账及特殊客账情况处理的相关操作。

【任务目标】

知识目标：能够按受理流程与标准为散客及团队办理退房结账手续

技能目标：学会为宾客办理退房结账手续及处理特殊情况

素质目标：遵纪守法，具备严谨、细致的工作态度

【理论引导】

宾客离店时的结账工作是前厅收银员的一项重要工作，是酒店为宾客在店期间提供的最后一项服务。退房结账服务质量不仅直接影响宾客对酒店的最后印象，还会决定宾客能否成为酒店的回头客。因此，为了巩固酒店形象，给宾客留下良好的最后印象，退房结账办理要高效、迅速，一般 3～5 分钟完成。

一、散客退房结账的受理流程与标准

(一)散客退房结账的受理流程

散客退房结账的受理流程如图 6-1-1 所示。

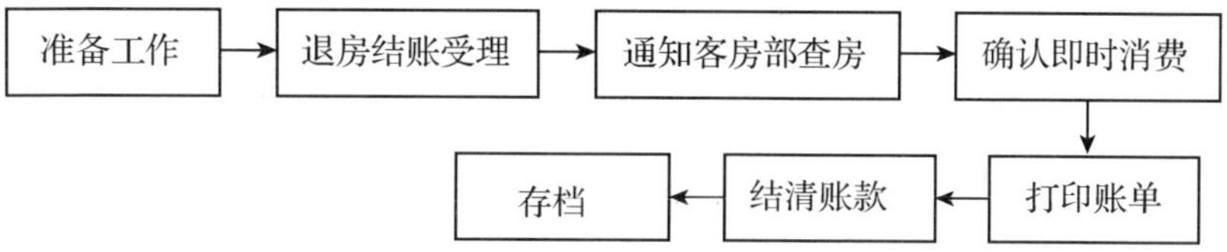

图 6-1-1　散客退房结账的受理流程

(二)散客退房结账的受理程序与标准

散客退房结账的受理程序与标准如表 6-1-1 所示。

表 6-1-1　散客退房结账的受理程序与标准

程序	标准
准备工作	(1)收银员应根据当天预期离店客人名单，事先准备好客人的账单 (2)核对账单，检查应收款项，做好结账准备
退房结账受理	(1)客人步出电梯走向总台，服务员应微笑向客人问候，表示欢迎。当客人提出退房需求时，核对客人的身份，礼貌询问客人的房号，并收回房卡 (2)通过房号找到客房的对应账单，再次核对客人的房号和姓名
通知客房部查房	(1)通知客房部查房 (2)确认客房设施设备良好 (3)了解客人在客房内的消费情况，以及客人遗落物品情况
确认即时消费	主动询问客人是否有其他消费，避免漏账
打印账单	(1)将客人入住期间的消费汇总，打印账单 (2)请客人确认消费项目和消费金额 (3)待客人确认无误后，请客人在账单上签字确认
结清账款	(1)客人入住时一般都交纳过一定数额的押金，如果客人在入住期间的消费金额小于押金，收银员则需要将剩余押金退还给客人 (2)注意：支付押金的方式不同，退回方式也不同。可征得客人同意后确定支付方式 (3)如果客人在入住期间的消费金额大于押金，则需要客人补交款项，并与客人确认账单的支付方式 (4)收银员需要打印总账单和发票并交予客人 (5)礼貌向客人致谢、道别
存档	将客人入住及离店结账相关表格及单据凭证存档，最后送至财务处入账

二、团队退房结账的受理流程与标准

(一)团队退房结账的受理流程

团队退房结账的受理流程如图 6-1-2 所示。

图 6-1-2　团队退房结账的受理流程

(二)团队退房结账的受理程序与标准

团队退房结账的受理程序与标准如表 6-1-2 所示。

表 6-1-2　团队退房结账的受理程序与标准

程序	标准
准备工作	(1)收银员在团队离开的前一天准备好团队结账单 (2)核对账单，确保账单的准确性
退房结账受理	(1)当团队宾客前来结账时，收银员礼貌地问候，确认房号，收回房卡 (2)通知客房部查房。重点检查客房物品是否有损坏或丢失，以及是否有宾客物品遗落在客房内
确认打印账单并结账	(1)与团队负责人沟通团队付账情况，将宾客自付的费用分开核算 (2)分别打印出总账单和分账单。总账单由团队负责人签字确认，分账单由客人自行付清 (3)团队账款支付一般使用合同支付或记账单支付
核对并存档	(1)检查账款是否全部结清，核对团队房间钥匙是否全部收回 (2)将团队入住及离店结账相关表格及单据凭证存档，送至财务处入账

三、特殊情况的处理

(一)迟到款项

迟到款项是指由于信息传递延迟，在宾客离店后才由营业中心将账单传递到总台的账款。这种情况大多是由收银员的工作失误造成的。即使有些费用可以追回，但在追回过程中会产生额外的追回费用。额外费用可能远高于迟到款项本身。迟到款项的增加会影响酒店的利润，因此收银员要加强预防，避免此类问题的发生。

第一，挂账迅速。及时将宾客消费传递至前台挂账。

第二，职责明确。完善签单、签收程序。

第三，账单归类。及时将账单与费用凭证放在一起。

第四，礼貌询问。在宾客离店结账时，礼貌性地询问其是否有相关消费申报。

第五，借助夜审。充分发挥夜审功能，规避收银工作漏洞。

第六，酌情追回。根据情况判断追回的可能性。如果有可能，尽早与宾客取得联系，尝试追回。

【经典案例】

某日一早，李先生收拾完便携带行李到酒店餐厅就餐。由于是协议入住，不包含早餐，于是李先生在餐厅进行了挂账。就餐完毕，李先生便直接到前台退房。此时，前台等候退房的客人非常多。收银员收到李先生的房卡，看到是协议签单结账，就直接为李先生办理了退房。在李先生离开酒店约半小时后，餐厅工作人员将李先生的挂账凭证交至前台。经确认，李先生的餐厅消费漏结。

(二)欠款增加

现代酒店一般采用一次性结账的方式。宾客在入住时虽已经交纳押金，但很多宾客挂账消费过多，会导致押金不足，或者长住宾客不及时交纳押金，导致欠款增加。因此，酒店应完善欠款收银管理制度，对一般散客适时进行锁房，对长住宾客妥善地进行催促。

(三)代付账款

两个或两个以上宾客入住，账款由其中一人代付的情况被称为代付账款。收银工作人多事杂，可能会造成漏收或漏结情况的发生。为了避免造成损失，酒店应明确代付账款程序，必要情况下使用承诺付款书。

(四)折扣账务

折扣账务的产生一种是事先约定的，即入住宾客以相关折扣身份入住；另一种是由酒店工作人员的失误或服务质量较差导致的，这种折扣是酒店对客人的优惠或补偿。因此，酒店收银管理工作者应根据相应折扣账务情况，制定折扣工作程序和相关规定，提高收银工作的严谨性。

(五)延迟结账

若过了结账时间(酒店事先规定或声明的时间一般为当天中午 12：00)宾客仍未结账，收银员应进行催促。对于超时退房的情况，收银员可根据酒店规定，加收一定的房费。但在现实酒店运营中，如果宾客是常客或者其所在公司与酒店的合作关系较多，业务往来较多，那么只要向前台说一声推迟 2～3 小时退房，酒店通常不向宾客收取任何费用。

【任务实施】

实训任务	收银结账服务操作训练
实训目标	能按操作流程与标准完成散客收银服务操作
实训地点	校内实训室或校外实习基地
实训条件	1. 校内实训室：前厅实训室、收银时使用的设备及物品、教学视频 2. 校外实习基地：前厅总台
实训过程	1. 实训前 (1)着装整齐，准备实训用具 (2)分配实训小组(建议每组 6～8 人) (3)观看收银结账服务教学片 2. 实训中 (1)模拟收银结账服务场景。教师现场示范，并讲解收银结账服务操作流程与标准以及注意事项 (2)每个实训组中每两人组成一个训练小组 (3)小组自行设计，学生分别扮演收银员和宾客，模拟收银结账服务的情景，练习完一次后互换模拟角色 (4)抽两个小组学生演示，表演小组自评，其他小组讨论点评，教师最后讲评 (5)再练习后，逐组演示，教师打分考评 3. 实训后 (1)教师总结 (2)学生撰写实训报告
实训考核建议	1. 考核内容：服务意识+操作能力 2. 考核方式：实际操作(考核标准见附表 1-18) 3. 考评人员：教师或企业兼职教师、学生

【知识拓展】

“1 分钟退房”——武汉酒店诚信退房获好评

现在已经有不少酒店正在尝试“退房不查房”的做法。在酒店行业发达的旅游城市，“无停留离店”早就成为一种行规。

退房的时候要查房，是国内酒店行业多年来的普遍做法。然而，近日记者注意到，“诚信退房”正在酒店业内悄然推行。

中午 11：30，来武汉出差的林女士到前台办理退房，没想到把房卡交给前台没多久，服务员就办好了退房手续。没有查房，没有等待，这对于经常出差的林小姐来讲可谓非常方便。“我觉得节约我好多时间，不想等，我最讨厌等别人(办手续)了，省时间，我下次还会来这儿住。”

据了解，武汉很多连锁酒店都已推行“无须查房”制度，很多星级酒店也都能做到“1 分钟退房”。武汉某酒店市场传媒经理张小林介绍，查房环节的取消，可以充分表达对客人的信任与尊重。每位客人因此至少节省了 5～10 分钟的退房时间，服务员的人力成本也因此省了不少。“客人离店的时候我们会询问他/她在房间有没有其他消费。如果客人说没有，我们就会马上为他/她办理离店手续，目的就是更好地为客人服务嘛。”

某连锁酒店负责人表示：他们的客人是20～35岁的年轻客人。从所属20多家门店的反馈来看，绝大多数客人都是诚信的。他们使用了长途电话、方便面等，都会如实相告。“我相信住在我们酒店的大部分客人都是高素质的，都是很诚实的，所以说我们没有必要去怀疑客人。”

武汉市旅游局市场促进处负责人介绍：目前，武汉市确实有不少酒店正在尝试“退房不查房”的做法。在酒店行业发达的旅游城市，“无停留离店”早就成为一种行规。武汉酒店行业能自发地尝试这一做法，体现了城市的进步。酒店采取这种服务方式，有助于促进消费者和经营者之间的互信，有助于推动客人素质的进一步提高，也有助于推动酒店服务水平的进一步提高。

>> 任务二　夜审 <<

【任务描述】

在学习夜审相关理论知识和操作技能的基础上，按操作流程与标准完成运营问题的梳理。

【任务目标】

知识目标：掌握夜审的流程与标准

技能目标：能利用信息系统完成夜审

素质目标：严谨负责，具备发现、分析并处理问题的能力

【理论引导】

夜审是指将上个夜班审查之后所发生的交易进行审核、调整、对账、计算并计入房租，统计汇总，编制报表，备份数据，结转营业日期的一个过程。

一、夜审的目的

随着宾客的入住与离店，房间状态和销售登记情况等都处于不断的变化中。收银员白天忙碌了一天，可能会发生错误，因此必须有人进行账目的核对，以确保账目记录无误或无遗漏，从而保障酒店的利益。

二、夜审的基本方式

夜审工作一般由收银员或财务部负责夜核的人员完成。有的酒店的夜审权限仅向财务部或前厅部主管开放，他们通常使用电脑与手工相结合的方式。随着现代酒店信息系统的完善和发展，宾客入住、离店等情况都被记录在电脑中，信息系统会自动生成夜核报告，并提交夜审问题，夜审人员只需校订问题并将夜核报告打印出来即可。

三、夜审的流程与标准

酒店的具体情况(如经营状况、使用的信息系统、具体分工)不同，夜审的流程会存在很大差异，但其主要原理基本一致。以下列举了夜审的基本流程。

(一)夜审的流程

夜审的流程如图 6-2-1 所示。

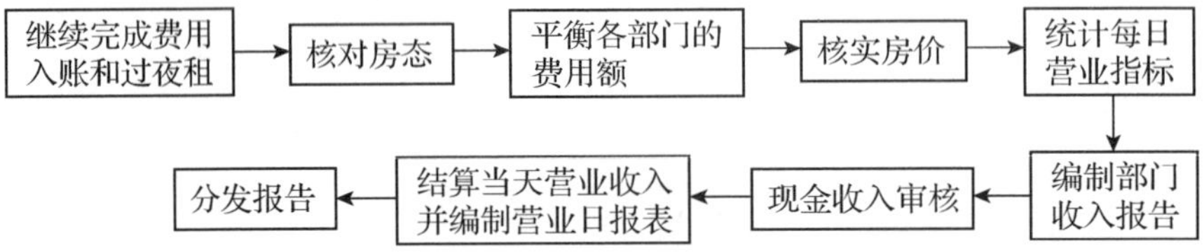

图 6-2-1　夜审的流程

(二)夜审的程序与标准

夜审的程序与标准如表 6-2-1 所示。

表 6-2-1　夜审的程序与标准

程序	标准
继续完成费用入账和过夜租	(1)将当天所有尚未入账的凭证一一转入宾客账单 (2)确保当天发生的费用都已被记入客账 (3)过夜租是夜审工作的主要内容之一。系统会自动在住店客人的账单中计入当晚的房租及附加税费
核对房态	(1)核对前厅部电脑中的房态与客房部实查的房态是否一致，解除房态差异 (2)变更房态，将离店宾客房态从住客房转为脏房
平衡各部门的费用额	(1)保证所有消费内容都已挂账，按部门累计原始凭证 (2)与部门营业收入明细表比对
核实房价	(1)编制客房收入和出租状况统计报表，这为确保所列房价正确无误提供了一个核实的机会 (2)如果客人在入住酒店期间跨越了两个不同的房价时段，那么夜审员需要在新房价时段前一晚调整在住客房的房价。一些先进的酒店信息管理系统能够自动完成这一操作
统计每日营业指标	(1)汇总当天的各项营业收入、房数和入住人数等 (2)核实预订未到情况
编制部门收入报告	收入报告是全面反映酒店当日客房营业情况的业务报表。与客房部、餐饮部、商务中心等部门对账，所有数字一致后，输出收入报告
现金收入审核	(1)夜审员要核实现有的现金额，确认收讫的现金和垫付额累计数与收银员缴款袋所交现金数相符 (2)上交所有现金(扣除备用金)，并将其装入缴款袋，注明有关详细内容

续表

程序	标准
结算当天营业收入并编制营业日报表	营业日报表一式两份，将一份于此日上午送至总经理办公室，将另一份与客账日报表、总账单一起送至财务部，以作为核对各部门营业收入的依据
分发报告	将客人入住及离店结账相关表格及单据凭证存档，最后送至财务部门入账

【任务实施】

实训任务	夜审报告分析
实训目标	能够对夜审报告反映的酒店运营情况进行分析
实训地点	校内实训室
实训条件	酒店夜审报告
实训过程	1. 事先了解夜审的流程与标准 2. 对夜审报告的项目进行梳理 3. 分析夜审报告的项目对酒店运营的影响 4. 对夜审报告反映的问题进行梳理
实训考核建议	1. 考核内容：学生对夜审报告的分析能力 2. 考核方式：基于以上流程撰写一份项目分析书 3. 考评人员：教师

【项目小结】

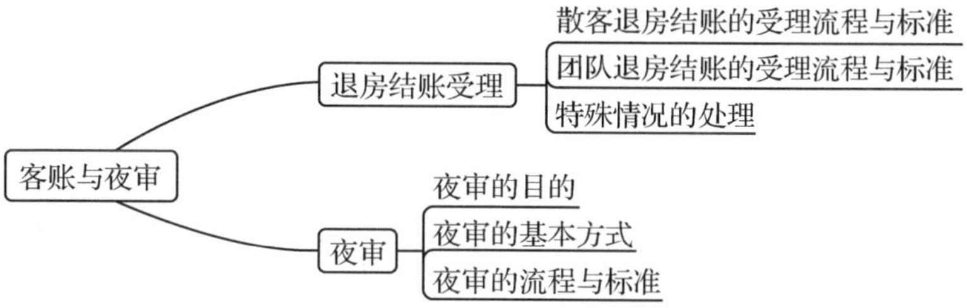

【自我学习】

一、理论思考题

1. 散客退房结账的受理流程是什么？

2. 列举退房结账受理的特殊情况，并说明如何处理。

二、实训拓展题

一对夫妇来到前台办理退房离店手续，假如你是收银员，请为他们办理退房结账。

项目六答案

项目七 前厅部综合管理

【项目描述】

通过学习客房销售管理、宾客关系管理、前厅部服务质量控制管理等相关知识，形成针对不同客人进行客房推销、正确处理宾客投诉、控制前厅部服务质量等职业技能，完成销售客房、处理宾客投诉、控制前厅部服务质量等工作任务。

【案例导入】

M酒店的全员销售

在竞争越来越激烈的背景下，酒店销售压力日益增大。酒店鼓励全员销售，并制定相应政策：凡帮助推销客房、宴会或者其他业务者均有提成。行李员小刘在帮助客人运送行李至客房的过程中，简单介绍了酒店的餐厅、大堂吧以及其他设施。客人表示对中餐厅很感兴趣，小刘马上详细介绍了中餐厅的特点和反馈好的菜品。客人决定晚餐在中餐厅吃，并询问小刘能否帮忙预订。小刘马上与中餐厅沟通并完成了预订。客人表示非常满意。其实，这项服务内容已经超出了行李员的岗位职责，但是因为有“鼓励全员销售”的政策在，所以员工会主动进行销售。这不仅增加了个人收入，也使得客人更快地得到信息和满意的服务。

>>任务一 客房销售管理<<

【任务描述】

在学习客房销售的基本知识，了解客房的价格类型、成功推销客房的前提和客房销售技巧的基础上，完成客房销售技能训练任务。

【任务目标】

知识目标：明确客房的价格类型和成功推销客房的前提

技能目标：掌握客房销售的技巧

素质目标：具备良好的语言能表达能力，并且机智灵活、诚实守信

【理论引导】

前厅部不仅是酒店的"中枢神经"、"门面"、对客服务的协调中心，而且还担负着销售客房及酒店其他产品或服务的重要职责。前厅部员工的销售水平直接影响着客人对酒店的认识、评价和重复消费的可能性，最终影响到酒店的经济效益。客房是酒店的主要产品，推销客房是前厅部员工的重要工作之一。因此，前厅部员工一定要掌握销售的艺术与技巧。

客房价格是销售中颇为敏感的问题之一，其制定和变动将对酒店效益产生诸多影响。客房价格也是大部分客人在购买过程中优先考虑的问题。合理的价格意味着物有所值。因此，前厅部员工应对客房的价格类型有充分的了解，只有这样，才能做到灵活推销。

一、客房的价格类型

(一)标准价

标准价，即酒店价目表上明码标注的各类客房的现行价格。此价格未含任何服务费或折扣。标准价常被称为门市价、散客价或客房牌价。

(二)团队价

团队价是指针对旅行社、会议组织机构等团队客人住店所给予的折扣价格，一般视旅行社与会议组织机构所组织的客源量和酒店客房出租情况而定，目的是与旅行社与会议组织机构建立起长期稳定的业务关系，以确保酒店长期稳定的基本客源，提高客房利用率。

(三)商务合同价/协议价

酒店与有关公司或机构签订商务合同或协议，并按合同或协议规定给对方介绍来的客人以优惠的房价。通常，房价的优惠幅度视对方所提供的客源量、客人在店居留天数及在店消费水平来确定。

(四)折扣价

折扣价是酒店向常客、长住客或其他有特殊身份的客人提供的优惠价格。

(五)推广价

推广价是酒店在特定时期为扩大酒店的市场占有份额、吸引客人而推出的优惠价格。除房费和餐费外，这一价格内还常包括交通、娱乐、健身、休闲优惠或便利服务。

(六)免费价

酒店因某种原因为某些客人(诸如旅行社、国际会议组织机构、大型外商公司负责人及其他对酒店发展有重要作用的各类人士)提供免费房，以期互惠互利。

(七)小包价

小包价是指酒店为客人提供的一揽子报价，以方便客人制订旅行预算。包价往往含房费、餐费、交通费及部分旅游门票费用。

(八)家庭租用价

家庭租用价是指酒店为带孩子的家庭提供的折扣价格，旨在刺激家庭在住店期间的综合消费。

(九)白天租用价

在下列情况下，如客人凌晨抵店，客人结账离店超过酒店规定的结账时间，客人入住后在当日 18 点前离店，酒店可按白天租用价向客人收取房费。大多数酒店按半价收取房费，也有部分酒店按小时收取房费。

(十)淡季价

淡季价是指酒店在营业淡季为刺激需求、吸引客人而采用的房价，一般在标准价的基础上下浮一定的百分比。但要注重的是，酒店只有在能实现所需的销售量，并保证利润额有所提高的前提下，实行淡季价才有意义。

(十一)旺季价

旺季价是指酒店在营业旺季为最大限度地实现收益最大化而采取的房价，一般在标准价的基础上上浮一定的百分比。

二、成功推销客房的前提

对于前台接待员来说，要想成功地将客房推销给客人，自身需掌握相应的知识、信息，并具备相应的素质。例如：

(一)熟悉、掌握本酒店的基本情况

包括酒店所处的地理位置及交通情况；酒店建筑、装饰、布置的风格及特点；酒店的等级与类型；酒店的服务设施以及服务项目的内容及特色；酒店产品或服务的价格以及相关的销售、推广政策和规定等。了解和掌握上述信息是做好销售工作的先决条件。除此之外还要对酒店的客房有一个整体的了解，如各类客房的面积、色调、朝

向、功能、楼层、价格及计价方式、特点、所包含设施设备等。接待员只有充分了解以上内容，才能向客人详细地介绍客房情况，才有助于做进一步的推销。

(二)了解、掌握竞争对手酒店的有关情况

接待员在详细了解本酒店基本情况的基础上，要熟悉竞争对手酒店的有关情况，掌握本酒店与竞争对手酒店在客房的质量、特点、价格等方面的异同，扬长避短，并找出自己酒店的特色和优势，加以重点宣传。

(三)认真观察、掌握客人的心理及需求

销售客房的过程看似简单，其中却包含着很强的艺术性、技巧性。销售的成功来源于对客人言谈举止的细心观察、判断，取决于对客人消费心理的正确把握。

(四)态度要积极、热情

不可否认，态度在推销过程中会对推销效果产生很大的影响。对客人积极、热情是成功进行推销的前提及必要保障之一。

(五)熟悉本地区的旅游项目与服务设施

如果接待员对本地区的旅游项目与服务设施比较熟悉，可以通过向客人介绍这些内容，使客人对本地区产生兴趣，延长在本地区停留的时间，增加客人重复入住本酒店的概率，从而提高酒店的收入。

三、客房销售技巧

(一)掌握客人的特点与需求

不同类型的客人有不同的特点，对酒店的产品和服务会有不同的需求。要把握客人的特点，必须了解客人的年龄、职业、国籍、身份等，然后针对客人的特点，灵活运用销售策略与技巧。针对不同类型的客人推荐客房的建议如下。

商务客人(对房价不太计较，且重复入住的可能性大)：应向其推荐环境安静舒适、办公设备齐全、便于会客、价格较高的客房或商务套房。

度假的客人：应向其推荐景色优美、价格适中的客房。

蜜月旅行的客人：应向其推荐安静、不易受干扰的大床房。

老年客人或行动不便的客人：应向其推荐出入方便、靠近电梯/餐厅的客房。

家庭型客人(此类客人讲究经济实惠)：可向其推荐实用型客房，附带赠送些小礼品或者早餐。

团队型客人(此类客人喜欢房间安排在一起)：可向其推荐套房或者角落里的房间(这样可以确保他们不会过多地影响其他客人)，并为其提供相应的设备。

知名人士、高薪人士：应向其推荐套房。

(二)突出客房的价值

接待员在销售客房时要对客房做适当的描述，强调客房的价值而不是价格。在了解客人和客房特点的基础上，要运用灵活的语言准确地描述各种房型的设施优点，让客人感到物有所值，同时回答客人希望了解的关键问题。需要注意的是，在介绍过程中应避免过于夸张或出现错误。

(三)坚持正面介绍

在推销客房的过程中，接待员要着重介绍各种房型的特点和优势、给客人带来的方便和好处以及与众不同之处，坚持正面介绍，以引导顾客，不要做不利比较。

(四)有针对性地提供价格范围

接待员在介绍客房时，可根据客人的特点，有针对性地推荐几种价格不同的房间，以供客人选择。推荐价格以 2～3 种为宜，在此范围内从高到低进行报价。接待员的责任是引导客人，帮助客人进行选择，而不是硬性推销。

(五)讲究语言艺术

接待员在推销客房时不仅要有礼貌，而且要讲究语言的艺术性。对一间客房采用不同的描述方式，就会产生不同的效果。例如，可以说“您运气真好，我们恰好还有一间房，特别适合您”，而不能说“只剩下这间房了，您要不要?”前者会让顾客顿时感觉自己很幸运，住到了最后一间客房，并且还特别适合自己，这种惊喜感可能会一直伴随他/她。

(六)采取适当的报价方式

酒店前台对客报价是酒店为扩大销售而采取的一种直接的推销方法，其中包含着推销技巧、语言艺术、职业品德等内容。在实际推销过程中，接待员只有适时采取有针对性的报价方法，才能达到良好的销售效果。所以，不断地研究、总结和运用对客报价的方法和销售技巧，已成为销售工作取胜的重要环节。目前常用的报价方法有高低趋向报价、低高趋向报价、利益引诱报价、“冲击式”报价、“鱼尾式”报价、“三明治”报价等。

(七)对犹豫不决的客人多给予建议

有些客人，尤其是第一次住店的客人，在听完介绍后依旧无法作出决定。对待这样的客人，接待员要正确分析客人的心理，耐心地、千方百计地去消除他们的疑虑。当客人犹豫不决时，接待员可根据客人的特点和酒店房型多提中肯建议，将最适合的客房推荐给客人，或者可带领客人参观客房。

(八)不失时机地推销酒店其他产品

接待员在推销客房的同时，要不失时机地推销酒店的其他产品或服务，如餐饮、健身、休闲娱乐等。这样既能提高酒店设施设备的利用率和经济效益，又可为客人提供便利。当然，在向客人推荐产品或服务时，应注意时间和场合。若客人傍晚抵达酒店，可以向其介绍酒店的特色餐饮、休闲娱乐、健身服务等；若客人清晨抵达酒店，则可以向其介绍酒店的早餐服务、洗衣或熨烫服务等。

【经典案例】

酒店经营困境

某酒店在开业初期，因地理位置原因，生意很差。为了扭转经营困境，酒店进行了广泛的调研和数据分析，最终发现：有些合作银行顾客来源较少；周一到周三顾客人数少于周四到周日。于是他们决定取消顾客来源较少的银行渠道，同时，把周四到周日的房价调整为 6 折。运营半年后，将房价调整为 7 折，以此来吸引客源。当顾客数量较稳定后，酒店发现周一的客人数量最少，因此调整为周一 7 折，其他时间 8 折；周一到周日，每天有一家银行卡持有者可以打 7 折，其他银行或渠道 7.5 折。

【任务实施】

实训任务	客房销售技能训练
实训目标	能够分析宾客的特点，掌握推销客房以及酒店其他产品或服务的方法和技巧，提高公关意识
实训地点	校内实训室或校外实习基地
实训条件	硬件：模拟大堂副理办公桌、笔、记事本 软件：有关前厅部销售教学片
实训过程	1. 教师让学生配合进行模拟示范，并讲解 2. 学生两人一组，分别扮演接待员和宾客，面对面练习 3. 教师抽两组学生演示，并讲评 4. 学生再练习 5. 实训结束 (1)教师总结 (2)学生撰写实训报告
实训考核建议	1. 考核内容：服务意识＋操作能力 2. 考核方式：实际操作(考核标准见附表 1-19) 3. 考评人员：教师或企业兼职教师、学生

>> 任务二　宾客关系管理 <<

【任务描述】

学习与宾客建立良好关系的方法以及有关客史档案的知识，掌握宾客投诉的处理原则，按照流程与标准完成宾客投诉处理任务。

【任务目标】

知识目标：了解客史档案的内容、信息的收集途径与管理方法，掌握宾客投诉的原因、处理原则以及处理流程与标准

技能目标：掌握与客人沟通的技巧，能够按照流程与标准完成宾客投诉处理

素质目标：具备良好的服务意识及较强的沟通协调能力；爱岗敬业

【理论引导】

使每一位宾客享受到优质的服务是每一家酒店为之奋斗的目标。与宾客建立良好的关系是实现这一目标非常重要的途径之一。前厅部员工要想与宾客建立良好的关系，就要对宾客有正确的认识，正确理解酒店工作人员与宾客的关系，掌握宾客的心理以及与宾客沟通的技巧，正确处理好宾客投诉，让宾客满意。

一、与宾客建立良好的关系

(一)正确认识客人

在工作过程中，前厅部员工要对客人有一个正确的认识。

1. 客人是具有优越感的人

对于酒店来说，客人就是酒店的“衣食父母”，是酒店经济利益的直接来源。因此，客人在交往中往往具有较高姿态，带有优越感。

2. 客人是情绪化的自由人

客人是拥有喜怒哀乐情绪的自由人。酒店工作人员要学会宽容并设身处地地为客人着想。首先，必须充分理解客人的需求。其次，必须充分理解客人的心态。最后，必须充分包容客人的过错。

3. 客人来酒店的目的是享受

客人在消费过程中一般都注重维护自身的权益，酒店不能提供“打折服务”。无论客人出于何种原因来酒店，都希望享受到优质的服务。所以，酒店服务必须环环扣紧、步步到位，使客人在住店期间感到舒适和舒心。

4. 客人是讲面子的人

爱面子，喜欢听好话，是大众普遍存在的心理现象，酒店的客人尤其如此。因此，酒店必须为客人搭建一个“舞台”，让客人在其中体会到优越感和自豪感。

(二)掌握与客人沟通的技巧

1. 做到彬彬有礼、谦恭、殷勤

前厅部员工对待客人要热情周到、笑脸相迎、嘘寒问暖，要有意识地把“出风头”的机会让给客人。如果说酒店是一座舞台，那么员工应自觉地让客人“唱主角”，而自己“唱配角”。

2. 善解人意

前厅部员工要能够察言观色，正确判断客人的处境和心情，并据此做出适当的言行反应。

3. 学会“反”话“正”说

前厅部员工应讲究语言艺术，尽可能用“肯定”的语气去表达“否定”的意思，即学会“反”话“正”说。例如，用“您可以到收银处兑换外币”代替“这里不提供外币兑换”，用“您可以到那边(吸烟区)吸烟”代替“您不能在前台吸烟”等。

4. 否定自己

在与客人沟通出现障碍时，前厅部员工要善于首先否定自己，而不要否定客人。例如，用“如果我没说清楚，我可以再说一遍”代替“如果您没听明白，我再说一遍”。

5. 投其所好，避其所忌

前厅部员工要学会帮助客人表现其长处，掩盖其短处。当客人身处窘境时，要尽量帮客人化解窘境，绝不能嘲笑客人。

二、建立客史档案

客史档案又称宾客档案，是酒店在对客服务过程中对客人的自然情况、消费行为、信用状况、爱好和期望等做的历史记录。酒店要想与宾客建立良好的关系，就要主动了解宾客。建立客史档案是酒店经营管理的重要环节，也是酒店改善经营管理模式、提高服务质量的必要步骤。客史档案不仅便于酒店为客人提供个性化服务，而且便于酒店制定经营策略，还便于酒店与宾客建立良好的关系。

(一)客史档案的内容

客史档案的内容主要包括以下方面。

1. 常规信息

包括客人的姓名、性别、年龄、出生日期、婚姻状况、职业、联系方式等。这些信息能使酒店更好地了解目标市场的基本情况，明确自己的客源目标，有利于满足目标市场的需求。

2. 预订信息

包括客人的订房方式、订房渠道、付费方式、住宿时间(住宿的天数、季节和月份)等。这些信息有利于酒店明确客源渠道，从而更有针对性地开展淡旺季的促销活动。

3. 消费信息

包括客人的订房类别、房费、餐费以及在酒店内的购物娱乐等消费情况、客人喜欢的房间类型和酒店设施等。这些信息有利于酒店了解客人的支付能力和消费水平，从而以此来确定客人的信用度。

4. 个性化信息

包括客人的旅行目的、爱好、生活习惯、宗教信仰、禁忌，以及与客人有关的特殊事件，如生日、结婚纪念日、蜜月等。这些信息有利于酒店为客人提供有针对性的服务，改进服务中的某些薄弱环节。

5. 反馈信息

包括客人在住店期间的意见和建议、对住店期间额外服务的意见和建议、对酒店的赞誉、对酒店的投诉及处理结果等。这些信息有利于酒店提高服务质量和服务水平。

(二)客史档案信息的收集途径

酒店要有切实可行的信息收集途径，以便及时、准确地收集和整理客史档案信息。酒店前台和其他对客服务部门的员工要用心服务，善于捕捉有用信息，不断补充和完善客史档案信息。

1. 散客档案信息的收集途径

第一，总台通过客人预订单以及入住登记、退房结账等业务渠道收集客人的姓名、家庭住址、出生年月、性别、民族、身份证号、入住房型、消费情况等信息；通过客人的名片收集其单位名称、单位地址、职务、联系电话等信息；通过与客人交谈、意见征询等方式收集客人的满意度等信息。

第二，大堂副理通过拜访客人，了解并记录客人的服务需求和对酒店的评价；通过受理客人的投诉，获得客人对投诉处理结果的满意度信息。

第三，客房部、餐饮部、康乐部、营销部等部门的员工通过主动与客人交流，收集客人的意见、建议和特殊需求，并及时反馈。

第四，酒店信息部门及时收集客人在媒体上发布的有关酒店服务与管理、声誉与形象等方面的评价信息。

第五，酒店还可以通过会员俱乐部申请登记表、贵宾卡等途径进行散客信息的收集。

2. 团队档案信息的收集途径

酒店通过团队接待登记表、团队意见征询表了解团队的名称、人数、住店时间、消费情况、具体要求、联络人对酒店的评价和建议等信息；通过团队来店记录表了解团队的来店消费规律；通过团队公司的宣传册、网站等载体了解团队组织单位的基本情况。

(三)客史档案的管理

酒店的客史档案管理工作一般由前厅部承担，而客史档案信息的收集工作要依赖于全酒店的各个服务部门。所以，做好这项工作不仅需要依靠前厅部员工的努力，还有赖于酒店其他部门员工的大力支持和密切配合。客史档案的管理工作主要有以下几方面内容。

1. 分类管理

为了便于使用客史档案，酒店应对客史档案进行分类管理，如按国别划分，可分为国外客人、国内客人等；如按信誉度划分，可分为信誉良好客人、信誉度较好客人、黑名单客人等。分类管理是客史档案有效运行的基础和保障。

2. 有效运行

建立客史档案的目的就是使其在有效运行中发挥作用，不断提高酒店的经营管理水平和服务质量。当客人订房时，预订员可以了解其是否住过店。若客人非首次订房，可直接调用客史档案，打印客史档案卡，与订房资料一道存放，并按时传递给总台接待员。若客人属首次订房，应将客人的常规资料和特殊要求录入电脑，并按时传递给总台接待员。总台接待员将次日抵店的客人档案卡取出，做好客人抵店前的准备工作。若是未经预订的常客抵店，总台接待员在客人填写登记表时，可调出该客人的客史档案，以便提供个性化服务。若是未经预订的客人第一次住店，总台接待员应将有关信息录入电脑。对涉及客房部、餐饮部、康乐部、保卫部、电话总机等部门服务要求的信息，要及时传递到位。同时，也要注意收集和整理来自其他部门的有关客人的信息。在客人离店后，要将新的内容输入客史档案，使客史档案的内容不断得到更新。

3. 定期清理

为了充分发挥客史档案的作用，酒店应每年对客史档案进行1～2次系统的检查和整理。检查资料的准确性，删除过期档案。在对久未住店的客人档案予以清理前，最好给客人寄一份“召回书”，以唤起客人对曾住酒店的美好回忆，做最后一次促销努力。

三、处理宾客投诉

运用正确的程序处理宾客投诉，有利于酒店与客人建立良好的关系，及时了解酒店中出现的问题和不足之处，避免在接待过程中出现类似过失，从而提高酒店的管理水平和服务质量。

(一)宾客投诉的原因

1. 由酒店方面的原因引起的投诉

第一，对酒店设施设备的投诉。此类投诉是指因酒店的设施设备不能正常运行而给客人带来不便甚至伤害，从而引起客人的投诉。

第二，对酒店服务的投诉。此类投诉是指服务人员在服务态度、服务礼节、服务技能、服务效率、服务纪律等方面达不到酒店的服务标准或客人的要求与期望，从而引起客人的投诉。

第三，对酒店食品及饮料的投诉。此类投诉是指酒店的食品及饮料出现卫生及质量问题，如不干净、过期变质、口味不佳等，从而引起客人的投诉。

第四，对酒店安全状况的投诉。此类投诉是指客人因在住店期间的人身安全、财产安全或心理安全受到侵犯而投诉。

第五，对酒店规定及制度的投诉。此类投诉是指客人因对酒店的有关规定及制度不满而投诉。

2. 由客人方面的原因引起的投诉

第一，客人对酒店的期望或要求太高。当感到酒店的相关服务及设施设备没有达到应有的水准，不符合其心中的理想，或未能体现出物有所值时，客人会因失望而投诉。

第二，客人对酒店所宣传内容的理解与酒店产生分歧。

第三，客人过于敏感，对酒店工作过于挑剔。

第四，客人心情不佳，以投诉的形式宣泄内心的不快。

(二)宾客投诉的处理原则

对于客人的投诉，酒店应持欢迎和重视的态度，并将其作为改进对客服务的一次有利机会。因此，在处理客人投诉时，应遵循下列原则。

1. 真心诚意地帮助客人

前厅部员工要理解投诉客人当时的心情，同情其处境，并满怀诚意地帮助客人解决问题，满足其需求。

2. 绝不与客人争辩

当客人怒气冲冲、情绪激动地前来投诉时，前厅部员工更应注意礼貌，耐心听取客人意见，然后对其表示歉意，绝不可与客人发生争执，而应设法将“对”让给客人。

3. 维护酒店和客人双方的利益

前厅部员工受理投诉时，要认真听取客人的意见并表示同情，维护客人的利益，同时注意不要损害酒店的利益。不可随意推卸责任，或者当着客人的面贬低酒店其他部门或服务人员。要以事实为依据，具体问题具体分析，既不使客人蒙受不应有的经济损失，又不使酒店无故承担赔偿责任。应当清楚，除非客人物品是因酒店原因遗失或损坏的，否则不应给予赔偿，退款或减少收费等措施不是处理投诉的最佳方法。对于绝大多数投诉，酒店应通过面对面服务来解决。

(三)宾客投诉的处理流程与标准

1. 宾客投诉的处理流程

宾客投诉的处理流程如图 7-2-1 所示。

图 7-2-1 宾客投诉的处理流程

2. 宾客投诉的处理程序与标准

宾客投诉的处理程序与标准如表 7-2-1 所示。

表 7-2-1 宾客投诉的处理程序与标准

程序	标准
认真聆听	(1)认真聆听客人的意见，使其感到他/她的意见是受重视的 (2)不要辩解，保持平静，以免与客人发生争执
表示同情与理解	(1)站在客人的立场体会其感受，用言语去感化他/她 (2)当客人情绪比较激动时，为了避免影响其他客人的心情和酒店的形象，将客人请到合适的地方进行个别交谈
记录要点	在认真听取客人的投诉时，要作好记录。这样不但能表现出酒店对客人的重视，使客人慢慢平静下来，而且能详尽地了解事情的内容和经过，更好地处理问题
解决问题	(1)视情况随客人到出事地点查看并弄清事情的原委，然后做出正确判断。与有关部门联系，对客人投诉的事情进行处理。如有可能，可提供几种解决方案供客人选择 (2)把解决问题需要的具体时间告诉客人，不可低估所需时间，不要含糊其词 (3)对于超过权限或解决不了的问题，应及时与上级或有关部门联系，不能无根据地向客人保证 (4)在处理投诉的过程中应将事情的进展情况告诉客人，以便客人知道自己正在尽力为其解决问题，尤其是在处理因外部因素引起的投诉时 (5)面对无理取闹的客人要做到不卑不亢，态度良好。处理不了时，求助上级或有关人员
检查落实	(1)这是处理投诉最关键的一环，最好亲自追踪投诉处理过程，了解客人对处理过程的反应 (2)如果是别人帮忙解决的，也应主动联络客人，询问其对处理方式和结果是否满意 (3)如果不落实，可能会引起客人的第二次投诉，使问题进一步复杂化
表示感谢	感谢客人让酒店知道自己的不足，感谢客人提供的宝贵意见和建议，也希望他/她能不计前嫌地再度光临(较为慎重的酒店会寄上感谢函，感谢客人的指教)
记录存档	(1)把整个投诉处理过程加以汇总，让前厅部员工都能清楚地了解如何处理客人投诉 (2)建立完整资料库。这样做的好处是：第一，日后能针对酒店的不足做出进一步的改进，提高酒店管理及服务水平；第二，能便于做好有效的事后追踪

【经典案例】

某日，一名客人大闹康乐部。原因是他劳累了一天想去游泳，看到泳池后觉得很漂亮，就开始拍照，之后被康乐部工作人员两次阻止，因为当时泳池内客人特别多，酒店工作人员说会影响到其他客人，而且按照规定泳池区域不允许拍照。客人觉得非常没有面子，认为酒店的规定不合理，也没有明确的标示提醒，觉得服务员看不起自己。

大堂副理快速到位处理了这次投诉，对客人诚恳地道歉，仔细解释了酒店的相关规定，客人最后表示谅解。

随后，酒店在泳池区域张贴了明显的警示标志，对两次阻止客人照相的员工给予了肯定，因为能够两次去阻止客人，说明该员工具有较强的责任心。

【任务实施】

实训任务	宾客投诉处理训练
实训目标	掌握处理宾客投诉的原则和程序，学会与宾客沟通的技巧和方法
实训地点	校内实训室或校外实习基地
实训条件	硬件：模拟大堂副理办公桌、笔、记事本 软件：有关大堂副理处理宾客投诉的教学片
实训过程	1. 实训第一阶段 (1)观看有关大堂副理处理宾客投诉的教学片 (2)选用一个典型案例，教师现场做投诉处理的演示 (3)教师给出若干案例 (4)将学生分成6～8人一组 (5)各小组分别讨论一个案例的投诉类型、解决方法及处理程序 2. 实训第二阶段 (1)各小组自行设计处理所讨论案例时的情景对话 (2)每个小组派一位代表讲述该小组讨论出的投诉处理办法(要求用PPT演示) (3)各小组挑选出组员分别扮演客人、服务人员、大堂副理等，将讨论出的解决方案进行现场模拟展示 (4)展示完后进行集体讨论，交流各自意见 (5)教师总结点评 3. 实训后 (1)教师总结 (2)学生撰写实训报告
实训考核建议	1. 考核内容：服务意识＋操作能力 2. 考核方式：实际操作(考核标准见附表1-20) 3. 考评人员：教师或企业兼职教师、学生

>> 任务三　前厅部服务质量控制管理<<

【任务描述】

在学习前厅部服务质量的内容、重要性、控制方法和前厅部主要服务项目的质量控制过程的基础上，完成前厅部服务质量控制访谈调查任务。

【任务目标】

知识目标：了解前厅部服务质量的内容、重要性；掌握前厅部服务质量的控制方法和前厅部主要服务项目的质量控制过程

技能目标：锻炼前厅部服务质量控制能力

素质目标：认真负责、爱岗敬业，具有严谨规范意识和制度意识

【理论引导】

前厅部服务质量是决定酒店形象的最关键因素。它是酒店经营的灵魂，是酒店的生命线。质量是衡量某一产品或服务的“标准”或“尺度”。这一“标准”或“尺度”应该符合客人对这一产品或服务的期望值。酒店前厅部销售的产品主体是“服务”，所以“质量”在这里更多是指“服务质量”。前厅部提供的服务给客人带来的实际感受同客人对这一服务的期望值之间的差距便决定了服务质量的高低。实际感受超出期望值的，服务质量就好；两者一致的，服务质量达标；实际感受低于期望值的，服务质量就差(见图 7-3-1)。

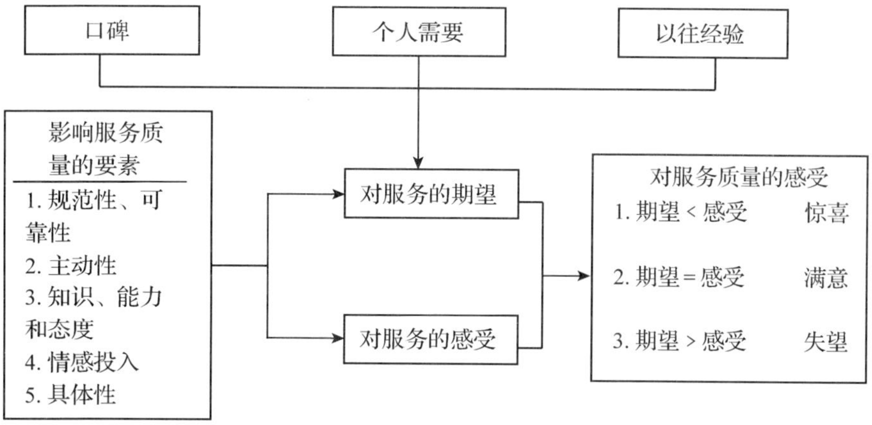

图 7-3-1 服务质量

【经典案例】

前台服务人员的说话艺术

一位客人在酒店已经开了两间房间，想让前台服务员再帮他开一间。服务员小李出于责任想与他核对一下房间类型，便随口问了一句：“还是那个房价 680 元的呀?”客人听了很不舒服，勃然大怒，认为小李以为他好像住不起那样的房间，而且还是当着同行朋友的面，让他很难堪，因而引起纷争。

一、前厅部服务质量的内容

就前厅部而言，服务质量主要包括设施设备质量、服务水平和环境氛围三个方面。

(一)设施设备质量

设施设备是酒店的硬件部分，是提供服务的物质基础，也是宾客评价酒店服务质量的首要内容。不同酒店的大堂中的设施设备不一样，因而所能提供的服务项目也就不一样，所能满足客人需要的程度也就会有差别。大堂中的装饰材料、设施设

备不同，带给人的舒适程度也会不同。

(二)服务水平

酒店的服务主要是由服务员提供的。服务员的服务水平是衡量酒店服务质量的重要内容，主要包含以下几个方面。

第一，服务态度。良好的服务态度是做好服务工作的关键。它可以使客人产生亲切感，给人宾至如归的感觉。要想成为一名优秀的服务员，在对客服务时一定要做到：主动、热情、耐心、细致、周到。

第二，礼貌礼节。礼貌礼节是衡量服务水平的基本要素。礼貌礼节包括服务员的仪容仪表和言谈举止两个方面。端庄大方的仪容仪表、自然得体的言谈举止是做好服务工作的基本要求。

第三，服务技能。服务技能是评价服务质量的基础，包括服务技术和服务技巧两方面。服务技术往往可以用速度标准、质量标准和数量标准来衡量。

第四，服务效率。服务效率是指服务员在提供服务的过程中对时间概念和工作节奏的把握情况。

(三)环境氛围

环境氛围是评价服务质量的重要组成部分。大堂的环境氛围是由建筑、装饰、陈设、设施、灯光、声音、颜色以及员工的仪容仪表等因素决定的。这种视觉、听觉印象对客人的影响很大。客人往往把这种印象作为评价服务质量的依据。因此，酒店必须十分注意大堂环境氛围的设计与营造，让客人感到安静、舒适、愉快。

二、前厅部服务质量的重要性

前厅部是一个综合性的服务部门，是酒店业务活动的中心。前厅部的服务项目多，服务时间长。酒店的任何一位客人，从抵店前的预订到入住，再到离店结账，都需要前厅部的服务。前厅部是客人与酒店联系的纽带。前厅部通过客房的销售来带动酒店其他部门的经营活动。前厅部是酒店形象的代表。酒店形象对现代酒店的生存和发展有着直接影响。前厅部也是为酒店组织客源、创造经济收入的关键部门。作为酒店业务活动中心，前厅部直接面对市场，面对客人，所以其服务质量的好坏对于酒店来讲至关重要。

三、前厅部服务质量的控制方法

(一)PDCA 循环法

PDCA 是英语单词 Plan(计划)、Do(执行)、Check(检查)和 Action(改进)的首

字母的组合。PDCA 循环法就是按照这样的程序进行质量控制，并且循环不止地进行下去的方法。

1. 计划阶段

计划是指根据客人的要求和组织方针建立必要的目标。本阶段的工作主要是对前厅部的岗位和工作任务逐个进行分析和评价，对已出现的质量问题及可能会出现的问题进行认真研究，从而得出当前前厅部的整体服务水平。在此基础上，制定出本轮酒店前厅部服务质量控制活动的目标和要求，即确定前厅部在一段时间内服务质量要达到的标准，明确前厅部服务工作的重点和主要任务，并制订出详细的实施计划。

2. 执行阶段

本阶段的工作主要是严格执行酒店前厅部在计划阶段所制订的方案和计划，并做好各种记录，以检查和反馈执行情况。

3. 检查阶段

根据计划、目标，对执行过程进行监测，并报告结果。本阶段的工作主要是综合运用各种服务质量检查和考核办法，对前厅部提供的产品和服务进行全方位的检查、考核，看其是否达到了预期的服务质量标准和计划目标。

4. 改进阶段

本阶段的工作主要是针对已出现的服务质量问题进行认真剖析，找出问题产生的原因，并制定出解决问题的措施，在吸取教训的基础上，总结成功的经验，并将其纳入有关的服务规范中去，防止类似的问题再次发生。本阶段还要对下轮前厅部服务质量控制活动中可能出现的新问题进行预测，以防患于未然。

以上过程不是运行一次就结束，而是周而复始地进行。一个循环完了，解决一些问题，未解决的问题进入下一个循环。采用 PDCA 方法时必须按照顺序进行，四个阶段一个都不能缺少。酒店全体工作人员必须全部参与进来，共同推动前厅部服务质量控制活动的顺利运行。PDCA 循环法不仅对酒店前厅部适用，对酒店的其他部门也同样适用。各部门的 PDCA 环环相扣，促进酒店的服务水平呈螺旋式上升。

(二)全面质量管理法

所谓“全面质量管理”，即 TQM（Total Quality Management），是指以产品或服务质量为核心，建立一套科学、严密、高效的质量体系，以提供客人满意的产品或服务的管理途径。前厅部的“全面质量管理”，是指酒店在前厅部范围内广泛开展的为提高服务质量而采取的各种管理方法和手段，其内涵如下。

全面——全员参与、全程控制、全方位管理，包括以下三点。

全员：指前厅部所有员工都要参与服务质量管理。

全过程：指前厅部的每一项工作，从开始到结束都要参与服务质量管理。

全方位：指前厅部的每一个岗位都要参与服务质量管理。

质量——提高客人对前厅部服务的满意度。

管理——管理的重心是对员工的组织，以组织代替监管。

【经典案例】

盛夏的呼伦贝尔是旅游的旺季。某宾馆接待了来自广东的一家大公司的会议团。宾馆已将所有会议用房的房间号码提供给会务组。这天中午正是报到的高峰期，可是还有五间房没有退出来。宾馆会议销售小周和客人急得团团转。客人一个劲儿地催小周，并大骂宾馆不守信用。小周从早上一直到中午都在不停地询问房间是否被退出来了，然后通过查询发现有四间房是一个自驾游的家庭在住，预计13：30会退房。另外还有一间房的客人联系不上，前台也没有客人的联系方式。面对客人的催促，小周认为不能再等下去了，于是找到前厅经理，让其把登记单拿出来看看。一看登记单，发现是客房部刘经理预订的。于是小周马上联系刘经理，让他联系客人，并确认客人今天是否退房。如果客人不退房，就帮他换一间。幸亏刘经理知道客人的手机号码，于是赶紧联系了客人。最后客人答应换房，这件事才得以解决。

四、前厅部服务质量控制机构的检查

检查整改是酒店服务质量内部控制和评价的有效保障。检查的方式多种多样，大体上可以归纳为酒店统一检查、部门自查、外请专家进行技术诊断、每个管理者每次有意或无意地“走动”。

(一)前厅部主要服务项目的质量控制过程

1. 事前阶段

在服务程序方面，酒店应制定合理的程序和工作定额，通过系统扎实的培训，使前厅部员工掌握丰富的业务知识和过硬的业务技能，具备良好的沟通能力；在服务时限方面，准确测定前厅部员工的工作效率，制定合理的服务时限标准；在设施设备方面，确保各类设施设备，如计算机、打印机的状态良好；在服务态度方面，确保前厅部员工具有良好的职业素养和职业道德以及为客人提供优质服务的主观愿望。

2. 事中阶段

在服务程序方面，以争取客人的最大满意和酒店的最大效益为指导思想，在满足客人需求的基础上灵活改变服务程序，认真、正确、及时地处理各项业务；在服务时限方面，严格按标准完成各类工作；在设施设备方面，遵照操作规程使用各类设施设备；在服务态度方面，积极、主动、热情、友好、礼貌地完成对客服务。

3. 事后阶段

在服务程序方面，同客人进行沟通，了解客人对前厅部各项服务的意见和建议，不断改进服务程序，提高服务质量；在服务时限方面，及时同一般客户、定期同主要客户进行有效沟通；在服务态度方面，主动、热情、友好、礼貌，表现出为客人提供优质服务的主观愿望。

(二)酒店对前厅部质检关键点的控制

1. 对服务效率的控制

服务效率的高低是衡量服务水平的重要参数。服务效率主要取决于员工操作技能的熟练程度和被激励程度两个因素。

2. 对执行质量标准情况的控制

质量标准是以文字条例的形式规定员工在酒店内行为的规范和准则。质量标准制定的目的是让员工以此为规范，提高自己的服务水平，因此酒店必须确保所有员工都要遵守规则，执行质量标准。

(三)前厅部服务质量检查后的主要工作及要求

1. 撰写前厅部服务质量检查报告

每一次质量检查之后，前厅部员工都要将检查现场发生的实际情况记录下来，不掺杂主观看法和评论。

2. 分析前厅部服务存在的问题，制定相应的解决措施

前厅部服务质量管理控制的重要任务就是找出问题产生的原因，并找到相应对策，然后去解决问题。

【任务实施】

实训任务	前厅部服务质量控制访谈调查
实训目标	了解酒店在实际运营过程中对前厅部服务质量的管理控制情况
实训地点	校外实习基地
实训条件	校外实习基地的前厅部工作人员、前厅设施设备等
实训过程	1. 实训前 (1)明确实训任务的目的，了解、熟悉酒店的基本情况 (2)拟订想要提问的问题 (3)设计采访报告，做好撰写前的准备工作 2. 实训中 (1)实地走访、座谈 (2)根据所拟订的问题和实际情况交流、沟通有关前厅部服务质量控制的问题 3. 实训后 (1)各小组之间交流讨论，教师总结 (2)学生撰写采访报告
实训考核建议	1. 考核内容：服务质量控制意识 2. 考核方式：撰写采访报告 3. 考评人员：教师或企业兼职教师、酒店前厅部负责人

【项目小结】

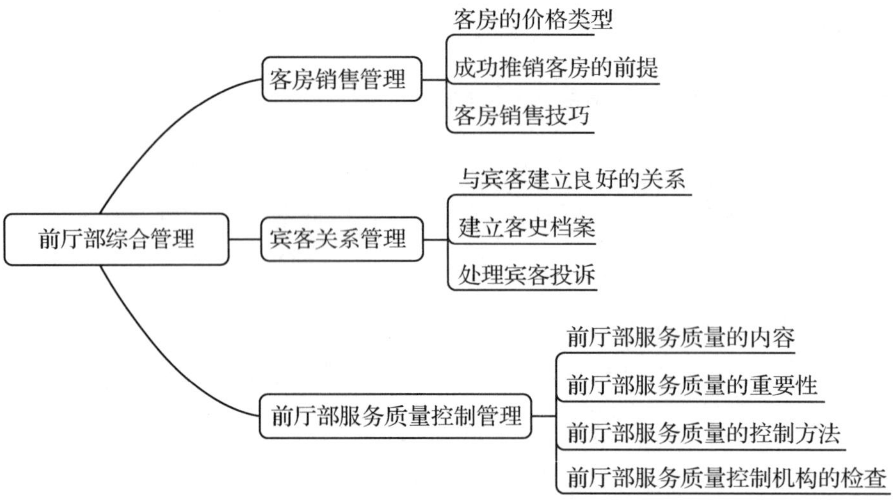

【自我学习】

一、理论思考题

1. 试述成功推销客房的前提。

2. 处理宾客投诉的原则是什么？

3. 前厅部服务质量的内容是什么？

二、实训拓展题

深入两个酒店，了解其客房的定价方法及价格，试做比较，并写出评析报告。

项目七答案

模块二　客房部

本模块根据酒店客房部客房楼面、客房服务中心、公共区域、制服与布草房、洗衣房等工作岗位标准，按照工作过程中所需要的客房对客服务、客房清洁保养、客房设备用品管理、洗衣房与布草房管理、客房安全管理等相关知识和服务操作技能，较强的服务意识以及灵活处理问题的综合职业素质要求设计了客房部业务基础，客房对客服务，客房清洁保养，客房设备用品、洗衣房与布草房管理，客房安全管理训练五个项目。

项目八　客房部业务基础

【项目描述】

通过学习客房部的工作内容、组织机构设置、岗位设置以及客房的类型、功能、用品配备等相关知识，按照操作流程与规范完成客房部的工作任务。

【案例导入】

某酒店客房部经理的管理方法

海丽是某酒店的客房部经理。她是法国人，富有魅力，性格奔放，干劲十足，力图得到她所在部门以及酒店其他人士的赞扬。她因通情达理赢得了下属员工的尊重。她希望下属员工对她坦率、忠实，敢于承认错误，那样对于他们的过错她就不会予以惩罚。她认为既然他们认识到了自己的过失，吸取了教训，那么他们是会吃一堑长一智的。

海丽通常采取书面交流的方法使她的部门正常运转。所有她要了解的情况，她的助手都会做详细的记录。她赋予助手极大的权力。除了解聘员工这件事必须得到海丽的首肯外，她的助理有权处理任何问题。

假如某位服务员同海丽属下某个楼面主管发生了纠纷，海丽往往会调这位服务员到另一楼面去工作，看看在那里会不会再发生类似的纠纷。她本人以身作则，很少同上级闹别扭。她以实际行动表明，她毫无保留地将她的才能贡献出来的目的是让酒店获得最好的声誉和最大的利益。

>> 任务一　认识客房部<<

【任务描述】

在学习客房部的工作内容、组织机构设置和岗位设置等相关理论知识的基础上，通过参观酒店的客房部，对客房部的业务及岗位设置形成基本的认知。

【任务目标】

知识目标：了解客房部的组织机构设置和岗位设置以及各岗位的岗位职责和素

质要求

技能目标：能够明确客房部的工作内容，提高客房管理服务技能

素质目标：强化酒店职业素质和职业认同感，形成正确的职业观

【理论引导】

客房作为酒店经营的支柱性产品，其管理工作在酒店管理工作中占有非常重要的比例。客房是酒店为住店宾客提供的临时性居住场所，是宾客在酒店停留时间最长的地方。客房的管理工作不仅会影响宾客对酒店产品的购买以及评价，甚至会影响酒店的声誉。随着市场的不断发展变化，人们需求的不断更新，传统酒店客房服务的标准化、规范化和程序化已经远远不能满足新时代的市场需求。酒店客房部的管理者要想做到“立”与“破”，适应现代酒店业的发展步伐，必须从认识客房部开始。

客房部，又称房务部或管家部，是负责客房的“生产”与管理、为住店宾客提供相关服务的综合性部门。

一、客房部的工作内容

(一)负责客房及公共区域的清洁工作

客房是宾客入住酒店后的居住场所，是酒店以出租和提供劳务的方式获得经济收入的特殊商品，具有所有权不可转移性。要想使客房能够得以顺利出售，客房部必须保持客房的洁净状态。因此，客房部的首要任务就是“生产”干净、整洁的客房，为宾客提供良好的入住环境。

客房部员工除了承担客房的清洁工作之外，通常还要负责酒店公共区域的清洁工作。

(二)提供客房服务及安全保障

宾客入住客房后，酒店需要为其提供客房服务，如迎送、洗衣、会客、缝纫、房餐预订、物品租赁等。

安全是宾客的基本需求之一，也是酒店应该为宾客提供的保障。因此，客房部员工必须有强烈的安全意识，保障宾客的人身及财产安全，发现安全隐患应及时反馈并消除。

(三)管理客房用品

客房的构成要素较为复杂，除客房空间外，还包括客房内的用品。客房部员工应确保客房用品时刻保持良好的状态，一旦发生故障或损坏，应立即通知酒店工程部维修，以便提高客房的出租率，保证宾客的正常使用。

(四)控制客房质量

客房质量是宾客评价酒店服务水平的主要依据之一。客房必须满足宾客的生理需求和心理需求。客房部要加强对客房的质量控制，包括对客房用品、客房卫生、客房环境与氛围、客房安全、客房服务等方面的有效控制。

(五)负责制服、客衣及布草的管理

由于大型酒店内宾客的洗衣需求较多，布草清洗量较大，员工制服较多，因此为方便统一管理，通常由客房部负责客衣及员工制服的清洗、缝纫及熨烫，以及布草的清洗、分发与保管。

二、客房部的组织机构设置

科学合理的组织机构设置是客房部顺利开展工作、提高工作效率的保证。酒店客房部的组织机构设置没有固定的模式和统一的标准，但需要考虑规模档次、客源结构、服务模式、功能布局以及管理者的管理目的，还要遵循从实际出发、精简机构和分工明确的原则。

大、中型酒店客房部的组织机构设置如图 8-1-1 所示。

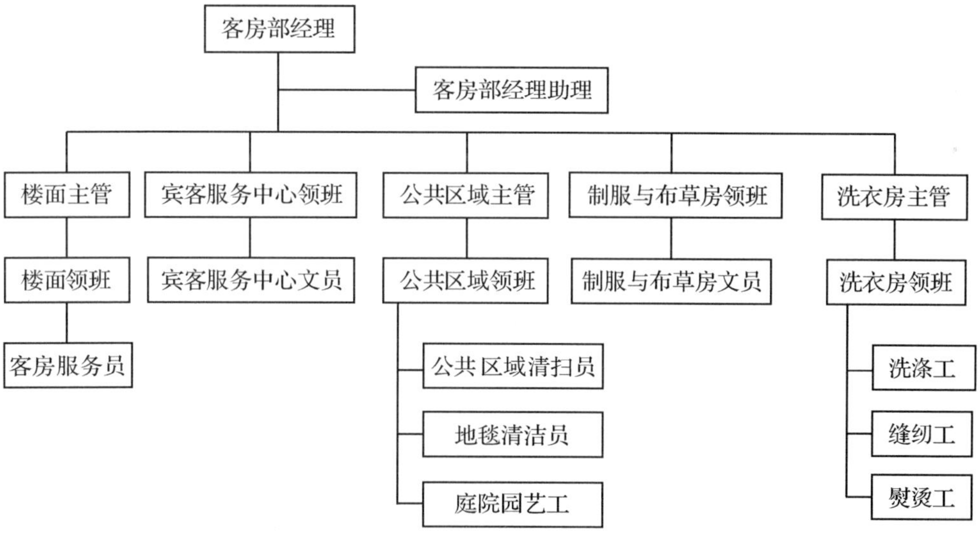

图 8-1-1　大、中型酒店客房部的组织机构设置

小型酒店客房部的组织机构设置如图 8-1-2 所示。

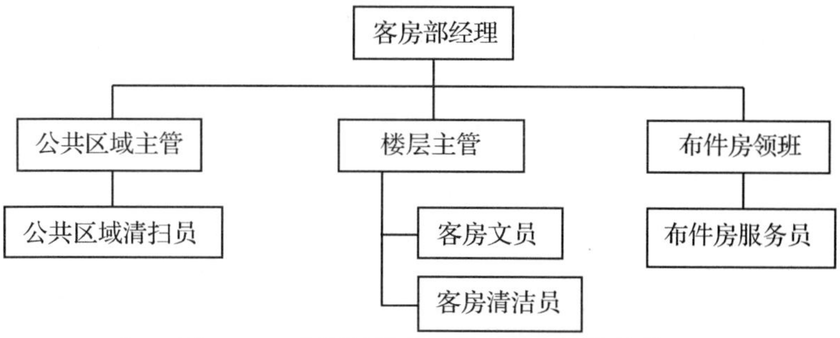

图 8-1-2　小型酒店客房部的组织机构设置

大、中型酒店客房部的业务范围较大，组织机构的规模也较大，基本特点就是分支机构多，工种岗位齐全，分工明确细致，用工数量大。小型酒店的组织机构层次较少，简洁明了。小型酒店的岗位合并现象比较明显。

三、客房部的岗位设置

(一)客房楼面

客房楼面是由各种类型的客房组成的、供宾客休息的空间。每一层楼面都设有服务员的工作间。客房楼面的工作人员负责全部客房及楼层走廊的清洁工作以及客房用品的替换、简易维修和保养，并为住店客人和来访客人提供必要的服务。

(二)客房服务中心

客房服务中心作为客房部与其他部门以及宾客沟通的重要信息枢纽，在客房部管理中起着十分重要的作用。随着信息技术的不断发展，客房对客服务的沟通渠道也在不断发展。客房服务中心既是客房部的信息中心，又是对客服务中心，其基本职能是统一协调客房对客服务工作，收集和整理客情信息，掌握和控制客房状况，负责失物招领，发放客房用品，管理楼层钥匙，并与其他部门沟通、协调等。

(三)公共区域

公共区域的工作人员主要负责酒店公共区域，如大堂、公共洗手间、电梯间、走廊、楼梯、各通道等的清洁工作。

(四)制服与布草房

制服与布草房的工作人员主要负责酒店所有员工的制服以及餐厅和客房所有布草的收发、分类和管理。对有损坏的制服、布草进行修补，并储备足够的制服、布草以供周转和使用。

客房部各岗位的职责

(五)洗衣房

洗衣房的工作人员主要负责收洗客衣、员工制服和对客服务的所有布草和布件。洗衣房，在不同的酒店归属不同的部门。大部分酒店的洗衣房归客房部管理，有的酒店则单独设置洗衣房部门。小型酒店一般不设洗衣房。

【任务实施】

实训任务	酒店客房部现场认知
实训目标	对星级酒店客房部的组织机构设置、岗位设置、工作任务及工作氛围有整体的感知，能合理设置客房部的组织机构
实训地点	五星级酒店客房部

续表

实训条件	聘请酒店客房部管理人员进行讲解
实训过程	1. 着装整齐，事先了解客房相关知识 2. 有序参观客房各功能区域 3. 认真听酒店客房部管理人员的讲解 4. 认识各功能区的设施设备和用具 5. 感悟客房部工作人员的素质
实训考核建议	1. 考核内容：学生参观后的感受与认知 2. 考核方式：画出酒店客房部的组织机构图；写观后感 3. 考评人员：教师、客房部负责人

>> 任务二　客房认知<<

【任务描述】

在学习客房的类型、功能、用品配备等相关理论知识和操作技能的基础上，形成客房设计职业能力，按规范与标准完成客房类型设计、客房功能布局设置等相关工作任务。

【任务目标】

知识目标：知道客房类型的划分依据

技能目标：能够利用客房类型的优化吸引市场需求

素质目标：激发对酒店行业的热爱，提高产品与服务创新的能力

【理论引导】

一、客房的类型

现代消费者的消费水平不断升级。在应对市场变化的过程中，酒店也在不断丰富客房的类型。在对众多的客房进行梳理和总结后，我们按照不同的标准，将其划分为以下几种。

(一)按照房间内的床位数量划分

按照房间内的床位数量划分，我们可以将客房分为以下三种。

1. 单人房

单人房是酒店客房类型中面积最小的客房，里面一般设有一张单人床。有些酒店会在单人房中配置沙发两用床或隐蔽床，以便客人白天将房间作为会客室或办公室，从而增加了白天起居活动的面积。

2. 双人房

双人房内有一张大床或两张单人床。

3. 三人房

这种房间在一些低档酒店较为常见，即房间内设有三张单人床。

(二)按照房间布置的等级划分

按照房间布置的等级划分，我们可以将客房分为以下六种。

1. 标准间

标准间是酒店客房类型中数量最多的房型。客房内配有两张单人床，多用于安排团队客人。

2. 商务间

商务间的面积一般比标准间略大，设有办公桌和充足的照明设备，有的酒店还配备一些办公用品。

3. 普通套间

普通套间一般是连通的两个房间，一间作为会客厅，一间作为卧室。

4. 豪华套间

豪华套间的格局与普通套间类似，只是面积比普通套间大，房内设备更为先进和齐全，多餐厅或会议室功能区。

5. 复式套间

复式套间是一种两层楼套房，由楼上、楼下两层组成。楼上一般为卧室，楼下一般为会客厅。

6. 总统套间

总统套间通常由五个及以上房间组成。总统和夫人卧室分开，卫生间分开。除此之外，总统套间内还设有客厅、书房、会议室、随员室、警卫室、餐厅、厨房等。一些中高档酒店都设有总统套间，主要意义在于提高酒店的档次和知名度，便于推销。

(三)按照房间位置划分

为了更好地体现房间的位置特点，针对不同客房位置销售不同的价格，有些酒店在进行客房设计时，会根据房间位置划分客房类型。

1. 内景房

窗户朝向酒店院内的客房。

2. 外景房

窗户朝向街道、公园、大海或湖泊的客房。根据朝向的景色不同又可细分为海景房(朝向大海)、湖景房(朝向湖泊)等。

3. 角房

位于走廊或者过道尽头的不规整的客房。

4. 连通房

相邻的两间客房，中间有门或其他隔断。人们可以根据情况进行连通。

(四)按照房间功能划分

现代酒店业竞争激烈，为了提高竞争力，酒店不断丰富客房类型，以满足不同人群的需求。因此，许多不同功能的客房应运而生，如女士客房、无烟客房、残疾人客房等。

二、客房的功能

为满足宾客入住后的生活起居需求，客房一般有五个功能区，即睡眠空间、盥洗空间、起居空间、书写空间和储存空间。

(一)睡眠空间

睡眠空间可以满足宾客最基本的需求——睡眠需求，是客房中最基本的空间。组成睡眠空间最主要的家具是床。床的数量和大小决定了睡眠空间的大小，也直接体现了客房的等级标准。睡眠空间的设计和用品配备也体现着酒店的规模和档次。

(二)盥洗空间

客房中的卫生间就是盥洗空间，主要满足宾客的清洁需求和生理需求。盥洗空间的设计取决于酒店的规模和档次。酒店等级或客房等级越高，盥洗空间的设施设备就越齐全、越高档。

(三)起居空间

起居空间一般位于窗前区，由软沙发(或座椅)和小茶几构成，供宾客会客、娱乐、用餐等。套间的起居空间是独立的。

(四)书写空间

一般客房的书写空间位于电视下方或电视墙一侧，沿墙设有长桌或办公桌，以满足宾客的办公需求。书写用品、办公设施、网络接口等一般设在该区域。

(五)储存空间

储存空间主要供宾客储存个人物品，也可供酒店放置备用的相关卧具、密码箱和逃生安全设施，一般以镶嵌式壁柜形式存在。

三、客房的用品配备

为了能够更好地发挥客房的相关功能，客房内配备了相应的用品，如表 8-2-1 所示。

表 8-2-1　客房用品配备表

功能区域	用品				
	家具及盥洗类	电器类	织物饰品类	安全设施类	新型用品
睡眠空间	床、床尾凳、床头柜	台灯、床头灯、射灯、电话、闹钟、手电筒	床品、床旗、装饰画、地毯	烟感测试器	床头电子控制面板
盥洗空间	浴缸、淋浴、洗面台、浴巾架、浴室镜、马桶	电吹风、浴室灯、镜灯	浴巾、毛巾、地巾	报警器	智能防雾镜
起居空间	软沙发、座椅、茶几	跑步机、落地灯、电水壶、空气加湿器	窗帘、地毯		智能窗帘
书写空间	写字台、书柜、化妆镜	电脑、打印机、台灯	摆件	紧急电源	互联网通信系统、IP 电视
储存空间	壁柜、立式衣架、行李柜、酒柜	衣柜灯、保险箱、电熨斗、空气加湿器	备用床品、浴袍	防毒面具、灭火器	感应灯

【任务实施】

实训任务	酒店客房现场认知
实训目标	了解客房的类型及功能，形成客房工作的职业环境认知，能够对客房进行设计
实训地点	五星级酒店客房部
实训条件	聘请酒店客房部管理人员进行讲解
实训过程	1. 着装整齐，事先了解客房的相关知识 2. 有序参观各种类型的客房 3. 认真听酒店客房部管理人员的讲解 4. 认识客房内的用品 5. 感受客房环境
实训考核建议	1. 考核内容：学生参观后的感受与认知 2. 考核方式：写观后感 3. 考评人员：教师、客房部负责人

【项目小结】

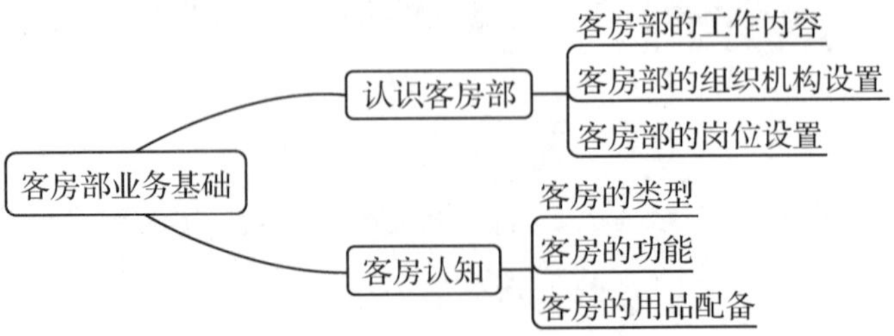

【自我学习】

一、理论思考题

1. 客房部的工作内容有哪些？

2. 客房部的岗位分为哪几部分？

3. 客房的类型有哪些？

4. 客房的功能有哪些？

二、实训拓展题

在一家即将开业的酒店，你作为酒店聘任的客房部经理，召开会议讨论客房部工作及岗位设置安排。

项目八答案

项目九　客房对客服务

【项目描述】

通过学习迎宾送客服务、洗衣服务、客房小酒吧服务、开夜床服务等客房对客服务相关知识，形成客房迎宾送客服务、洗衣服务、客房小酒吧服务、开夜床服务等对客服务职业技能，以良好的服务意识，按照操作流程与标准完成客房部对客服务工作任务。

【案例导入】

客房楼层如何接待客人?

客房楼层服务员王芳是新来的实习生。早例会时，客房部主管将从客房服务中心取回的宾客接待通知单交给了她，并告诉她有一位从台湾回大陆寻根的客人刚刚办理完入住手续。这位客人打算入住 5 天并且是第一次入住本店，经过长途旅行，可能很疲惫，为使客人尽快入房休息，需要王芳为客人提供楼层接待服务。王芳自从来到酒店客房部还没有接待过客人，具体该怎么做呢？王芳陷入了沉思……最后王芳还是请教了领班，领班告诉王芳具体做法，最后王芳很好地完成了此次楼层接待工作。

>> 任务一　迎宾送客服务训练<<

【任务描述】

在学习迎宾送客服务流程与标准等相关理论知识和操作技能的基础上，按照操作流程与标准完成客房楼层迎宾送客服务操作。

【任务目标】

知识目标：掌握客房部对客服务模式以及迎宾送客服务流程与标准

技能目标：能独立完成迎宾送客服务

素质目标：强化酒店职业素养、树立文明礼貌服务意识，爱岗敬业

【理论引导】

客房服务是酒店对客服务工作的重要组成部分。客房部的工作除了清理客房之外，还包括为住店客人提供一些日常生活服务项目。客房楼层对客服务主要集中在两个环节：一是客人的迎送服务；二是客人住店期间的日常服务。客房服务能否达到高效率、高质量，取决于多方面的因素，其中服务模式是极为重要的一个因素。目前，星级酒店客房部的服务模式主要有楼层服务台、客房服务中心、楼层服务台与客房服务中心相结合三种。由于不同酒店的客房部服务模式不同，在迎宾送客服务上也有很大差别。设立客房服务中心的酒店，其迎宾服务都是由行李员负责的。前台为客人分配好房间后，行李员帮客人提行李，并引领客人进房。客房楼层服务员只需要做好准备工作并协助行李员的工作即可。酒店内若设有楼层服务台，服务员则按迎宾准备、到店迎接及离店送客等服务流程执行任务即可。

一、客房部对客服务模式

由于受设施设备和人力资源的限制，各国酒店客房部分别采取了不同的对客服务模式。国外酒店多采取客房服务中心的模式，而我国多采取楼层服务台的模式。由于前者注重效率和统一调控，后者突出面对面的专职对客服务，因而在客房部的岗位设置和人员配置量上有很大区别。各个酒店应根据自身特点，选择适宜的服务模式和组织结构形式。目前，在三种对客服务模式中，使用客房服务中心模式的星级酒店居多(见图 9-1-1)。

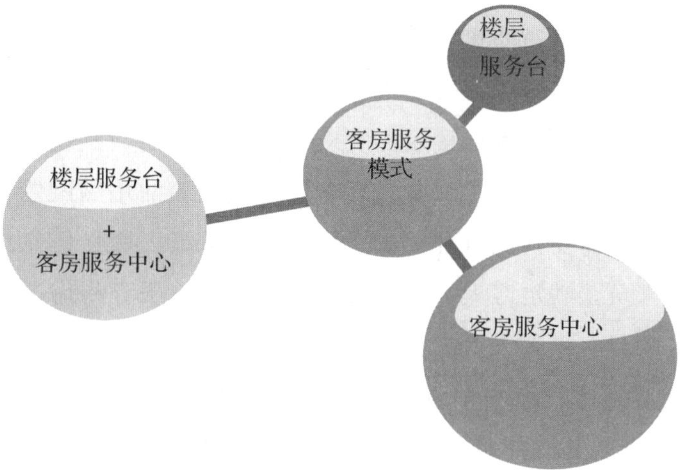

图 9-1-1　客房部对客服务模式占比示意图

(一)楼层服务台

在客房楼层的适当位置(如电梯出入口处)设置专值服务台(见图 9-1-2)，并配置专门的服务员值台，负责本楼层的对客服务工作，这是我国酒店最传统、最普遍的对客服务模式。现在不仅一些老酒店保留着这种模式，而且一些高档酒店也采用了这种模式。酒店客房区域各楼层的服务台被称为楼层服务台或楼面服务台，发挥着前厅总台在楼面办事处的职能。它后面还设有服务人员使用的工作间。楼层服务员的主要职责之一是负责本楼层客人和来往客人的接待和服务工作。

图 9-1-2　客房楼层服务台

(二)客房服务中心

客房服务中心这种服务模式最早出现在我国的中外合资酒店中，随后在其他酒店得以逐步推广并被应用到酒店管理之中。目前，国内很多酒店，尤其是高星级酒店都采用此种对客服务模式。客房服务中心模式是以隐性服务为主、能够保持楼面的安静且尽量少地打扰客人的一种服务模式。接待客人时由行李员引领客人进房间。客房服务中心配备专职联络员，负责客房对客服务工作的联络协调工作。客人需要找客房服务员时，可以拨打内线电话，通知客房服务中心。联络员进行详细记录，并迅速将客人的需求通知离客人房间最近的楼层工作间的服务员。服务员根据有关要求和标准完成对客服务。客房服务中心设立的条件如下：酒店要有较为完备的现代化安全设施设备，以确保楼层的安全；客房楼层需与其他楼层区域分开；楼层出入口等关键位置要设有监控设备；客房内有较完善的用品配置，方便客人自己动手，满足起居生活需要；拥有独立的 BP 机呼叫系统，加强信息传递，以便及时通知到有关服务人员，满足客人提出的各种合理要求；服务指南上要详细介绍各种服务设施和服务项目，供客人参考。

客房服务中心通常设有一名领班或主管，负责一般的日常事务。客房服务中心的工作人员需具有丰富的楼层服务经验且受过良好的训练，对前厅部、客房部、餐饮部等所有部门的服务环节都要通晓，从而有效地密切客房部与客人、客房部管理人员同员工之间的联系，增强服务环境的生动感和亲切感，发挥好客房服务质量信息管理中心的职能。客房服务中心一般与客房部经理办公室相通或相邻，处在同一平面的布件房、更衣室和员工电梯之间，以便统一调控和实行 24 小时的连续服务。

（三）楼层服务台与客房服务中心相结合

这种模式的使用很灵活，在客人活动高峰期使用楼层服务台模式，在客人外出、休息及人数较少时，采用客房服务中心模式，以节省人力。部分楼层设立服务台，主要负责接待需要特别关照的客人，其他服务由客房服务中心统一调控。

不同客房服务模式的工作内容与优缺点比较

二、普通宾客迎送服务流程与标准

（一）普通宾客迎送服务流程

普通宾客迎送服务流程如图 9-1-3 所示。

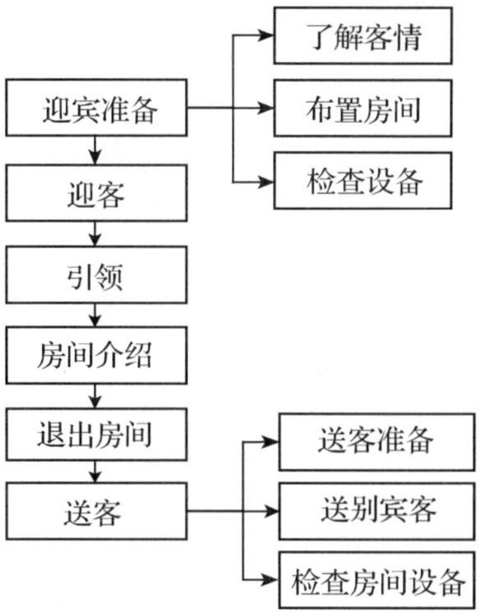

图 9-1-3 普通宾客迎送服务流程

（二）普通宾客迎送服务程序与标准

普通宾客迎送服务程序与标准如表 9-1-1 所示。

表 9-1-1 普通宾客迎送服务程序与标准

程序	标准
迎宾准备	(1)了解客情。楼层服务台接到总台传来的接待通知单后，应详细了解客人的人数、国籍、抵离店时间、宗教信仰、风俗习惯和接待单位对客人的生活标准要求、付费方式、活动日程等信息，做到情况明、任务清 (2)布置房间。要根据客人的风俗习惯、生活习惯和接待规格调整家具设备，备齐日用品，补充小冰箱的食品饮料。对于客人忌讳的用品要暂时撤换，以示对客人的尊重 (3)检查设备。布置完房间后还要对室内家具、水电设备及门锁等再进行一次全面检查，发现有损坏失效的，要及时报修更换

续表

程序	标准
到店迎接	(1)迎接宾客。客人步出电梯时，服务员应微笑向客人问候，表示欢迎，核对客人住房卡。无行李员引领时，服务员应帮助客人提拿行李至客房 (2)引领入房。将客人带至房间时，走在客人的左前方，主动帮客人拿行李并引领客人，并不断回头照顾客人，同时介绍客房楼层的安全出口。到达房门后先核对房号，准确无误后，敲门三次，每次三下，并自报家门，帮助客人打开房门，请客人先进 (3)房间介绍。进房间后按客人的要求放好行李，向客人介绍房间。介绍的内容一般为新增设的服务项目、设施设备和电话的使用方法，对常客只介绍房内新增设施设备的使用方法 (4)退出客房。询问客人还有什么需要帮忙的，有的话建议客人拨打客房服务中心电话或参看住店指南；如果没有，礼貌地祝客人入住愉快，退出房间
离店送客	(1)行前准备工作。服务员应掌握客人离店的准确时间，检查客人洗烫衣物是否送回，交办的事是否完成。要主动征询客人意见，提醒客人收拾好行李物品并仔细检查，不要遗落物品。送别团队客人时，要按规定时间集中行李，放到指定地点，清点数量，并协同接待部门核实件数，以防遗漏 (2)送别宾客。客人离房时要将客人送到电梯口并热情道别。对于老弱病残客人，要将其护送下楼至大门或车上。记下车牌号。目送客人远去后方可回到原工作岗位 (3)查房。客人下楼后，服务员要迅速进房检查，主要查看有无客人遗落物品。发现遗落物品要通知总台转告客人。若发现客房设备有损坏、物品有丢失，也要立即通知总台收银处请客人付账或赔偿。最后，做好客人离房记录，更新房态。有的客人因急事提前退房，会委托服务员代处理未尽事宜。服务员承接后要做记录并必须履行诺言，不要因工作忙而将其丢在一边

三、贵宾迎送服务流程与标准

酒店在接待贵宾时必须给予高度重视。不同级别的贵宾应由酒店相应级别的管理人员接待，以示酒店对客人的尊重。贵宾迎送服务流程与标准如下。

(一)贵宾迎送服务流程

贵宾迎送服务流程如图 9-1-4 所示。

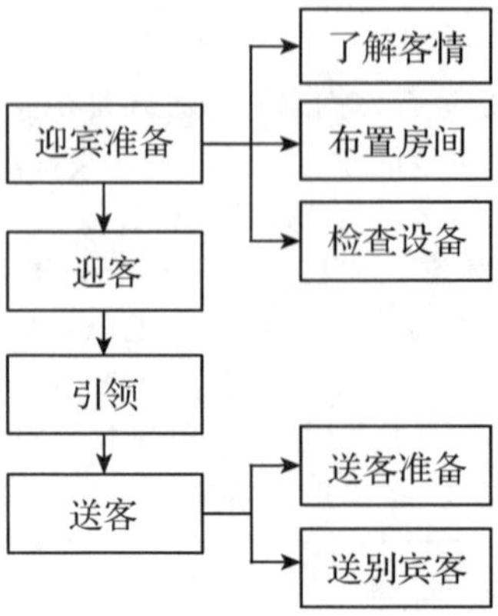

图 9-1-4　贵宾迎送服务流程

(二)贵宾迎送服务程序与标准

贵宾迎送服务程序与标准如表 9-1-2 所示。

表 9-1-2 贵宾迎送服务程序与标准

程序	标准
迎宾准备	(1)了解贵宾的级别及详细情况，如人数、国籍、抵离店时间、宗教信仰、风俗习惯和接待单位对客人的生活标准要求、付费方式、活动日程等 (2)制订接待方案，明确各部门职责，如保卫部制订保卫方案；与酒店前台落实客人所住房间，将房间钥匙装进印有烫金的贵宾姓名及房间号的信封里，放置在贵宾入住的楼层服务台；与餐饮部联系安排贵宾在酒店期间的餐饮，其中要确定用餐地点、时间、人数、用餐标准等。需要到机场、车站迎接贵宾时，要事先准备醒目的迎接标识 (3)布置房间。要根据客人的风俗习惯、生活习惯和接待规格调整家具设备，备齐日用品，补充小冰箱的食品饮料，摆放好鲜花、水果、总经理致敬信 (4)检查设备。布置完房间后还要对室内家具、水电设备及门锁等再进行一次全面检查，发现有损坏失效的，要及时报修更换
到店迎接	(1)总经理及有关部门经理(必要时组织员工参加)应在大门口迎接 (2)门口要随时保留贵宾的停车位 (3)在贵宾到达酒店后，主动献上鲜花，表示欢迎并做介绍，然后带领贵宾乘专梯到贵宾所入住的楼层 (4)对于级别较高的贵宾，还要在楼层为其安排保卫人员 (5)根据计划安排贵宾的日常活动及用餐，需要总经理陪同引导用餐时，总经理应及早等候，并在每次活动后及时征求贵宾意见
离店送客	(1)落实贵宾离店时间，按贵宾级别，安排总经理或部门经理做一次告别活动，时间不宜过长 (2)视情况组织员工欢送 (3)欢送的员工应等贵宾的车队远离，直到看不到时再收队，以示礼貌

【经典案例】

客人离店退房带走了客房内的物品怎么办?

某日，内蒙古某宾馆客房服务员小张在查退房时，发现 1405 房少了一个衣架。这个衣架是宾馆专门设计制作的，外观精美，质量也非常好。小张立刻报告给当班主管，主管立即打电话告知前台。此时客人正在办理结账手续，还没有离开酒店。主管立即赶到前台。见到 1405 房的李先生之后，主管又犹豫了，心想：“当着这么多人的面跟客人要衣架是不是会让客人很难堪？如果客人碍于面子说没拿怎么办?”思索片刻后，经验丰富的主管灵机一动，微笑着对李先生说：“李先生您好，还得耽误您一点时间，由于酒店客房服务员的疏忽，忘记把 1405 房的衣架放在哪儿了，您能帮我们找找吗？非常感谢!”李先生先是一愣，然后说：“当然可以。”主管表示感谢，派小张去开 1405 房的房门。进房后，小张借故离开了 1405 房一会儿，回来时，李先生告诉小张，他找到衣架了，是他用的时候放错了地方。小张连连称谢，欢送李先生离店。

【任务实施】

实训任务	迎宾送客服务操作训练
实训目标	能按操作流程与标准完成客房楼层迎宾送客服务的现场模拟操作
实训地点	校内实训室或校外实习基地
实训条件	1. 校内实训室：客房实训室、房间内配备的物品、走廊，教学视频 2. 校外实习基地：客房、电梯
实训过程	1. 实训前 (1)着装整齐，准备实训用具 (2)分配实训小组(建议每组 6～8 人) (3)观看客房楼层迎宾送客服务教学片 2. 实训中 (1)模拟客房楼层迎宾送客服务场景。教师现场示范，并讲解客房迎宾送客服务流程与标准以及注意事项 (2)每个实训组中两人组成一个训练小组 (3)小组自行设计，学生分别扮演客房服务员和宾客，练习模拟客房迎宾送客的情景，练习完一次后互换模拟角色 (4)抽两个小组学生演示，表演小组自评，其他小组讨论点评，教师最后讲评 (5)再练习后，逐组演示，教师打分考评 3. 实训后 (1)教师总结 (2)学生撰写实训报告
实训考核建议	1. 考核内容：服务意识＋操作能力 2. 考核方式：实际操作(考核标准见附表 2-1) 3. 考评人员：教师或企业兼职教师、学生

>> 任务二　洗衣服务训练<<

【任务描述】

学习收取客衣的途径、洗衣服务的注意事项以及洗衣服务流程与标准等基础知识，按照服务流程与标准完成洗衣服务操作。

【任务目标】

知识目标：掌握收取客衣的途径、洗衣服务的流程与标准，并明确洗衣服务的注意事项

技能目标：能按照流程与标准完成洗衣服务操作

素质目标：提升爱岗、敬业、诚信、友善的社会主义核心价值观

【理论引导】

酒店一般都设有洗衣房，为客人提供洗衣服务。按酒店提供的洗涤方式来分，洗衣服务包括水洗、干洗、熨烫三种。按洗涤速度来分，可分为普通服务和快洗服务。普通服务为上午收走，下午送回给客人，快洗不超过 4 小时便可送回，但要加收 50％的加急费。按照国际惯例，洗坏客人衣物的赔偿费是洗衣费的 10 倍。

一、收取客衣的途径

一般来说，客人可以通过以下几种方式要求洗衣服务。

第一，客人打电话通知洗衣房客衣组，由客衣组服务员上楼层收取客衣，这是大部分酒店的例行做法。

第二，在设有楼层服务台的酒店，客人通知楼层服务员收取要洗的衣物或将要洗的衣物直接交给值台员，由其转交给洗衣房。

第三，客人将要洗的衣物装在洗衣袋内，放在客房明显之处，由服务员在查房或清洁客房时取出交给洗衣房。

二、洗衣服务的注意事项

洗衣服务的注意事项如下。

第一，仔细检查客人需要送洗的衣物，清点衣物数量是否与客人所填写洗衣单(见表 9-2-1)上的数目相吻合，如有偏差，当面向客人说清后纠正。

第二，检查衣物有无破损、特殊污点等，以免引起麻烦。

第三，根据衣物质地判断其是否会褪色、缩水。若客人要求湿洗，则应向客人当面说明，出了问题与酒店无关。

第四，洗衣分快洗和慢洗，费用相差 50%。将此情况向客人说明，以免结账时发生争执。

第五，鉴于很多客人待洗衣物的价格远远超过洗涤费的 10 倍，如果衣物损坏或丢失，只按洗涤费的 10 倍进行赔偿远不能补偿客人的损失，酒店可考虑推出“保价洗涤”收费方式，即按客人对其所送洗衣物保价额的一定比例收取洗涤费。

表 9-2-1　洗衣单(样例)

洗衣单
姓名：
房号：
日期：
普通服务：每天早上 10 时收衣，晚上 7 时送回；每天早上 10 时后收衣，次日早上 10 时前送回，如需当日送回，加收 50%的洗衣费
加快服务：早上 10 时至午后 2 时收衣，4 小时后送回，加收 50%的洗衣费
宾客须知：
请先填写洗衣单，填上房间号和送洗衣物数量。如果不填送洗衣物的数量，将以酒店确认收衣的数量为准
若衣物会缩水或者褪色，请事先声明，否则出现缩水或褪色现象，酒店不负责任
所有净烫收取干洗费的 50%
如需投诉，请在 24 小时内发出，并出示原始数据，赔偿的最高限额为洗烫费的 10 倍

续表

湿洗					干洗				
衣物名称	客人计数	酒店计数	价格/元	收费	衣物名称	客人计数	酒店计数	价格/元	收费
衬衫			7.00		短外套			15.00	
手帕			2.00		大衣			30.00	
睡衣			8.00		西服			15.00	
短袜			3.00		西裤			10.00	
短裤			4.00		背心			8.00	
外衣			10.00		毛衣			12.00	
运动衣			14.00		棉服			15.00	
西裤			8.00		羽绒服			30.00	
T 恤衫			5.00		连衣裙			12.00	
胸衣			3.00		晚礼服			25.00	
围巾			5.00		衬衫			10.00	
毛衣			10.00		领带			5.00	
总件数				基本费					
				快洗费					
				净烫费					
特别说明				费用总计					

三、洗衣服务流程与标准

流衣服务流程与标准如下。

(一)洗衣服务流程

洗衣服务流程如图 9-2-1 所示。

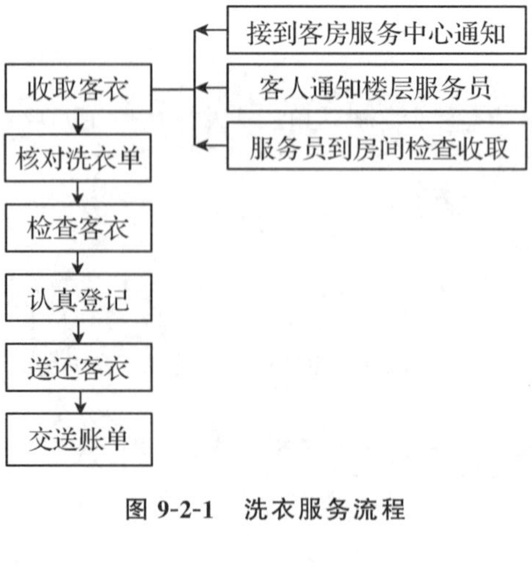

图 9-2-1　洗衣服务流程

(二)洗衣服务程序与标准

洗衣服务程序与标准如表 9-2-2 所示。

表 9-2-2　洗衣服务程序与标准

程序	标准
收取客衣	(1)房间内都配有洗衣袋和洗衣单。服务员进门检查时，要留意房间内有无客人要送洗的衣物，发现有需要送洗的衣物，要及时收取 (2)如果发现房间内有需要送洗的衣物，但是客人没有填写洗衣单，则不要收洗。应将洗衣单放在洗衣袋上面，并留下服务通知单，提醒客人如果需要洗衣服务，请与客房服务中心联系 (3)如果客人口头交代或者客房服务中心通知需要收洗衣物时，可以收取需要送洗的衣物
核对洗衣单	(1)核对洗衣单上所填写的客人姓名、房间号码、衣物件数及日期等 (2)对于需要快洗或者有特殊洗涤要求的衣物，要在洗衣单上做好标记，同时向洗衣房交代清楚
检查客衣	(1)仔细检查客人需要送洗的衣物，清点衣物数量是否与客人所填写洗衣单上的数目相吻合，如有偏差，当面向客人说清后纠正 (2)检查衣物有无破损、特殊污点等，以免引起麻烦 (3)根据衣物质地判断其是否会褪色、缩水。若客人要求湿洗，则应向客人当面说明，出了问题与酒店无关
认真登记	(1)在客衣收取记录表上做好登记，见表 9-2-3 (2)将收取的衣物集中放在指定地点，并在规定时间内交给洗衣房 (3)对于需要快洗或者有特殊洗涤要求的衣物，要在洗衣单上做好标记，同时向洗衣房交代清楚
送还客衣	(1)在洗衣房送还衣物的时候，要仔细核对衣物，点清件数 (2)按房号将衣物送回客房 (3)将衣物送入客房时，要按进房程序进房 (4)请客人查收衣物。送交时，当面交给客人，向客人讲明件数、金额，并请客人当面点清，同时在存根联上注明送衣日期与时间，请客人签名确认。如果客人不在房间，待客人回到房间后及时送交客人。如遇门外有“请勿打扰”的标志，可由门缝塞入说明纸条，告知客人衣物已经洗涤好，请客人与有关部门联系
交送账单	(1)当日客衣的账单要当日结算和转交 (2)对于自费散客付的现金要当面点清，并在账单上加盖“现金收讫”印章 (3)对于签单客人，要请其在账单上签字，并将账单转财务部

表 9-2-3　客衣收取记录表

客衣收取记录表						
						年　月　日
房号	D 干	L 湿	P 烫	总包数	时间	备注
……						
合计						
收衣人：						

【任务实施】

实训任务	洗衣服务操作训练
实训目标	能按操作流程与标准完成洗衣服务现场模拟操作
实训地点	校内实训室或校外实习基地
实训条件	1. 校内实训室：客房实训室及客房内配备的物品、洗衣单、客衣收取记录表、洗衣袋、衣物 2. 校外实习基地：客房、电梯
实训过程	1. 实训前 (1)着装整齐，准备实训用具 (2)分配实训小组(建议每组 6～8 人) 2. 实训中 (1)模拟客人有洗衣服务需求的场景。教师现场示范，并讲解洗衣服务流程与标准以及注意事项 (2)每个实训组为一个训练小组，自行设计模拟场景 (3)学生分别扮演客房服务员、宾客、洗衣布草收发员、客房服务中心文员等角色，练习模拟客房洗衣服务 (4)抽两个小组学生演示，表演小组自评，其他小组讨论点评，教师最后讲评 (5)再练习后，逐组演示，教师打分考评 3. 实训后 (1)教师总结 (2)学生撰写实训报告
实训考核建议	1. 考核内容：服务意识＋操作能力 2. 考核方式：实际操作(考核标准见附表 2-2) 3. 考评人员：教师或企业兼职教师、学生

>> 任务三　客房小酒吧服务训练<<

【任务描述】

学习客房小酒吧服务流程与标准以及注意事项等相关知识，按照流程与标准完成客房小酒吧服务操作。

【任务目标】

知识目标：掌握客房小酒吧服务流程与标准

技能目标：能按照流程与标准为住店宾客提供客房小酒吧服务

素质目标：认真负责；具有良好的服务意识

【理论引导】

《旅游饭店星级的划分与评定》中规定，四星级及以上的酒店客房内应提供微型酒吧(包括小冰箱)服务，配置数量与住店宾客相适应的酒和饮料，备有饮用器具和价目单，免费提供茶叶或咖啡、冷热饮用水，并可应宾客要求提供冰块。某些酒店还配有一些小食品，如巧克力、干果等。客房部提供的小酒吧服务既方便客人，又增加了酒店的收入。

一、客房小酒吧服务的相关表单

(一)客房小酒吧日消耗单

客房小酒吧日消耗单如表 9-3-1 所示。

表 9-3-1 小酒吧日消耗单

领班________ 楼层________

项目	粒粒橙	青岛啤酒	矿泉水	贝克啤酒	欧卡咖啡	八宝粥	椰子汁	红牌威士忌	白兰地	可口可乐	黑牌威士忌	进口矿泉水	番茄汁	雪碧	杏仁露
01															
02															
03															
……															
上午															
下午															
小计															

(二)客房小酒吧点算单

客房小酒吧点算单如表 9-3-2 所示。

表 9-3-2 客房小酒吧点算单

客房小酒吧点算单

MINI-BAR CHARGE VOUCHER

在您离店之前，请在此注明您在小酒吧所用过的饮品，并将此单送前台收款处。谢谢！

Upon checking out, please indicate on this form all of the MINI-BAR products you have consumed and hand it to Front Office Cashier. Thank you!

存量 Stock	核对员 Checker	日期 Date	时间 Time	消费 Consumed	单价 Unit Price	金额 Amount
烈性酒 Spirits						
2	白兰地 Cognac VSOP				￥48.00	
2	威士忌 Scotch Whisky				￥48.00	
2	伏特加 Vodka				￥48.00	
2	金酒 Gin				￥48.00	
啤酒/矿泉水/软饮料 Beers/Mineral Water/Soft Drink						
2	本地啤酒 Local Beer				￥28.00	
2	进口啤酒 Imported Beer				￥ 28.00	
2	本地矿泉水 Local Mineral Water				￥ 18.00	
2	进口矿泉水 Imported Mineral Water				￥ 18.00	
2	可乐 Coke				￥ 18.00	

续表

存量 Stock	核对员 Checker	日期 Date	时间 Time	消费 Consumed	单价 Unit Price	金额 Amount
2	雪碧 Sprite				￥18.00	
2	椰汁 Coconut Juice				￥18.00	
2	鲜橙汁 Orange Juice				￥18.00	
1	苏打水 Sode Water				￥18.00	
1	汤力水 Tonic Water				￥18.00	
小吃 Snacks						
2	果仁 Nuts				￥18.00	
2	薯片 Potato Chips				￥18.00	
1	椰子丝 Dried Coconut				￥18.00	
1	巧克力 Chocolate				￥18.00	
2	饼干 Biscuits				￥18.00	
总计 Total：						
房间号 Room No.：			客人姓名 Guest Name：			

二、客房小酒吧服务流程与标准

(一)客房小酒吧服务流程

客房小酒吧服务流程如图 9-3-1 所示。

清点检查 → 查阅核对 → 送单 → 添补 → 报损

图 9-3-1　客房小酒吧服务流程

(二)客房小酒吧服务程序与标准

客房小酒吧服务程序与标准如表 9-3-3 所示。

表 9-3-3　客房小酒吧服务程序与标准

程序	标准
清点检查	(1)每天清洁房间时必须检查小酒吧的酒水消耗情况 (2)接到退房通知后，应尽快对房间内的各项物品进行检查。若该房有饮用小酒吧酒水情况，应立即按规定通知前台
查阅核对	(1)查阅客人填写的账单与消费情况是否一致 (2)若客人没有填写账单，客房服务员就按照实际消费情况填写
送单	经核对无误后，送至收银处、客房服务中心或酒水中心，通过电脑对其进行记账

续表

程序	标准
添补	(1)在规定时间统计楼层的酒水和食品消耗情况，并填写酒水日消耗单 (2)凭客房小酒吧点算单第三联从仓库领取消耗的酒水和食品，并及时补充入房，做好记录
报损	更换所有即将过期的酒水和食品，并在其有效期内进行处理

三、客房小酒吧服务的注意事项

客房小酒吧服务的注意事项如下。

第一，要按规定配备小酒吧的酒水，补充酒水入房时应检查有效期，防止摆放过期酒水。

第二，清点小酒吧酒水时要仔细、认真，逐一核对，防止客人“偷梁换柱”。若发现此种情况，应及时通知领班并填写报告单进行报损。

第三，因特殊情况不能及时补充酒水时，要与同事做好交接。

第四，在客人离店结账时，应迅速进入房间检查酒水消耗情况。如果客人已饮用，及时通知收银处。

【任务实施】

实训任务	客房小酒吧服务操作训练
实训目标	能按小酒吧服务流程与标准完成现场模拟操作
实训地点	校内实训室或校外实习基地
实训条件	1. 校内实训室：客房实训室以及若干酒水、食品及小酒吧收费单，模拟小酒吧或小冰箱 2. 校外实习基地：客房及房内小酒吧
实训过程	1. 实训前 (1)着装整齐，准备实训用具 (2)分配实训小组(建议每组 6～8 人) 2. 实训中 (1)模拟客房小酒吧服务场景。教师现场示范，并讲解小酒吧服务流程与标准以及注意事项 (2)每个实训组为一个训练小组，自行设计模拟场景 (3)抽两个小组学生演示，表演小组自评，其他小组讨论点评，教师最后讲评 (4)再练习后，逐组演示，教师打分考评 3. 实训后 (1)教师总结 (2)学生撰写实训报告
实训考核建议	1. 考核内容：服务意识＋操作能力 2. 考核方式：实际操作(考核标准见附表 2-3) 3. 考评人员：教师或企业兼职教师、学生

>> 任务四　开夜床服务训练 <<

【任务描述】

在学习开夜床服务流程与标准、创意主题夜床设计等相关理论知识和操作技能的基础上，按照流程与标准完成开夜床服务操作。

【任务目标】

知识目标：掌握开夜床服务流程与标准，明确开夜床服务的意义及注意事项，掌握创意主题夜床设计等职业岗位相关知识

技能目标：能独立、规范地完成开夜床服务操作

素质目标：具备职业责任感和良好的服务意识，能够有意识地传承中华优秀传统文化

【理论引导】

开夜床服务又称夜床整理、做夜床、晚间服务。开夜床服务是高星级酒店个性化、温馨化服务的一种方式，体现酒店对宾客热情、周到和无微不至的关怀。《旅游饭店星级的划分与评定》中规定，四星级及以上酒店应提供开夜床服务。开夜床服务的内容有做夜床、房间整理、卫生间整理。

一、开夜床服务的意义

开夜床以方便客人休息，将环境整理干净，使客人感到舒适、温馨为目的，同时也表示对客人的欢迎和礼遇。

二、开夜床服务流程与标准

开夜床服务主要包括进房前的准备工作，进房后的做夜床、房间整理及离开房间后的登记等工作，具体流程与标准如下。

(一)开夜床服务流程

开夜床服务流程如图 9-4-1 所示。

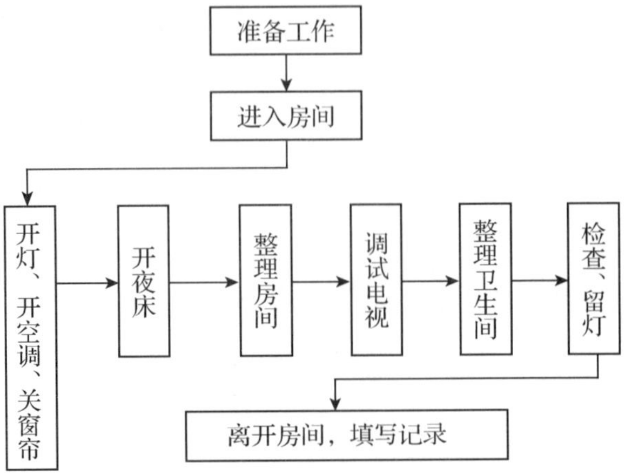

图 9-4-1　开夜床服务流程

(二)开夜床服务程序与标准

开夜床服务程序与标准如表9-4-1所示。

表9-4-1　开夜床服务程序与标准

程序	标准
准备工作	(1)将需要更换的茶具、客用品以及清洁用具等备齐放在工作车上 (2)检查自己的仪容仪表 (3)将工作车按规定摆放于客房门口
进入房间	(1)严格按进房程序进房 (2)如果客人在房内，则应经客人同意后才可进入，并礼貌地向客人问候。如果客人不需要开夜床服务，服务员应在工作表上做好登记
开灯、开空调、关窗帘	(1)开灯并检查所有照明设备是否正常工作 (2)将空调开到指定的刻度上 (3)轻轻拉上遮光窗帘和二道帘
开夜床	(1)将靠近床头一边的被角反折，使之成为等腰直角三角形，原床头一侧的直角边与被子中线重合，折角平整，下垂自然 (2)地巾摆放于折角一侧，地巾靠床头边与被子反折的45°角边(靠近枕头一侧)齐平，地巾靠床体边与被子下垂边沿垂直齐平 (3)将浴袍或睡衣叠放在床尾或被子折角上 (4)将拖鞋摆放于地巾之上，便于使用 (5)如一人住单床时，则开有电话的床头柜一侧；一人住双床，则开邻近卫生间那张床的靠床头柜一侧；如两人住大床，则两边都开 (6)按酒店规定在床头柜或其他指定位置上放上天气预报卡、晚安卡或小礼品等 (7)可以根据客人实际情况进行夜床主题创意设计
整理房间	(1)清理烟灰缸、桌面，倒垃圾 (2)将用过的餐具一并清除 (3)简单清理床头柜、茶几 (4)更换用过的茶具，增添冷、热饮用水 (5)将酒店提供的浴衣摊开放在床尾 (6)客人如有加床，则在这时打开整理好
调试电视，开好酒水单	(1)使电视频道齐全，图像清晰，且电视频道与服务指南内容一一对应 (2)检查冰箱和小酒吧的饮料，开好酒水单
整理卫生间	(1)冲马桶 (2)脸盆、浴缸如被使用过，应重新擦洗干净 (3)将地巾放在浴缸外侧的地面上 (4)将浴帘下摆放入浴缸内，并拉开2/3，以示意客人在淋浴时应将浴帘拉上并放入浴缸内，避免淋浴的水溅到地面上 (5)将用过的毛巾收走并换上干净的毛巾，也可将用过的毛巾按酒店规定整理后摆好 (6)如有加床，增添一份客用品

续表

程序	标准
检查、留灯	(1)环视一遍卫生间及房间，检查有无不妥之处 (2)除夜灯和走廊灯外，关掉所有的灯并关上房门。如果客人在房内，不用关灯
离开房间，填写记录	(1)向客人道别后退出房间，轻轻将房门关上 (2)在客房晚间服务记录表上登记

三、开夜床服务的注意事项

开夜床服务的注意事项如下。

第一，在开夜床服务之前，应了解客人的风俗习惯。

第二，是否提供开夜床服务，应根据酒店的档次和经营成本而定。

第三，是否需要重新更换毛巾、杯具等客人用品，也应根据客房的等级和经营成本而定。

第四，开夜床服务通常是在客人晚上就餐或外出活动时进行，一般在晚上6—8点做为好。

第五，如发现房门上挂着“请勿打扰”的牌子，服务员不能去敲门，应将一张留言条从门下塞入，提醒客人如需夜床服务，请通知客房服务中心或楼层服务台。

第六，房间内如有会客者，待其离店后再开夜床。

第七，开夜床时要注意床上是否有客人的物品。未经客人同意，不要擅自移动。

第八，房间内若只住一位客人，每天要开固定的床位，不可同时开两张床，以免引起客人误解。

第九，更换杯具时，要认真检查杯内有没有客人的假牙及其他物品。

【经典案例】

夜床该如何开？

某日，李先生于下午3点多入住某酒店，入住时间是一周。李先生放下行李，休息了一会儿，6点多到餐厅用餐。当他用餐完毕回到房间时，发现夜床已经开好，服务员为他开的是靠卫生间墙壁的那张床，被子已经折好角，拖鞋、睡衣、晚安卡等一应俱全。李先生打开电视机，靠在开好的那张床上看电视，但觉得电视机的位置有些偏，不是很合适，于是又去将电视机的方向转至合适位置。第二天，李先生办完事情回到酒店已经是晚上9点左右，夜床已经开好。李先生惊喜地发现，这次服务员为他开的是靠窗户的那张床，而且电视机也已经摆正。

四、创意主题夜床设计

开夜床服务是酒店客房中的一项基本服务。创意主题夜床设计是以传统夜床服务为基础，结合客人的相关信息进行的夜床设计，可以为客人提供满意加惊喜的服务体验。随着酒店业的蓬勃发展，行业竞争日趋激烈，标准化的服务已经不能满足客人日益多样的需求，于是酒店业开始纷纷转向个性化服务。创意主题夜床设计就是一个典型，它成为近年来职业院校国赛的增加项目。

(一)创意主题夜床设计流程

创意主题夜床设计流程包括了解客人、确立思路、选择元素。

1. 了解客人

创意主题夜床设计首先以了解客人为基础，主要包括了解客人的基本信息、出行目的以及喜好禁忌等。酒店可以通过客人的预订信息获取诸如客人姓名、年龄层次、出生日期、性别等有价值的内容，然后根据客人信息从多方面进行夜床设计。例如，为带着小朋友入住的客人提供开夜床服务时可以为小朋友准备儿童浴袍、拖鞋、洗漱用具或者玩偶等物品。客人的喜好禁忌是创意主题夜床设计中必须考虑的一个重要因素。

2. 确立思路

基于客人的基本信息，酒店可以结合客人的入住日期、本地特色以及对客人的贴心关怀进行构思。第一，每个旅游目的地都蕴含着当地特色以及鲜为人知的文化知识。酒店可以依托夜床设计向客人介绍当地的特色、习俗，以增进客人对当地的了解。例如，某酒店将本地文化介绍融入晚安致意卡之中，为客人介绍当地的特色民居、纪念品、景点风光等。第二，中西方节日中都蕴含着特殊寓意并对应着特定的物品。若客人在某个节日入住，酒店可以利用夜床设计传递节日祝福。例如，元宵节，酒店可以在客人房间放入灯谜签，鼓励客人参与猜灯谜活动并赢取奖品。第三，融入贴心关怀的夜床设计可以使客人感受到酒店对自己的重视，从而产生心理满足感。与众不同的夜床设计，可以更好地拉近与客人的关系，使客人产生情感上的共鸣，从而获得客人对酒店的认同。

3. 选择元素

创意主题夜床设计最终通过实物呈现给客人，因而恰当的表现元素直接反映设计思路。常见的夜床设计表现元素有手工艺品、摆件、纪念品、鲜花、美食、饮品、玩偶、贺卡等。可以将毛巾或浴巾折叠成小动物形状，如天鹅、小象、熊猫、蝴蝶等，以增添趣味性，还可以通过花瓣或叶片拼成图案表达祝福。鲜花、美食、饮品是比较传统的表现手法。结合特别纪念的重要时刻进行的夜床设计绝对会给客人留下难忘的回忆。有些酒店除了提供水果之外，还制作巧克力装饰品，让客人既获得视觉享受，又获得美食体验。还有些酒店依托当地特色，添加玩偶摆件，以打动客人。另外在创意主题夜床设计中，员工的角色贯穿始终。他们既是创意主题夜床设计的思维源泉，又是实施者，只有发自内心地去服务客人，留心观察，于细节处发现客人的喜好，然后再融入恰当的创意表达，才能更好地进行夜床设计。

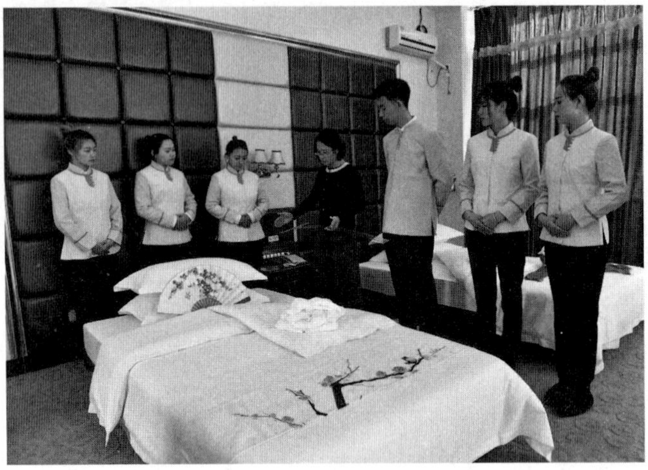

图 9-4-2 创意主题夜床设计

(二)创意主题夜床设计的注意事项

创意主题夜床设计的注意事项如下。

第一，开夜床服务的目的是为客人提供舒适、便捷的休息环境，创意主题夜床服务亦是如此，因而装饰物的选择应尽量简单大方。此外，确保直接接触床品的装饰物干净卫生，否则可能会引起客人反感，效果会适得其反。

第二，越来越多的酒店在服务中关注绿色环保问题。进行创意主题夜床设计时，酒店应尽量采用方便客人带走的装饰用品。例如，某酒店将晚安牛奶放到印有酒店标识的保温杯中，客人喝完之后还可以将杯子带走，既做到环保，又能够间接地为酒店做宣传。

第三，成本是酒店绕不开的话题。提供个性化的夜床服务需要投入资金。酒店可以根据客人的重要等级设定预算并提供相应的个性化夜床服务。此外，客房部主管可以定期开展培训，提高员工的技能技巧，这样既可以提高员工的工作效率，又可以降低成本。

【任务实施】

实训任务	开夜床服务操作训练
实训目标	能严格按照流程与标准完成开夜床服务现场操作
实训地点	校内实训室或校外实习基地
实训条件	清洁车、茶具、冷热水、低值易耗品、毛巾、清洁抹布及其他主题夜床辅助用品
实训过程	1. 实训前 (1)着装整齐，准备实训用具 (2)分配实训小组(建议每组 6～8 人) (3)观看客房开夜床服务教学片 2. 实训中 (1)模拟客房开夜床服务场景。教师现场示范，并讲解开夜床服务流程与标准以及注意事项 (2)每个实训组中两人组成一个训练小组

续表

	(3)小组自行设计，学生分别扮演客房服务员和宾客，面对面练习模拟开夜床的情景，练习完一次后互换模拟角色 (4)抽两个小组学生演示，表演小组自评，其他小组讨论点评，教师最后讲评 (5)再练习后，逐组演示，教师打分考评 3. 实训后 (1)教师总结 (2)学生撰写实训报告
实训考核建议	1. 考核内容：服务意识＋操作能力 2. 考核方式：实际操作(考核标准见附表 2-4) 3. 考评人员：教师或企业兼职教师、学生

>> 任务五　客人遗落物品处理训练 <<

【任务描述】

学习客人遗落物品的处理流程与标准以及注意事项，正确处理客人遗落的物品。

【任务目标】

知识目标：掌握客人遗落物品的处理流程与标准

技能目标：能够妥善处理客人的遗落物品

素质目标：诚信、友善，认真负责，具有良好服务意识

【理论引导】

客人在离店时难免会遗落物品。酒店应该有客人失物处理的规定和程序，以协助客人找、领自己的物品。这项服务会使客人感到酒店服务工作的尽善尽美。遗落物品大多是在客人退房离店后、服务员查房或整理房间时被发现。服务员应立即设法将遗落物品交还给客人，对于不能当面交还的，要妥善保管。

一、客人遗落物品的处理流程与标准

(一)客人遗落物品的处理流程

客人遗落物品的处理流程如图 9-5-1 所示。

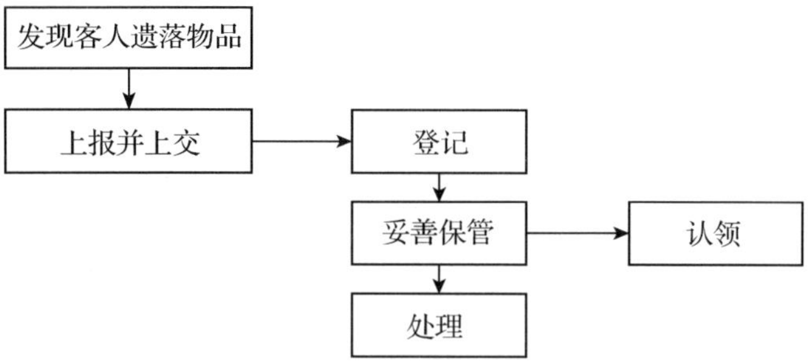

图 9-5-1　客人遗落物品的处理流程

判断是客人扔掉的物品，还是遗落物品

（二）客人遗落物品的处理程序与标准

客人遗落物品的处理程序与标准如表 9-5-1 所示。

表 9-5-1　客人遗落物品的处理程序与标准

程序	标准
发现客人遗落物品，上报并上交	(1)客人办理完结账手续之后，若楼面服务员查房时发现客人遗落了物品，应立即通知客房服务中心文员，由其联系客人取回 (2)若客人已离店，无法联系到，楼面服务员应立刻将物品送至客房服务中心，填写客人遗落物品登记表(见表 9-5-2)，并在交班本上记录房号、物品名称、客房服务中心经手人姓名 (3)清洁走房时发现遗落物品后，楼面清洁员应在楼面清洁员工作日报表上的“遗落物品”一栏内填写清楚，并立即汇报客房服务中心文员及楼面主管
登记	(1)楼面服务员将遗落物品交客房服务中心后，客房服务中心文员必须将实物与客人遗落物品登记表核对 (2)核对无误后，再将遗落物品的日期、房号、名称、数量及拾获人姓名填写在客人遗落物品登记表上 (3)将各遗落物品的信息填写在挂牌上，编号，以备查找
妥善保管	(1)遗落物品的保存期按物品的价值分为：贵重物品——价值 500 元以上，保存半年；一般物品——保存三个月；食品——保存三天至一个月。一般物品需经整理后存入遗落物品柜中；贵重物品经登记后，交房务总监签收并由部门文员保管，危险物品应立即交安保部处理 (2)遗落物品中的衣物等交洗衣房清洗，洗好后将其包装好贴上标签后存放 (3)将遗落物品存放于专用地点，每次开门后应将钥匙封存，并签上封存人的姓名、封存时间
认领	(1)当客人前来认领遗落物品时，必须要求客人说明遗落物品的情况，并验明客人的证件。客人在客人遗落物品登记表上签名后才可取回该物 (2)有人代领时，须问清楚被代领人的姓名、遗落物品的情况，如遗落位置、时间，所有信息相符才可将遗落物品交给代领人，并记录代领人的身份证号，留取代领人的身份证复印件，同时让其签名 (3)若客人通过电话查询遗落物品，应查登记表。如果登记表上所记录的确实与客人所述相符，应立即把结果告知客人，并征询客人的处理意见。如果客人要求寄回，可先把物品寄回给客人，然后把账单副本汇给客人，要客人把款项汇回酒店。如属贵重物品，应让客人来取 (4)遗落物品被认领或被代领后应在客人遗落物品登记表上记录客人或代领人的姓名、有效证件号码，并请客人或代领人签名，并注明“已了结此事” (5)客人签名后的遗落物品信息挂牌由客房服务中心收回并妥善保存
处理	(1)在每月规定日，由客房服务中心夜班人员整理一次已过保存期的遗落物品，将物品赠给拾捡者，并在客人遗落物品登记表上签字注销，由部门经理在物品出门单上签字放行 (2)对于不可返还的物品，如书、杂志、使用过的衣物或已开封的食品等，在过保存期后统一销毁，并在客人遗落物品登记表上签字注明 (3)以三个月为一个期限，在安保部的陪同下将遗落物品处理掉，并将全部情况记录在册，存档备案 (4)对于遗落物品处理结果或转移情况均须在客人遗落物品登记表上予以说明

表 9-5-2 客人遗落物品登记表

<table>
<tr><td rowspan="5">登记遗落物品具体情况</td><td>日期</td><td></td><td>时间</td><td></td></tr>
<tr><td>地点（房号）</td><td></td><td>姓名（客人）</td><td></td></tr>
<tr><td>物品名称
（规格、型号）</td><td colspan="3"></td></tr>
<tr><td>是否与客人联系</td><td colspan="3"></td></tr>
<tr><td>发现人</td><td></td><td>经办人</td><td></td></tr>
<tr><td rowspan="4">领取遗落物品具体情况</td><td>日期</td><td></td><td>时间</td><td></td></tr>
<tr><td>领取人证件号码</td><td colspan="3"></td></tr>
<tr><td>领取人姓名</td><td></td><td>经办人</td><td></td></tr>
<tr><td>备注</td><td colspan="3"></td></tr>
</table>

二、客人遗落物品处理时的注意事项

客人遗落物品处理时的注意事项如下。

第一，部分客人害怕自己的钱物丢失，就把钱物藏在客房内，但事后却忘记自己藏在什么地方了。此时服务员应首先安抚客人情绪，然后帮客人寻找。

第二，如果客人物品的丢失涉及某位服务人员，在弄清事实前，酒店管理人员不可盲目下结论，以免挫伤服务人员的自尊心。

第三，可以从被清理出客房的物品中或垃圾里寻找，还可以从吸尘器中寻找。

第四，当遇到客人打电话要求办理邮寄等不知如何处置的情况时，可请大堂经理协助处理。

【经典案例】

客人遗落物品如何领取?

11 月 5 日，入住某酒店 1223 房的客人张先生是酒店的常客，在酒店入住 7 天后退房离店，遗落一部平板电脑。客房部实习生小王查房时未及时发现，发现时客人已经离店。按流程，小王及时报告给客房主管。主管立即去客房取平板电脑，交由客房服务中心，并做遗落物处理。当日下午，有一个声称是此平板电脑主人的下属的人前来酒店认领。他与客房服务中心核对信息，并准确无误地说出了 1223 房客人张先生的姓名、房号以及身份证号。于是客房服务中心文员拿出遗落物品、遗落物品记录本及遗落物品认领单并要求来领平板电脑的人留下身份证复印件，但这个人说没带。于是客房服务中心文员让其在遗落物品认领单上填写了身份证号码及联系方式。填好后，该文员想打电话核实一下，但主管说，这位客人是常客，给他领了就可以。张先生的平板电脑就这样被领走了。可是到了晚上，张先生来认领自己的平板电脑，当被告知平板电脑已被他的下属领走了时非常生气，说自己没有委托任何人来取。未经允许，平板电脑被人领走这件事引起了张先生的强烈不满。他开始投诉酒店，要求酒店赔偿。客房服务中心文员立即核查领走平板电脑的人填写的相关信息，发现所填信息都是假的。经过这件事后，酒店将遗落物品的领取流程做了更改：贵重遗落物品需由本人亲自领取；如果本人有事不能来领取，需写授权委托书并签字，然后由大堂经理做担保，方能代领。

【任务实施】

实训任务	客人遗落物品处理操作训练
实训目标	能按流程与标准完成客人遗落物品的处理
实训地点	校内实训室或校外实习基地
实训条件	1. 校内实训室：客房实训室及相关表单等 2. 校外实习基地：客房
实训过程	1. 实训前 (1)着装整齐，准备实训用具 (2)分配实训小组(建议每组 6～8 人) (3)准备相关案例 2. 实训中 (1)每个实训组为一个训练小组，进行案例分析，提出处理方法 (2)依据案例进行角色演练 (3)小组互评 (4)教师打分 3. 实训后 (1)教师总结 (2)学生撰写实训报告
实训考核建议	1. 考核内容：服务意识＋操作能力 2. 考核方式：实际操作(考核标准见附表 2-5) 3. 考评人员：教师或企业兼职教师、学生

>> 任务六　客房部其他服务训练 <<

【任务描述】

学习房内送餐、物品租借以及访客服务的程序，完成房内送餐、物品租借以及访客服务操作。

【任务目标】

知识目标：掌握房内送餐、物品租借以及访客服务的程序

技能目标：能够准确提供房内送餐、物品租借及访客服务

素质目标：遵纪守法、热情友善；具有良好服务意识

【理论引导】

客人在住店期间的服务需求是多种多样的，而且要求快速、有效。客房服务员要做大量琐碎的工作，如房内送餐、物品租借以及访客服务等。“酒店服务无小事”，这些事若做不好，不仅会影响对客服务质量，还会影响酒店形象。

一、房内送餐服务

房内送餐服务是指为某些有特殊需要的客人送餐到房的服务。现在，中高档酒店按规定必须提供这项服务，一般多由餐饮部的客房餐饮服务部负责。低档酒店在客人提出要求时也应当尽力满足，可由客房服务员兼管。

客房送餐
服务要求

(一)房内送餐服务流程

房内送餐服务流程如图 9-6-1 所示。

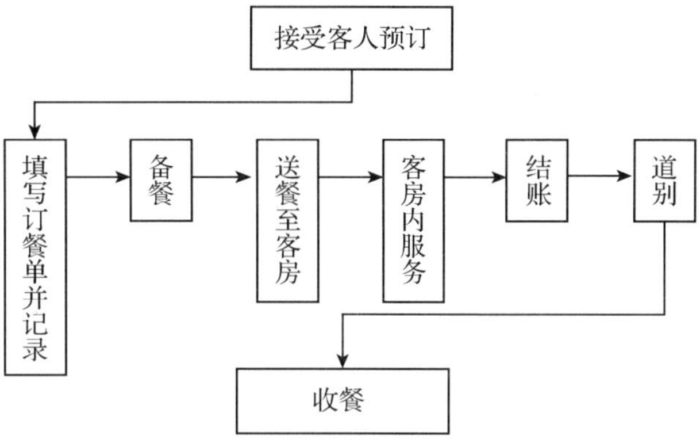

图 9-6-1　房内送餐服务流程

(二)房内送餐服务程序与标准

房内送餐服务程序与标准如表 9-6-1 所示。

客房送餐
服务标准

表 9-6-1　房内送餐服务程序与标准

程序	标准
接受客人预订	(1)电话铃响三声之内接听电话 (2)聆听客人的预订要求，掌握订餐种类、数量，就餐人数及特殊要求，解答客人的提问 (3)主动向客人推荐，说明客餐服务项目，介绍当天推荐食品 (4)复述客人的预订内容及要求，得到客人确认后，告诉客人等待时间并致谢 (5)待客人将电话挂断后，方可放下听筒
填写订餐单并记录	(1)在客餐服务记录本上记录客人的订餐情况，包括订餐人房间号码、订餐内容、订餐时间、服务员姓名、账单号码 (2)若客人有特殊要求，需附文字说明，连同订单一同迅速送往厨房。必要时，向厨师长当面说明
备餐	(1)根据就餐人数准备送餐用具(送餐车、托盘)和餐具 (2)取客人所订食品，如有酒水或明档菜品时，先把物品备齐，放在传菜部(带瓶起子) (3)依据订餐种类和数量，按规范摆台

续表

程序	标准
送餐至客房	(1)在送餐过程中不要与客人同乘电梯。在送餐途中，保持送餐用具平稳，避免食品或饮品溢出 (2)食品、饮品餐具，须加盖或洁净盖布，确保卫生 (3)核实客人房号，按规范进房
客房内服务	(1)待客人开门后，礼貌问候，得到客人允许后进入房间，并致谢 (2)询问客人用餐位置 (3)按照客人要求放置，依据订餐类型和相应规范进行客房内服务
结账	(1)双手持账单夹上端，将账单递给客人 (2)将笔备好，手持下端，将笔递给客人 (3)客人签完字后，向客人致谢 (4)询问客人是否还有其他要求。若客人提出其他要求，尽量满足 (5)若非客人特别要求，不许收现金
道别	(1)请客人用餐 (2)退出房间
收餐	(1)检查订餐记录，确认房间号码，每隔两小时到客房巡楼一次，把脏餐具带回 (2)早餐为 30 分钟后打电话收餐，午、晚餐为 1 小时后打电话收餐 (3)问候客人，称呼客人名字并介绍自己，询问客人是否用餐完毕，以及现在能否到房间收餐 (4)将客人已签字的账单交账台

二、物品租借服务

客人在住店期间可能会提出物品租借要求，如借用电源接线板、熨衣板或挂烫机等，此时服务员需请客人填写租借物品登记表并签字。当客人离店时，要注意检查客人是否归还以及物品有无损坏。

(一)物品租借服务流程

物品租借服务流程如图 9-6-2 所示。

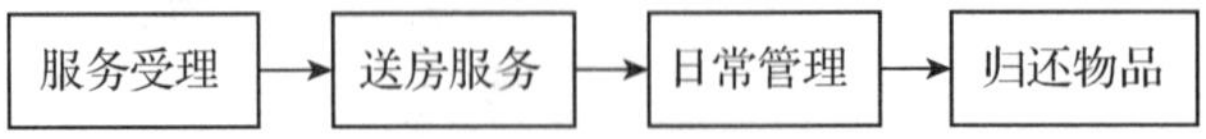

图 9-6-2　物品租借服务流程

(二)物品租借服务程序与标准

物品租借服务程序与标准如表 9-6-2 所示。

表 9-6-2 物品租借服务程序与标准

程序	标准
服务受理	(1)客房服务中心文员接到客人要求后，必须记录客人所需物品、数量及房号 (2)通知客房服务员把客人所需物品送到客房
送房服务	(1)客房服务员按要求准备客人所需物品 (2)10 分钟内将客人所需物品送到客房 (3)按程序进房，进房后必须有礼貌地问候客人 (4)属于借用范畴的物品，客房服务员要填写租借物品登记表，并请客人签名 (5)按客人要求将物品摆放妥当 (6)退出房间时应面对客人，后退几步，与客人告别后方可退出房间
日常管理	(1)租借物品通常由客房服务中心保管 (2)客房服务中心文员必须经常检查和补充备用的租借物品，确保数量准确，并加以编号
归还物品	(1)在客人退房离店时，客房服务员应检查有无租借物品以及是否归还 (2)物品归还后应及时在登记表上注明已归还，进行清洁并放回原处 (3)若客人损坏或丢失租借物品，应视情况要求其赔偿

(三)物品租借服务的注意事项

物品租借服务的注意事项如下。

第一，在客人租用电器用品(如电熨斗等)时，要提醒其注意使用安全。

第二，在交接班时，上班次的服务员要将客人租借物品情况及手续移交下班次的服务员，以便其继续提供服务。

第三，如果过了租借时间，客人仍未归还物品，可主动询问，但要注意询问的方式。

【经典案例】

客房物品租借服务

某日下午，呼和浩特某五星级酒店客房部入住了一个由 4 人组成的团队。正常入住后，这 4 位客人被安排进 1132 和 1134 两个房间。实习生小刘和小李在晚上 7 点左右为住店客人开完夜床后，被 1132 房的客人叫进房间。客人问小刘和小李，酒店有没有麻将和麻将桌，他们要在房间里玩麻将，想借用一下。小刘告诉客人客房部没有闲置的麻将和麻将桌，但康乐部有，一般客人玩麻将都去康乐部，他可以帮助客人联系一下。小刘和康乐部联系后告知客人，康乐部的麻将和麻将桌可以租借给客人，收费标准是每小时 150 元，且用完要立即归还。客人表示同意。于是小刘再次联系康乐部。不一会儿康乐部工作人员就将麻将桌抬至客人的房间，然后小刘和小李把物品租借单拿到客人面前并询问客人将要玩多长时间，并请客人在物品租借单上签字。客人看了一下手表，在物品租借单的起始时间上写下 9：00，没有填截止时间。客人跟小刘和小李说自己也不知道要玩多久，高兴了就多玩会儿，但啥时候不玩了他们会告知小刘和小李。于是小刘和小李拿着物品租借单离开了1132房。时钟指向11：20，小刘和小李来到1132房，听见里面传来不断撞击的麻将声，就回到楼层休息室。时钟指向12：15，小刘和小李再次来到1132房，听见房间内静悄悄的，于是就敲响了1132房的房门。客人很不耐烦地打开房门问什么事，小刘和小李拿出物品租借单，当着客人的面写下时间12：20并请客人核对。客人表示不同意，说他们早就不玩了，时间没有这么长。小刘和小李向客人解释，康乐部是按时间收取租借物品的费用的。客人听不进去。时间已是凌晨，事情只有等到天亮再解决。这件事最后以康乐部的妥协告终。

三、访客服务

访客是酒店的潜在客源。访客服务的质量直接影响着酒店的品牌和声誉。

(一)访客服务程序

访客服务程序如下。

第一，酒店的访客服务主要是为住店客人做好会客前的准备工作，问清客人来访人数（以便加椅）、时间，是否准备饮料，要不要鲜花，有无特别服务要求等。在访客来之前约半小时做好所有准备。

第二，将访客引到客人房间(事先应通知客人)。

第三，提供送水或送饮料服务。

第四，及时续水或添加饮料。

第五，访客离开后，及时撤出加椅、茶具等，收拾房间。

(二)访客服务的注意事项

访客服务的注意事项如下。

第一，做好访客进出时间的记录，如已超过访问时间(一般晚11：30后)，访客还未离开，根据酒店规定，可先用电话联络，提醒客人，以免发生安全事故。

第二，对没有住客送的访客要特别留意。

【任务实施】

实训任务	客房部其他服务训练
实训目标	能按操作规范完成房内送餐、物品租借及访客服务
实训地点	校内实训室或校外实习基地
实训条件	1. 校内实训室：客房实训室、各种表单、托盘、餐车、餐具、模拟菜品 2. 校外实习基地：客房

续表

实训过程	1. 实训前 (1)着装整齐，准备实训用具 (2)分配实训小组(建议每组 6～8 人) 2. 实训中 (1)教师讲解房内送餐、物品租借及访客服务的操作程序以及注意事项 (2)每个实训组形成一个训练小组 (3)小组自行设计，模拟房内送餐、物品租借及访客服务场景。学生分别扮演客房服务员、宾客等角色，模拟练习。练习完一次后互换模拟角色 (4)抽 3 个小组分别演示房内送餐、物品租借及访客服务。表演小组自评，其他小组讨论点评，教师最后讲评 (5)再练习后，逐组演示，教师打分考评 3. 实训后 (1)教师总结 (2)学生撰写实训报告
实训考核建议	1. 考核内容：服务意识＋操作能力 2. 考核方式：实际操作(考核标准见附表 2-6) 3. 考评人员：教师或企业兼职教师、学生

>> 任务七　客房对客服务质量管理 <<

【任务描述】

学习优质客房服务的特点及客房服务质量控制的主要环节，掌握接待不同类型客人的技巧。

【任务目标】

知识目标：了解优质客房服务的特点及客房服务质量控制的主要环节

技能目标：掌握接待不同类型客人的技巧

素质目标：认真负责、爱岗敬业、严谨务实、勇于创新

【理论引导】

酒店服务质量的优劣，最终取决于客人的感受和客人的评定。客人在住店期间，不仅要求客房清洁、舒适、安全，而且还有各种不同的需求。酒店要想让客人体会到宾至如归的感觉，不仅要提供标准化的服务，还要提供个性化和有针对性的服务，以满足不同客人个别的、偶然的、特殊的需要。提升客房服务质量是酒店可持续发展工作的重中之重。

一、客房服务质量的含义及构成

(一)客房服务质量的含义

客房服务是一种特殊的商品，也是酒店销售的主要产品。客房服务质量就是指

客房产品的质量。客房产品是由客房设施设备的使用价值、客房物品的使用价值、客房服务员的劳务价值以及客房服务环境等共同构成的。从市场导向的角度出发，客房服务质量是指客房服务产品的质量在物质上、精神上适合和满足客人需求的程度。显然，客房服务适合和满足客人需求的程度越高，客房服务质量就越好。

(二)客房服务质量的构成

客房设施设备、客房物品、服务环境是有形的，而客房服务员提供的服务是无形的。有形产品是客房部提供对客服务的物质基础，其质量的高低决定着酒店接待能力的大小，直接影响着客房服务质量的优劣。因此，客房部必须加强对客房设施设备及物品的管理，配合有关部门做好维护保养和更新改造等工作，确保客房有形产品始终符合酒店的档次和形象。无形产品包括服务员的服务态度、服务技巧、服务方式、服务效率、服务语言、服务礼仪等。如果说有形产品是生产客房服务的凭借和依托，是客房服务的载体，那么无形产品就是客房服务质量的直接表现形式。客房服务员的服务质量极大地影响着客人对客房服务质量乃至整个酒店服务质量的感知。著名的酒店大王斯塔特勒就曾精辟地指出：酒店只生产一种产品，这种产品就是服务。生产优质服务的酒店就是优质酒店，生产劣质服务的酒店就是劣质酒店。

二、优质客房服务的特点

客人评价客房质量优劣的标准当然是能否满足其需求，而他们的需求又是千差万别的，既有共性的部分，也有个性的部分，因此要使服务质量上一个台阶，必须满足客人的个性化需求，为客人提供个性化服务。如果说服务的标准化、规范化是服务质量的基础，那么服务的个性化就是服务质量的灵魂。为客人提供更加富有人情味的、超越标准与规范的个性化服务，是酒店的发展趋势。

服务员应以强烈的服务意识去了解客人，揣摩客人的心理，从而提供有针对性的服务。服务项目在同等级酒店间的差别一般不大，但服务意识、服务水平、服务特色则会有较大区别。在酒店业竞争日益激烈的情况下，把员工培训成为仅仅能够按程序与标准提供服务的服务员是远远不够的。能够为客人提供有特色的个性化服务才是在竞争中取胜的法宝之一。

【经典案例】

服务只有点滴，满意没有终点

小乔是某酒店房务部的一名实习生。某日，小乔值接机班，当天的任务是接待来自天津的三位客人。这三位客人是第一次来呼和浩特旅游。小乔了解完这一情况后，提早来到机场等候。接到客人后，当过导游的小乔热情地向客人问好并做了自我介绍："您一路辛苦了。欢迎您来到美丽的呼和浩特，××酒店欢迎您。我是您此次的接机代表小乔。”在引领客人上车返回酒店的路上，小乔向客人介绍了呼和浩特：“呼和浩特是内蒙古自治区的首府，集政治、经济、文化中心于一体，被称为‘北方药都’‘中国乳都’，被国家旅游局评为中国优秀旅游城市。您看，这就是呼和浩特的标志性建筑——马踏飞燕。”客人表示好奇，想知道内蒙古哪里的草原最美，可以让她们一睹北方草原的辽阔与壮美，可以让她们不虚此行。小乔首先向客人推荐了与呼和浩特距离适中的辉腾锡勒草原，“那里有黄花沟，此时去那里，既可以看草原，又可以体验草原上的生活”。客人觉得很不错，特别向往，问小乔怎样去。小乔查了手机地图之后，了解了呼和浩特距离黄花沟有两小时的车程，但是出来玩坐班车时间上不是太随意，所以小乔建议客人租一辆车，这样时间也比较自由，自己开车去还可以看一看沿途的风景，也是不错的选择。客人听了小乔的建议觉得可行。小乔还和客人聊了当地的一些美食，说内蒙古的羊肉肉质肥美，奶制品更是可口，内蒙古的特产牛肉干最适合带给家乡的朋友品尝……在快到酒店时，一位客人问小乔，哪里既可以吃到呼和浩特的特色早餐，又可以顺便去附近观光。小乔告知客人：“呼和浩特的特色早餐是烧卖，您可以去内蒙古自治区成立七十周年献礼工程的烧卖一条街。那里古色古香，就餐环境幽雅。餐后徒步就可以到市内景点大昭寺、五塔寺、观音庙、塞上老街、清真寺。在以上很多地方都可以品尝到当地的特色美食。”客人眼里放光，充满期待。在办理完入住登记手续之后，小乔送客人回了房间，并且预祝她们入住愉快，希望她们旅程顺利。之后客人在网评上给了该酒店五星好评，同时对小乔所提供的服务表示十分满意。小乔也很开心，觉得自己的服务得到了肯定，表示在接下来的工作中会再接再厉。

三、因人而异的个性化服务

一名优秀的客房服务员一定要熟悉自己的服务对象，了解服务对象的类型、出行目的、性格特点、身体状况、喜好等，以便为他们提供有针对性的、个性化的优质服务。下面就客房服务中常见的客人类型和服务方法进行介绍。

(一)对不同出行目的客人的接待

1. 旅游观光客人

旅游观光客人的出行目的主要是欣赏风景及文物古迹，以团队为主。无论是国外的还是国内的旅游观光团，都以游览参观为主要目的。他们的活动有计划，有安排，有组织。

需求特点：希望玩好、住好、吃好，对自然风光、名胜古迹最感兴趣。一般都打算购买旅游纪念品，喜爱拍照，委托服务较多。

服务方法：分配客房要集中，最好将同一旅游团的客人安排在同一楼层。要注意做好早间服务工作，如清晨叫醒、提醒客人带好相机等。晚上在客人回店前，要将水准备充足，将室内温度调节好。要主动向客人介绍本地区的自然风光、名胜古迹、风味餐厅、工艺美术品、土特产和旅游纪念品，便于客人购买。承担委托服务时要主动热情，保质保量，如洗熨完衣服、擦完皮鞋后要及时送回。

2. 商务会议客人

这类客人多是受企业的委托进行商业活动，活动频繁，需要在客房内办公，组织或参加会议。

需求特点：要求有先进的通信设备、办公用品和良好的会议服务，希望享受优质的服务，委托服务多。

服务方法：有条件的酒店可设置商务楼层，在客房内设置语音信箱、网络接口；房内光线要明亮，办公桌要大，配备的办公用品要齐全；提供便利的交通服务和 24 小时干洗熨烫服务；建立商务客人的饮食档案。如果他们把文件放在写字台上，服务员要严格保密，不得乱翻乱动。处理此类客人的垃圾时也要特别小心，以免引起客人的不满。不要将对立的客人或商业竞争对手分在同一楼层。

3. 蜜月旅行客人

新婚夫妇同行，欢度蜜月，对自然风光、风景名胜感兴趣。他们讲究仪表，喜欢照相，对旅游纪念品感兴趣。

需求特点：喜欢温馨、浪漫的大床房；需要较多的二人空间，讨厌被打扰。希望多在风景区合影留念，要求酒店能为品尝风味食品、购买纪念品提供方便。

服务方法：安排比较安静的大床房；客房布置要温馨、浪漫，凸显对新婚夫妇的美好祝福。向新婚客人赠送礼品，增加欢乐气氛。见面时要讲祝福的话，如“祝新婚愉快、白头偕老”等。房内放置介绍优美风光旅游点、旅游纪念品和风味餐厅所在位置等信息的报纸杂志，为客人游玩和购物提供参考。这类客人比较反感被打扰，因此要注意服务时间上的安排。

4. 竞赛、演出型客人

这类客人以参加当地比赛或演出为目的，一般以团队形式出现。

需求特点：对客房的洗衣熨烫等服务要求较高；活动安排紧凑，需要保证休息；要求良好的保密及安全保障服务。

服务方法：服务要求较集中时，客房部要妥善安排人员及时做好洗衣熨烫等服务。例如，一些文艺演出团对服饰非常讲究，对洗衣服务要求较多，而且要求质量好，效率高。此外，在客房安排上，既要避免影响其他客人休息，又要避免他们被其他客人打扰。例如，一些体育代表团对休息环境和饮食要求高，在客房安排上要充分考虑到能够让他们休息好，且不被打扰。客房还必须有 24 小时热水供应。文艺演出团和体育代表团中的明星很容易招来一大批“追星族”，因此，为他们提供保密及安全保障服务尤为重要。

除以上几种常见类型的客人外，还有购物型、探亲访友型、宗教朝拜型等。购物型客人一般选择较发达的大城市，以购物为主要目的；探亲访友型客人一般以散客为主；宗教朝拜型客人多以团队为主，对客房的要求没有对餐饮的要求高。不同类型的客人有不同的特点，接待时要注意针对性和灵活性。

(二)对不同性格客人的接待

客人性格分为急躁型、活泼型、稳重型、忧郁型等。客房服务员在与客人接触时要注意观察客人的主要表现，有针对性地提供接待服务。

1. 急躁型客人

表现特点：对人热情，语速快，在言谈中表现自信，喜欢讲“我认为……”；直言快语，不顺心的事一定要说出来才痛快；争强好胜，没耐心，粗心，遇到问题容易发火，一旦被激怒，就不易平静下来。

接待方法：不要激怒他们，发生矛盾时应忍让；服务节奏要快，以免客人等着急，发脾气；及时提醒客人不要落下东西；不要计较客人的冲动语言。

2. 活泼型客人

表现特点：活泼好动，反应快，机灵，喜欢参与变化大、花样多的活动；对人热情大方，喜欢与人交往，喜欢讲话，常主动与服务人员攀谈，能很快与人熟悉，并交上朋友，但情感多变，大多数情况乐观，整天笑声不绝，心情很好，但一不高兴，也会马上将情绪带到脸上。

接待方法：在服务中要同他们多交流，满足其爱交际、爱讲话的喜好，但与其讲话不要过多重复，注意内外有别、言语有度；应主动向其介绍酒店里的娱乐活动场所，满足其好动的特点，以示关怀；介绍新款食物，每次的菜谱应有变化，以满足他们喜欢新花样、多变化的特点。

3. 稳重型客人

表现特点：喜欢清静的环境，很少主动与人交谈，讲话很少，感情很少外露，很少大声谈笑，不易受感动，给人难以接近的感觉；自制力强，很少发脾气，做事不慌不忙，不做没把握的事；生活有规律，讲话慢条斯理，常有“怀旧”情绪出现，如喜欢选择以前住过的房间，或选择熟悉的服务员为其服务。

接待方法：安排僻静的客房，远离电梯、过道口及有儿童的客房，以满足他们爱清静的特点；为这类客人服务时要讲礼貌，讲话速度不要太快，避免啰唆；答应这类客人的事一定要办好，不可马虎。

4. 忧郁型客人

表现特点：情感很少外露，性情孤僻，不合群，很少到热闹场所去，沉默寡言，不习惯在公开场合讲话；自尊心十分强，情绪化，很多时候是郁郁寡欢的；讲话慢，对人对事很敏感，好猜疑。

接待方法：对其讲话要清楚明了，以免引起误会；在其面前少说话，不要与他们开玩笑，以免客人多心。客人遗失物品、生病、发生意外时，应给予其特别的关心与帮助，想办法安慰他们，使他们感到温暖。

(三)对不同身体状况客人的接待

1. 老年客人

特点分析：此类客人以离退休干部、知识分子、企业员工等为主。他们一般年纪较大，视力、记忆力、听力差，动作迟缓，行动不便，喜欢安静、舒适、安全系数高的环境，喜欢买纪念品，对历史古迹感兴趣。

服务方法：安排安静的客房，主动搀扶客人进大厅、电梯和客房，帮他们拿行李。客房内开水、茶叶或饮料供应要充足。提醒客人夜间注意安全，别滑倒摔伤，主动询问客人是否有送餐服务的要求。保持楼道安静，以免影响他们休息。

2. 疗养客人

特点分析：这类客人多借住店之机看病或疗养，一般有某种慢性病。他们住店时间长，喜欢安静、光线好的客房，活动有规律，口味讲究，对药物和优美恬静的自然风光感兴趣。

服务方法：尽量为其安排僻静的小客房。服务员要勤进客房，摸清其生活规律。这类客人常在客房内用餐。在饮食方面要尽量满足他们的要求，供应要及时。客人休息时不要打扰他们，要勤送水，照顾周到。

3. 残疾客人

特点分析：这类客人最常见的有三种：第一种是身体残疾、行动不便的客人；第二种是盲人或视力不佳的客人；第三种是听力不佳的客人。他们自尊心强，住店期间需要耐心细致、有针对性的服务。

服务方法：一方面，要注意满足客人自尊的需要，不提及其残疾之处，不使客人觉得自卑；另一方面，要细心且有针对性地照顾客人，为客人提供各种便利。例如，帮助身体残疾的客人拿行李，不询问、不打听致残原因，避免因语言不当使客人不高兴。又如，为盲人或视力不佳的客人详细介绍客房设施设备，以便他们尽快熟悉环境。

4. 孕产妇客人

特点分析：这类客人因有孕在身或有婴儿需要哺喂，所以需要安静、舒适、安全系数高的客房。

服务方法：提供安静的客房。为有婴儿的客人准备婴儿床或婴儿座椅、奶瓶消毒锅等。提醒孕妇注意防滑，为其准备舒适的床品，推荐营养餐等。

四、客房服务的质量控制

(一)接待服务准备工作的质量控制

在宾客到店之前，各岗位要作好充分的准备。第一，精神准备。服务人员必须精神饱满，思想集中，着装整洁，规范上岗。必要时，要事先了解客人的身份、生活习惯等，以便有针对性地提供服务。第二，物质准备。物质准备包括前厅、客房、安全保卫等各方面的准备工作。保证宾客一进店，就能得到满意的服务。例如，客房部要检查房间的设施设备是否齐全完好，房间是否整洁，布置是否美观、舒适，用品配备是否齐全等，以确保客房质量达标。

(二)接待服务过程的质量控制

接待服务过程是客房服务全过程中的关键环节，其质量是客房服务质量最直接、最具体的体现。接待服务质量直接影响到宾客的满意度和酒店的声誉。接待服务过程的质量控制主要有以下两方面内容：第一，严格执行接待服务规范，加强服务质量检查。宾客到店入住后，服务人员必须严格按照服务规范和程序进行操作，为宾客提供优质服务。各级管理人员要以服务质量标准为依据，加强对服务质量的监督和检查，如发现质量问题要及时纠正，加强控制，特别是对接待服务的关键部门、岗位或薄弱环节要实行有效控制。第二，搜集质量信息，分析产生质量问题的原因，尽快研究改进。

(三)接待服务结束工作的质量控制

接待服务结束工作的质量控制是客房服务全过程质量控制的最后一个环节，主要内容有：第一，宾客离店前的工作。服务人员要主动、诚恳地征求意见，对宾客不满意之处要表示歉意；对宾客提出的要求或投诉，要尽可能给予答复、解决；掌握宾客离店时间，认真核对宾客账单，保证准确、及时地结账，防止漏账；宾客离店时，主动告别，并表示感谢，欢迎其下次光临。第二，宾客离店后的工作。正确处理宾客遗落、遗弃物品，做好新一轮的服务接待准备工作，以迎接下一批宾客的到来。

【任务实施】

实训任务	优质对客服务情景模拟训练
实训目标	能按优质服务的要求为客人提供个性化服务
实训地点	校内实训室或校外实习基地
实训条件	1. 校内实训室：客房实训室及各情景所需设备等 2. 校外实习基地：酒店相关区域
实训过程	1. 实训前 (1)着装整齐，准备实训用具 (2)分配实训小组(建议每组 6～8 人) (3)准备相关案例 2. 实训中 (1)每个实训组为一个训练小组，进行情景分析，提出处理方法 (2)依据案例进行角色演练 (3)小组互评 (4)教师打分 3. 实训后 (1)教师总结 (2)学生撰写实训报告

续表

实训考核建议	1. 考核内容：服务意识＋操作能力 2. 考核方式：实际操作(考核标准见附表 2-7) 3. 考评人员：教师或企业兼职教师、学生

注：学生可参考以下情景或自己设定情景

情景一

四月武汉樱花盛开，游人如织。某酒店接待了来自广州的一个大型旅游团，客房部将酒店空出的客房全部安排给了该团。晚上，客人们陆续回到酒店。相识的客人们开始楼上楼下地互相串门，客房部的电梯间里都是高声谈笑的客人，这种状态一直持续到深夜。结果，其他住店客人纷纷打电话投诉，说太吵，无法好好休息。

情景二

某旅游团入住火车站附近的 S 酒店，第二天早上因为要乘坐 6：30 的动车前往武当山参观游览，所以领队向酒店客房服务员要求了叫早服务和提前提供早餐服务。可是第二天早上，有的房间客人睡过了头，没有接到叫早电话，更让人生气的是早起的客人们前往餐厅时却被告知要到 7：00 才有早餐供应，领队当即在餐厅大发脾气。

情景三

某酒店客房部商务楼层服务员小刘热情地接待了 306 房的王先生。一天下午，正当小刘照例给王先生送报纸、杂志和果盘时，王先生让小刘给他安排一间会议室，说他一小时后要召开一个紧急会议。小刘看客人情况紧急，就赶紧答应下来，立即去办。可是，因为客人没有事先预约，当天的会议室都被订完了。这时，小刘立即报告经理说明王先生会议的紧急性，并建议借用西餐宴会厅一个半小时。因为离开餐时间还有一段时间，所以经理答应了小刘的建议，并让小刘全权负责处理此事。小刘立即跟王先生说明情况，征得王先生同意后，他向宴会部借来了投影仪、话筒、办公纸、笔等，还摆上了招待茶水。一小时后，王先生的会议准时在西餐宴会厅召开。看到小刘额头上微微冒出的汗珠，王先生向他投来感激的目光。一个月过去了，客房部收到了王先生的大型会议接待订单，并指明要服务员小刘负责。

情景四

郑州某酒店接待了前来参加全国旅游院校服务技能比赛的师生代表团。因为比赛需要，客人一会儿要借熨斗，一会儿要借针线和剪刀，还有客人要借鞋油和刷子等。客房部的服务台当值人员均热情而及时地提供帮助，并认真做好记录，注意调配和第一时间收回，以随时满足客人们的需要。客人们都称赞酒店客房部有个百宝箱，要什么有什么。

情景五

客房服务员小张在为住店客人王女士介绍客房设施设备时，十分用心地一一进行介绍。结果，王女士立即打断他："好了，好了，这些我都知道，我认为你没必要再啰唆了。”从客人房间出来，小张一脸茫然，心想：我认真地向客人介绍客房，错在哪里了？

情景六

某酒店客房部迎来了一群参加毕业旅行的年轻客人，他们阳光、时尚，走到哪儿都是欢声笑语。客房服务员小李注意到这一情况，在服务时主动跟他们聊天，告诉他们酒店的招牌菜和特色甜点，回头客最多的娱乐项目是恒温水上乐园。一来二去，小李成了他们的朋友，客人们总是打电话、发微信向小李咨询各种问题。小李感觉为这样的客人服务真是一件愉快的事情。

情景七

客房服务员小赵当班期间注意到508房间的住客邓先生好像很面熟，是第二次入住本酒店了。于是，在楼层过道遇见时，他微笑着礼貌地问好：“欢迎您再次入住。”没想到邓先生看了看他，说：“谢谢你上次帮我给朋友邮寄了明信片。”小赵这才想起来，原来一个月前，这位邓先生，曾委托他帮忙给朋友寄过一张明信片。当时，同事还开玩笑说：“现在谁还寄这种过时的东西啊？说不定邮寄途中也会弄掉呢！没空就算了。”可是小赵还是在下班途中去邮局帮客人将明信片投递了出去。这次见面，小赵心想：幸亏上次按照客人的要求做了，要不然就麻烦了。

【项目小结】

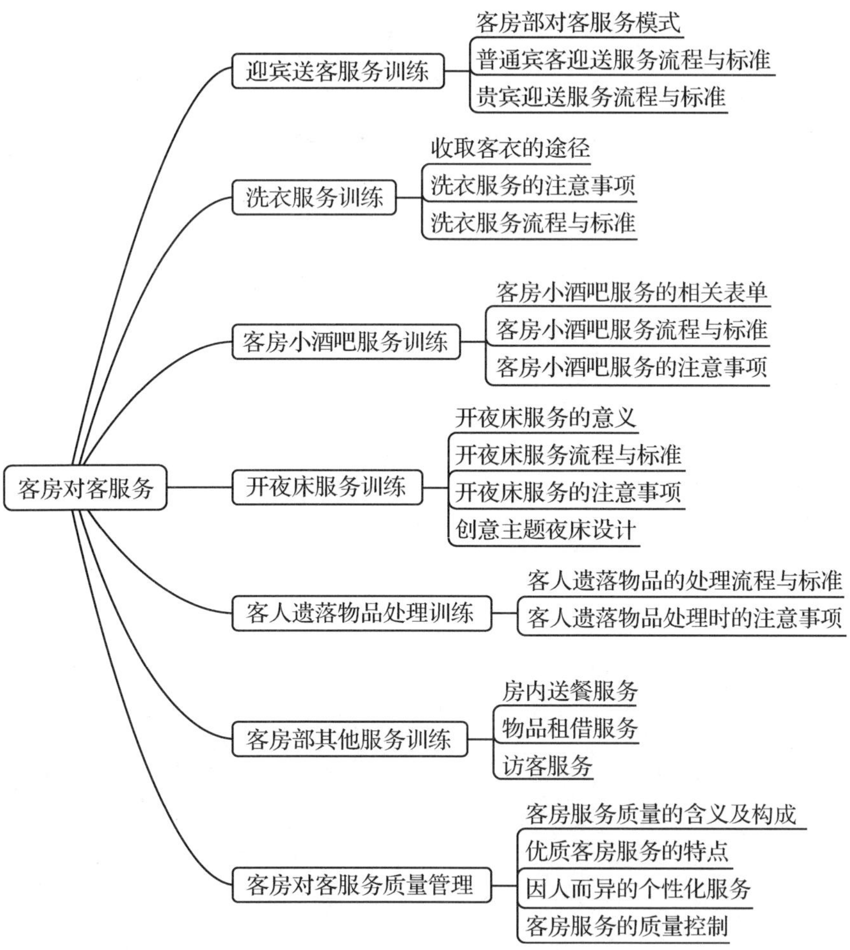

【自我学习】

一、理论思考题

1. 分析不同身体状况的住客对客房服务的需求。

2. 思考客房规范化服务与个性化服务的关系。

二、案例分析题

请对下列案例中的服务员做出评价。

来自客房的专业而贴心的服务

呼和浩特某五星级酒店房务部当班服务员小高是一位专业能力过硬且贴心的好员工。3 月 9 日在小高上中班的时候，1601 房的客人准备出门，小高为客人呼梯时发现客人有些咳嗽，并且说话的声音有些沙哑。在跟客人交谈中小高得知客人有些上火和感冒。客人还表示最近几天工作太忙，一直没有时间出去买药，只能硬扛着。小高立即告诉客人，如果没有时间买药的话，酒店礼宾部可以帮他买好并放在房间里。客人听到后立刻表示感谢并说这样真是太方便了。小高帮客人将需要买的药品名称写在纸上，并请客人签字确认委托。客人外出后，礼宾部为客人买好药并放在房间里。晚上客人回到房间后，小高又为客人准备了一杯柠檬水，并告诉客人柠檬水有助于补充维生素并且有一定的下火功能，对客人的感冒和上火有一定的缓解作用。客人表示很惊喜，并不住地对小高表示感谢。之后客人问小高酒店有没有吃的，小高告诉客人酒店有 24 小时送餐服务，客人可以在房间直接点餐。小高还告诉客人现在酒店的“欢乐时光”也有精美点心和水果，并把客人引领过去，让客人自己选择。客人说这里环境好，服务好，各方面都好，下次来呼和浩特，还选择这里。

项目九答案

项目十　客房清洁保养

【项目描述】

学习不同类型客房的清洁工作，中、西式铺床，公共区域清洁管理，客房计划卫生管理以及客房清洁设备、清洁剂及客房消毒等相关知识，形成相应的职业技能，以良好的服务意识按照操作规范完成客房清洁保养工作任务。

【案例导入】

2018 年 3 月 10 日，酒店值班经理入住 3910 房间。躺在床上时，她迎着床头灯看到床头玻璃上有很多灰尘，很明显客房服务员在清扫房间时忽略了这块玻璃。值班经理坐在马桶上，在迎着灯光的方向看到洗漱台下面的木质家具上有很多水渍，如果站着是发现不了这些水渍的，但是从马桶的角度看水渍非常明显。接下来她将电子秤取出，想要称下体重。电子秤的表面没有明显的灰尘，但是电子秤的玻璃下面有不少水渍。

2018 年 3 月 29 日，布草员在清点客房服务员送来的从客房撤换下来的棉织品时，一个白色的东西从一团卷着的床单中掉了出来。布草员捡起来一看，是一件睡衣。布草员明白，这又是客房服务员在清扫客房卫生换床单时，没有发现床单中的睡衣，把它随换下的床单一起卷了进来。布草员把这件睡衣交给客房服务员。客房服务员看到把客人的睡衣夹带出来了，有些着急。可是由于自己没有按照要求(一层一层地撤，把床单抖开检查)操作，而是将两条床单整个一卷就拿走了，没有看到床单里的睡衣。现在根本不可能知道这件睡衣是从哪个房间撤出来的。白天客人都不在房间，即使客人在房间，服务员也不可能拿着睡衣挨个儿房间去问睡衣是谁的，只能把睡衣放在客房服务中心，等着客人晚上要睡觉发现睡衣不见时，自己找来再说吧。

睡衣没有了，客人在回到房间时往往也不能及时发现，只有到要睡觉的时候才会发现。这就会给客人带来很大的不便，客人会因此对酒店产生不良印象。因此，这看似简单的一件事，会影响到客人对酒店的印象和评价，进而影响到酒店的声誉和效益。

>> 任务一　客房清洁训练 <<

【任务描述】

通过学习，明确不同类型房间的清洁重点，掌握清洁流程与标准，独立完成不同类型房间尤其是走客房的清洁工作。

【任务目标】

知识目标：了解酒店中的常见房态及其含义；了解各种房间的清洁要求和清洁规范；正确把握清洁房间的顺序

技能目标：能够准确完成清洁前的准备工作，并能按照清洁流程完成不同类型房间的清洁工作

素质目标：吃苦耐劳、爱岗敬业；具有严谨规范意识和制度意识

【理论引导】

客房是客人在酒店停留时间最长的地方，也是客人在酒店真正拥有的私人空间。客人每天在盥洗、休息等过程中，与客房内的各种设施用品有充分的接触，所以客房内的清洁卫生既是客人住房安全的要求之一，也是客人衡量酒店服务质量的重要指标。因此，客房日常清洁工作是客房部管理工作永恒的主题。客房清洁是客房服务员的主要工作内容。要使清洁工作达到高效率、高品质，客房服务员一定要按照客房清洁流程与标准操作，如此才能提供高品质的服务。

一、客房清洁工作的一般原则

客房清洁工作的一般原则如下。

第一，先房间后卫生间。卫生间清洁是带水操作的，服务员的鞋底可能会有水渍，后清扫可以避免在房间走动时造成重复污染。

第二，先铺后擦。应先清扫铺床，后擦家具等物品。否则，清扫铺床时扬起的灰尘会重新落在家具等物品上。

第三，环形清理。按顺时针或逆时针方向在房间内进行环形清理，可避免遗漏。

第四，由上到下。擦拭家具时应从上部开始，逐渐向下擦。

第五，干湿分开。针对不同质地的家具，使用不同的抹布，干布和湿布交替使用。

第六，由里到外。最后的吸尘和检查工作要由里到外，这样既能保证整洁，又可防止遗漏。

二、客房清洁流程与标准

(一)客房清洁流程

客房清洁流程如图 10-1-1 所示。

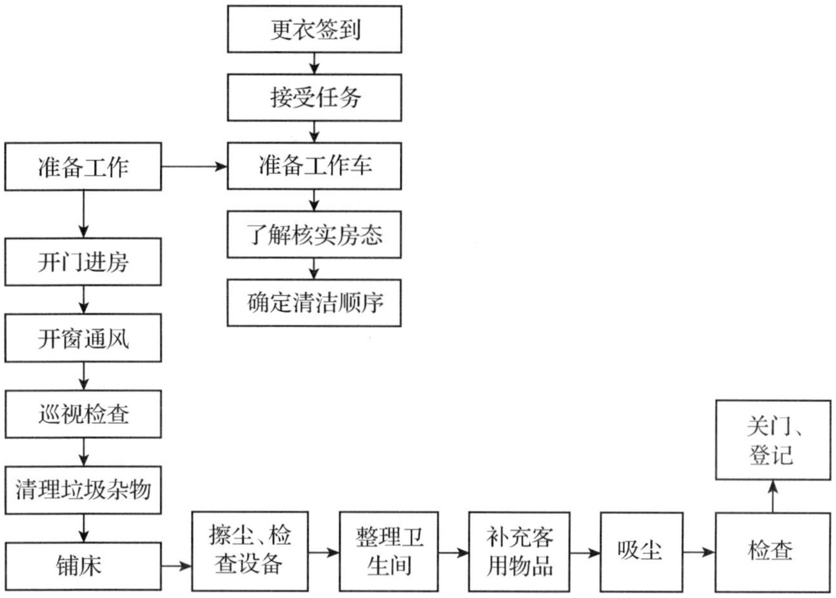

图 10-1-1　客房清洁流程

(二)客房清洁程序与标准

客房清洁程序与标准如表 10-1-1 所示。

表 10-1-1　客房清洁程序与标准

程序	标准
准备工作	(1)到岗前：更衣、接受检查、签到、接受任务、领取钥匙与对讲设备、进入楼层 (2)到岗后：准备工作车；准备吸尘器；了解核实房态；确定清洁顺序
开门进房	(1)开门进房间 (2)在工作单上填写房间号码与进房时间。要求实时填写，不得清洁完毕后再填写
开窗通风	(1)如有可能将窗户打开，便于室内通风换气 (2)检查窗帘是否有脱钩或损坏现象 (3)检查空调运转是否正常，将空调开关关上
巡视检查	(1)检查有无客人遗落物品，设备用品有无丢失或损坏，如有，做好记录上报 (2)检查小酒吧酒水有无消费，如有，做好记录 (3)打开所有照明设备，检查是否完好 (4)检查门、窗、墙面、天花板、地毯以及各种家具是否完好，若有损坏，及时向客房服务中心报修，并做好记录上报

续表

程序	标准
清理垃圾杂物	(1)将烟灰缸里的烟灰倒入指定的垃圾桶内，在浴室内洗净，用布擦干、擦净 (2)清理垃圾桶 (3)按顺时针或逆时针方向在房内走一圈，收走地上的垃圾 (4)将房内垃圾放入工作车上的垃圾袋内
铺床	按酒店需要完成中式或西式铺床
擦尘、检查设备	(1)房门：从上到下、从内到外擦干净；把窥镜、防火通道擦干净；检查门锁是否灵活；“请勿打扰”牌、早餐牌上有无污渍 (2)风口与走廊灯：一般定期擦拭，擦走廊灯时使用干抹布 (3)壁柜：擦净整个壁柜、衣架、挂衣杆，检查物品是否齐全 (4)酒柜：擦净小酒吧内外，检查冰箱运转是否正常，温度是否适宜，并记下需要补充的物品 (5)行李架(柜)：擦净行李架内外，包括台面和挡板 (6)写字台、化妆台：抽屉应逐个拉开擦；检查洗衣袋、洗衣单及礼品袋有无短缺，若有短缺，补充齐全；用干湿两块抹布擦拭梳妆镜镜面 (7)电视机：用干抹布擦净，打开开关检查工作状态 (8)地灯：用干抹布擦净灯泡、灯罩，收拾好电线 (9)窗台：窗台先湿后干擦拭干净。推拉式玻璃窗的滑槽如有沙粒，可用刷子加以清除 (10)沙发、茶几：用干抹布擦去沙发上的灰尘，注意清理沙发背与沙发垫之间内存的污物。先用湿抹布，再用干抹布擦拭茶几，保持其光洁度 (11)床头板：用干抹布擦拭床头灯泡、灯罩、灯架及床头挡板 (12)床头柜：检查床头柜上的各种开关，如有故障，立即通知维修；定期用酒精棉球擦拭电话机 (13)装饰画：先用湿抹布擦拭画框，再用干抹布擦拭画面，摆正挂画 (14)空调开关：用干抹布擦灰尘，根据季节调节温度
整理卫生间	参见旁边二维码
补充客用物品	(1)按照住客接待规格进行补充 (2)按规定位置、数量补足 (3)摆放整齐，方便取用
吸尘	(1)用专用吸头对各处进行吸尘 (2)吸尘时注意家具间的缝隙处，必要时挪动家具
检查	(1)检查整个房间是否打扫干净，物品摆放是否到位 (2)检查是否有清洁工具遗落在房内 (3)窗户及镜面应确保光亮、干净、无尘 (4)如有漏项应及时补漏 (5)窗帘应保持干净、无破损，悬挂方式美观
关门、登记	(1)将吸尘器拉离房间 (2)将抹布、工作篮等清洁用品放回工作车内 (3)关灯 (4)锁门，确认确实上锁后方可离开 (5)填写房态、离开时间 (6)填写客用物品使用与补充数量，各类易耗品、纸制品及棉织品的消耗情况等 (7)填写需要维修的项目和特别注意的事项 (8)在每一行的备注栏中应该写明尚未补充的物品或其他需要跟进的事项等 (9)在报表下面的各栏(维修栏、客衣栏、小酒吧栏、借用物品栏、报损物品栏、计划卫生栏)中写明相应的内容，参见表 10-1-2 客房清洁日报表

卫生间清理
规范与标准

表 10-1-2　客房清洁日报表

<table>
<tr><td colspan="24">客房清洁日报表
楼层：　　区域：　　服务员：　　领班：　　年　月　日</td></tr>
<tr><td colspan="4">清洁客房</td><td colspan="6">撤换布件数量</td><td colspan="14">补充日耗品数量</td></tr>
<tr><td rowspan="2">房号</td><td rowspan="2">房态</td><td colspan="2">时间</td><td rowspan="2">床单</td><td rowspan="2">枕套</td><td rowspan="2">浴巾</td><td rowspan="2">面巾</td><td rowspan="2">地巾</td><td rowspan="2">方巾</td><td rowspan="2">购物袋</td><td rowspan="2">信封</td><td rowspan="2">信笺</td><td rowspan="2">茶叶</td><td rowspan="2">针线包</td><td rowspan="2">擦鞋纸</td><td rowspan="2">洗衣袋</td><td rowspan="2">沐浴液</td><td rowspan="2">洗发液</td><td rowspan="2">牙具</td><td rowspan="2">香皂</td><td rowspan="2">梳子</td><td rowspan="2">卫生纸</td><td rowspan="2">面巾纸</td></tr>
<tr><td>进</td><td>出</td></tr>
<tr><td></td><td></td><td></td><td></td><td></td><td></td><td></td><td></td><td></td><td></td><td></td><td></td><td></td><td></td><td></td><td></td><td></td><td></td><td></td><td></td><td></td><td></td><td></td><td></td></tr>
<tr><td></td><td></td><td></td><td></td><td></td><td></td><td></td><td></td><td></td><td></td><td></td><td></td><td></td><td></td><td></td><td></td><td></td><td></td><td></td><td></td><td></td><td></td><td></td><td></td></tr>
<tr><td></td><td></td><td></td><td></td><td></td><td></td><td></td><td></td><td></td><td></td><td></td><td></td><td></td><td></td><td></td><td></td><td></td><td></td><td></td><td></td><td></td><td></td><td></td><td></td></tr>
<tr><td></td><td></td><td></td><td></td><td></td><td></td><td></td><td></td><td></td><td></td><td></td><td></td><td></td><td></td><td></td><td></td><td></td><td></td><td></td><td></td><td></td><td></td><td></td><td></td></tr>
<tr><td colspan="8">计划卫生：</td><td colspan="8">维修要求：</td><td colspan="8">备注：</td></tr>
</table>

三、各类房态客房的清洁重点

各种客房因其状况不同，清洁整理的内容、要求和标准也不一样，如表 10-1-3 所示。

表 10-1-3　各类房态客房的清洁重点一览表

房态	清洁重点
空房	检查核实，简单整理，确保质量。清洁内容如下：简单除尘，打开空调，调节房内的温、湿度，通风换气。如较长时间没有出租，要对地面进行吸尘。将浴缸、脸盆的水放流 1～2 分钟。马桶冲水。检查毛巾有无异味、返潮，如有，必须进行更换
住客房	按住客房标准和客人的相关要求进行清洁整理
预离房	一般情况下，在客人退房之前不予清洁整理。如果客人退房时间较晚或客人提出要求，则给予简单清洁整理，一般不会全面更换、补充用品
走客房	按照客房清洁标准进行彻底的清洁整理
外宿房	因住客没有在房内住宿，通常只需检查，必要时稍加整理即可
长住房	按客人要求的时间和有关协议规定进行清洁整理
贵宾房	优先安排清洁整理，并按贵宾接待通知单的要求进行布置
请勿打扰房	在客人没有取消这种要求之前，不能清洁整理客房；如果客房长时间显示“请勿打扰”且超过了酒店的结算时间，应采取适当措施进行检查，以防出现意外
请即打扫房	请即打扫房通常是住客房，如果属于续住房，则按住客房的标准进行全面清洁整理；如果是计划外客房，则进行简单的清洁整理
双锁房	此类房间通常表示客人不希望被打扰，处理的办法与请勿打扰房相似

续表

房态	清扫重点
待修房	因客房有问题需要维修而处于维修状态，服务员应检查是否已经修好。如果已经修好则及时进行清洁整理；如果没有修好，一般不予清洁整理
其他	有些预订散客和团队客人预计抵店时间很晚，在主管同意的情况下，可以顺便将这些房间的夜床做好，并在工作单上做好记录

【经典案例】

客房缘何没有及时打扫?

客房部难免会出现一些特殊房态。某酒店客房部有一间住客房的客人要求对房间进行全保(保密房)。客房服务员小张在打扫房间时怕影响客人便先去做其他退房。可当小张打扫完其他房间后再打扫这间保密房时，客人便质问为什么这么晚才来收拾。小张听到后马上解释说，因为是全保房，所以不敢轻易打扰，并立即向客人道歉，然后在征得客人同意后立即为客人打扫房间。打扫完后，小张征求客人的意见，问什么时间为客人打扫比较方便，并与客人约好了每天打扫客房的时间，最后客人理解并原谅了小张。

【任务实施】

实训任务	走客房清洁操作训练
实训目标	能按操作流程与标准完成走客房的清洁工作
实训地点	校内实训室或校外实习基地
实训条件	1. 校内实训室：客房实训室及房务工作车、吸尘器、清洁用品 2. 校外实习基地：客房及房务工作车、吸尘器、清洁用品、清洁剂、客房用耗品
实训过程	1. 实训前 (1)着装整齐，准备实训用具 (2)分配实训小组(建议每组6～8人) (3)观看走客房清洁教学片 2. 实训中 (1)学生以小组为单位设计出走客房的清洁程序，并进行实践操作 (2)学生互评 (3)教师讲评 (4)学生完善操作细节，教师进行考评 3. 实训后 (1)教师总结 (2)学生撰写实训报告
实训考核建议	1. 考核内容：服务意识+操作能力 2. 考核方式：实际操作(考核标准见附表2-8) 3. 考评人员：教师或企业兼职教师、学生

>> 任务二　中、西式铺床操作训练 <<

【任务描述】

在学习中、西式铺床相关内容的基础上，按操作流程与标准完成中、西式铺床现场操作。

【任务目标】

知识目标：掌握中、西式铺床流程与标准

技能目标：能按照操作流程与标准独立完成撤床及中、西式铺床任务

素质目标：培养注重细节、精益求精且勇于创新的工匠精神

【理论引导】

床的整洁、美观与否，关系到整个客房的整洁度与美观度。中式铺床是我国酒店常见的一种铺床方法，而西式铺床是国外酒店常见的一种铺床方法，两者有各自具体的操作流程与标准。

一、中式铺床操作流程与标准

中式铺床法是按照我国传统的风俗习惯配备和整理床铺的方法，是近几年在星级酒店又重新兴起的铺床方法。其优点是：便于客人入睡时进入被窝，符合人性化管理的要求并具有民族特点。

(一)中式铺床操作流程

中式铺床操作流程如图 10-2-1 所示。

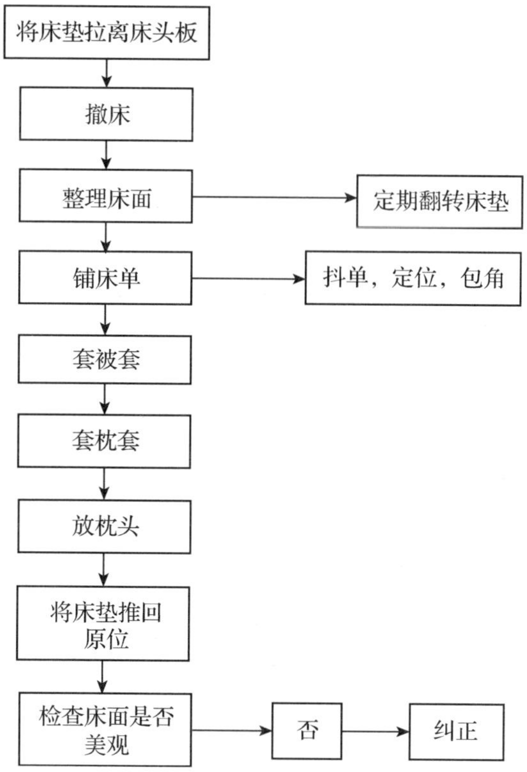

图 10-2-1　中式铺床操作流程

(二)中式铺床操作程序与标准

中式铺床操作程序与标准如表 10-2-1 所示。

表 10-2-1　中式铺床操作程序与标准

程序	标准
将床垫拉离床头板，撤床，整理床面	(1)屈膝下蹲，将床垫拉离床头板约 50 厘米，卸下枕套，将枕芯放在沙发或椅子上 (2)卸下被套或床单，床单从角位拉起，防止扯拦或夹带物品，如有污渍或破损，应分开摆放。 (3)检查床垫四周的松紧带是否脱落，注意床垫卫生状况，如有污渍、破损等应撤换 (4)定期翻转床垫，留意床垫上所写的数字是否与本季度相符
铺床单	(1)将床单铺在床上，床单正面向上，中线与床垫的中线重合，均匀地留出床单四边，使之能包住床垫 (2)将四个角式样、角度一致地包成直角，使四个包角均匀、紧密。将床垫四边多余的床单分别塞入床垫与床架中间的夹缝中
套被套	(1)将被套平铺在床上，一次抛开 (2)开口方向正确，朝向床尾 (3)将被芯装入被套里 (4)手伸进被套里，紧握住被芯部分的两角，将其与被套的床头两角重合对齐 (5)将被芯床尾两角与被套床尾两角重合对齐，用力抖动，使被芯完全展开、被套四角饱满 (6)调整被套位置，使之与床头齐平，棉被的中线与床单的中线对齐，一次成功 (7)将棉被床头部分翻折 45 厘米 (8)将被套开口封好
套枕套	(1)握住枕芯的 1/3 处，将枕芯塞入枕套 (2)四角到位，饱满挺括 (3)枕套开口处平整无褶皱，处理开口手法正确
放枕头	(1)将两只枕头放在床头正中，枕头中线与床单中线对齐 (2)枕头边与床头齐平 (3)枕套沿无褶皱，表面平整，自然下垂 (4)单人床枕套开口背对床头柜，双人床枕套开口相背
将床垫推回原位，检查床面是否美观	(1)把床垫缓缓推回原位 (2)再将铺好的床查看一次，对不够整齐、不够美观的床面稍加整理

二、西式铺床操作流程与标准

西式铺床已流行很长时间，其优点是床面平整紧凑、挺阔美观，具有较好的视觉效果，也方便管理者检查。

(一)西式铺床操作流程

西式铺床操作流程如图 10-2-2 所示。

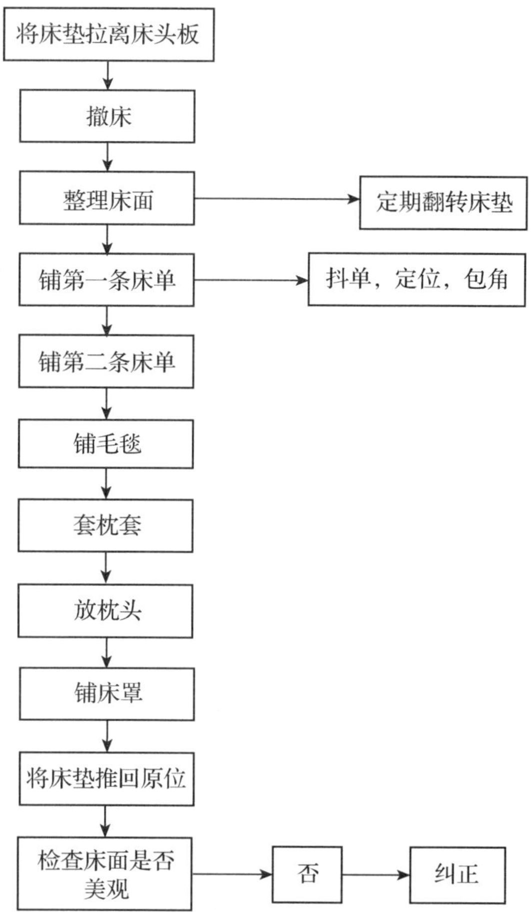

图 10-2-2 西式铺床操作流程

(二)西式铺床操作程序与标准

西式铺床操作程序与标准如表 10-2-2 所示。

表 10-2-2 西式铺床操作程序与标准

程序	标准
将床垫拉离床头板，撤床，整理床面	(1)屈膝下蹲，将床垫拉离床头板约 50 厘米，卸下枕套，将枕芯放在沙发或椅子上 (2)卸下床罩、毛毯、床单 (3)检查床垫四周的松紧带是否脱落，注意床垫卫生状况，如有污渍、破损等应撤换 (4)定期翻转床垫，留意床垫上所写的数字是否与本季度相符
铺第一条床单	方式同“中式铺床法”
铺第二条床单	(1)床单正面朝下，中线要与第一条床单的中线重合 (2)床单上端多出床垫约 10 厘米
铺毛毯	(1)将毛毯铺在床上，毛毯中线与床单中线对齐，两边下垂均匀，上端与床头齐平，毛毯商标朝外在床尾下方 (2)包角。将毛毯尾部连同第二条床单下垂部分塞入床垫与床架中间的夹缝中，床尾两角包成直角 (3)包边。将第二条床单由床头部向上反卷包住毛毯头并反折 30 厘米，将床两侧垂下的毛毯同第二条床单一起塞入床垫与床架中间的夹缝中

续表

程序	标准
套枕套	(1)握住枕芯的 1/3 处，将枕芯塞入枕套 (2)四角到位，饱满挺括 (3)枕套开口处平整无褶皱，处理开口手法正确
放枕头	(1)将两只枕头放在床头正中，枕头中线与床单中线对齐 (2)枕头边与床头齐平 (3)枕套沿无褶皱，表面平整，自然下垂 (4)单人床枕套开口背对床头柜，双人床枕套开口相背
铺床罩	(1)把叠好的床罩打开 (2)双手把床罩尾部拉至床尾离地 5 厘米处(扣准床尾两角)；将床罩头部抛向床头，使床罩平铺在床上 (3)抛床罩时注意以腿顶住垂下的床罩，床罩下摆不要着地；站在床头位置将床罩置于枕头上边，下垂 10 厘米，将床罩多余部分塞入上下枕头之间 (4)整理床罩，使处于枕头上的床罩平整，两侧呈流线型自然由枕头边垂至床侧，处于上下枕头夹缝中的床罩自然向两侧呈流线型至端处
将床垫推回原位，检查床面是否美观	(1)把床垫缓缓推回原位 (2)再将铺好的床查看一次，对不够整齐、不够美观的床面稍加整理

铺床操作中有哪些注意事项？

【任务实施】

实训任务	中、西式铺床实训操作训练
实训目标	能按操作流程与标准完成中、西式铺床操作
实训地点	校内实训室或校外实习基地
实训条件	1. 校内实训室：客房实训室及房间内配备的物品，教学视频 2. 校外实习基地：客房
实训过程	1. 实训前 (1)着装整齐，准备实训用品 (2)分配实训小组(建议每组 6～8 人) (3)观看中、西式铺床教学片，教师示范操作 2. 实训中 (1)学生以小组为单位进行中、西式铺床练习 (2)学生互评 (3)教师讲评 (4)学生完善操作细节，教师进行考评 3. 实训后 (1)教师总结 (2)学生撰写实训报告
实训考核建议	1. 考核内容：服务意识＋操作能力 2. 考核方式：实际操作(考核标准见附表 2-9、附表 2-10) 3. 考评人员：教师或企业兼职教师、学生

>> 任务三 公共区域清洁管理 <<

【任务描述】

通过学习了解公共区域的范围、公共区域清洁工作的特点，掌握公共区域主要清洁内容的清洁流程与标准，进行公共区域相关清洁工作。

【任务目标】

知识目标：了解公共区域的范围、公共区域清洁工作的特点，掌握公共区域主要清洁内容的清洁流程与标准

技能目标：能够完成大堂的清洁工作

素质目标：培养吃苦耐劳、把小事做大，主动服务的雷锋钉子精神

【理论引导】

一、公共区域清洁管理基础知识

(一)公共区域的范围

客房部员工除了要搞好客房卫生外，还要负责所有公共区域的清洁工作。公共区域的清洁工作一般由客房部下设的公共区域组完成。所谓“公共区域”，是指宾客和酒店员工共同享有的活动区域，包括室内和室外、客用部分和员工使用部分。公共区域范围广大，不仅涉及住店客人，而且涉及在酒店用餐、开会、购物、参观游览等的非住店客人，还是所有员工工作环境的重要组成部分。所以，做好公共区域的清洁工作意义重大。

(二)公共区域清洁工作的特点

1. 人员流量大，清洁工作不太方便

公共区域的人员流量非常大，客人活动频繁，这给该区域的清洁保养工作带来了不便和困难。为了便于清洁并减少对来往人员的干扰，公共区域的清洁工作尽量都安排在人员活动较少的时间段进行，特别是客用区域的清洁工作，大部分被安排在夜班完成。

2. 涉及范围广，造成影响大

公共区域清洁卫生工作的范围涉及酒店的每一个角落，既包括外墙、花园、前后大门、通道等，也包括室内的大厅、休息室、餐厅、娱乐场所、公共洗手间、电梯、行政办公室、员工休息室、更衣室、餐厅、员工公寓以及所有的下水道、排水排污管道和垃圾房等。公共区域的卫生状况被每一个经过和进入酒店的人感知、传扬，对酒店形象有较大的影响。

3. 项目繁杂，专业性、技术性强

公共区域的清洁工作不仅涉及面广，而且在不同的地点，针对不同的清洁对象，有不同的清洁标准，采用的清洁方法不同，使用的清洁剂也不同。清洁项目繁杂、琐碎，包括地面、墙面、天花板、门窗、灯具的清洁，公共卫生间的清扫，绿化布置，除虫防害等。各类清洁工作具有各自的专业性和技术性，这对工作人员提出了较高的要求。

(三)公共区域清洁卫生准备工作

1. 安排好清洁保养时间

根据客人活动的时间规律，安排好不同区域的清洁保养时间，原则上不能影响客人的正常活动。例如，大堂地面清洁维护工作会被安排在夜晚进行。

2. 领取工作钥匙和有关的工作表单

在开始清洁卫生工作之前，要先领取工作钥匙，如存放清洁用品的储物间钥匙、待打扫的办公室钥匙等，还要领取完成工作后需填写的相关表单。

3. 准备好清洁剂和清洁器具

如果进行高处作业需准备梯子，在使用前做好检查；清洁地面之前，准备好吸尘器、洗地毯机、打蜡机、拖把、尘推等；清洁玻璃之前，准备好清洁剂、玻璃刮、抹布。注意清洁剂的配比或种类选用。

二、公共区域主要清洁内容的清洁流程与标准

公共区域的清洁工作涉及酒店前台和后台、室内和室外的广泛区域，而大堂是酒店客人来往最多的地方，是酒店的门面，会给客人留下作用重大的第一印象。因此，大堂的清洁卫生工作尤为重要。下面主要介绍大堂的清洁流程与标准。

(一)大堂的清洁流程

大堂的清洁流程如图 10-3-1 所示。

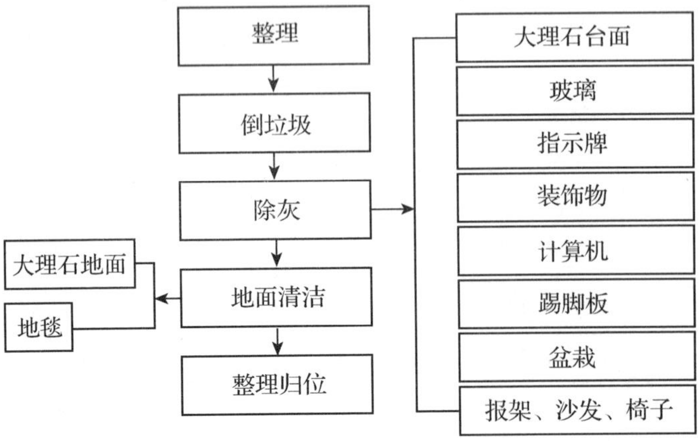

图 10-3-1　大堂的清洁流程

大堂主要清洁内容

(二)大堂的清洁程序与标准

大堂的清洁程序与标准如表10-3-1所示。

表10-3-1 大堂的清洁程序与标准

<table>
<tr><th colspan="2">程序</th><th>标准</th></tr>
<tr><td colspan="2">整理</td><td>(1)首先整理前台、行李架、手推车、报架等
(2)如整理中发现有客人遗落的物品，及时交给领班或失物招领处</td></tr>
<tr><td colspan="2">倒垃圾</td><td>(1)烟灰缸内的烟蒂超过3个时则需更换烟灰缸。先用干净的烟灰缸盖在需更换的烟灰缸上一同撤走，再将干净的烟灰缸换上。倒烟灰时要确保烟蒂已熄灭
(2)倒痰盂后将痰盂冲洗干净，然后放上相当于痰盂高度约1/3的清水或消毒水
(3)将垃圾桶内的废弃物品清理到固定的垃圾桶内</td></tr>
<tr><td rowspan="9">除灰</td><td>大理石台面</td><td>(1)用干抹布擦拭，并用清洁蜡清洁大理石表面，每天一次
(2)保持台面无尘、无污渍</td></tr>
<tr><td>玻璃</td><td>(1)对玻璃门等容易脏的地方随时用干抹布擦拭，做到无污渍、无手印
(2)定期对玻璃进行彻底清洗</td></tr>
<tr><td>指示牌</td><td>(1)每天一次用玻璃清洁剂清洁指示牌的玻璃表面，保证玻璃表面光亮无尘、无污渍
(2)用擦铜水抛光铜边、铜牌，保持指示牌光亮、无手印</td></tr>
<tr><td>装饰物</td><td>(1)为壁画、壁灯灯罩等装饰物除尘时要谨慎小心
(2)擦拭时一手固定装饰物，另一手先用湿抹布擦拭灰尘，再用干抹布将水渍擦干，务必将水渍全部擦干，避免残留的水渍损坏材质
(3)使用湿抹布擦拭灯罩时，应避免碰触到灯管或灯泡，以免发生危险
(4)擦拭工作完成后，应检视壁画或装饰物是否悬挂牢固或摆放整齐</td></tr>
<tr><td>计算机</td><td>(1)用专用清洁剂和专用擦镜纸擦拭计算机外部、计算机屏幕，以及放计算机的台面
(2)用干抹布擦干计算机外部的水渍
(3)保持计算机表面无污渍、无印迹
(4)擦计算机外壳时要注意断电</td></tr>
<tr><td>踢脚板</td><td>(1)每日用干抹布擦干净踢脚板上的尘土
(2)如发现有污渍，戴上手套，用蘸有稀释后的清洁剂的百洁布轻轻擦拭踢脚板表面，使其无污渍、无印迹
(3)再用湿抹布擦到干净为止，不可有去污剂残留，以免破坏地板或墙面
(4)每周一次用家具上光蜡擦亮踢脚板
(5)如发现踢脚板破损或不牢固，立即请工程部进行修理或更换</td></tr>
<tr><td>盆栽</td><td>(1)拣去花盆内的烟蒂杂物
(2)及时剪除枯叶，调换即将凋谢的花草
(3)一手托住叶子底部，另一手用湿抹布轻拭灰尘，以同一方向擦拭，避免遗漏
(4)擦好后浇水时，溅出的水滴及弄脏的地面应随手揩干、擦净</td></tr>
<tr><td>报架、沙发、椅子</td><td>(1)整理好报纸后，还要用干抹布轻拭报架
(2)茶几若是玻璃的，则先用湿抹布擦拭后，再斜看有无沾上的污渍，若有，则喷一点玻璃清洁剂，用干抹布擦拭干净
(3)擦拭木椅子时要特别注意雕花部分
(4)每日用吸尘器吸去沙发边角上的渣子、尘土，使其保持干净
(5)每日检查报架、沙发、椅子等的牢固性，如果发现问题，及时报修</td></tr>
</table>

续表

程序		标准
地面清洁	大理石地面	对大堂地面随时进行拖尘，保持地面光亮照人，定期保养
	地毯	随时用吸尘器吸尘，根据脏污程度更换清洗
整理归位		(1)将艺术装饰品归位 (2)将被移动过的大厅沙发、座椅、茶几归位 (3)将被移动鼓起来的地毯拉平归位

【任务实施】

实训任务	大堂的清洁操作训练
实训目标	能按操作流程与标准完成大堂的清洁操作
实训地点	校内实训室或校外实习基地
实训条件	1. 校内实训室：大堂实训室及相关设备，教学视频 2. 校外实习基地：大堂
实训过程	1. 实训前 (1)着装整齐，准备实训用具 (2)分配实训小组(建议每组 6～8 人) (3)观看教学视频 2. 实训中 (1)学生以小组为单位设计清洁步骤并实际演练 (2)学生互评 (3)教师讲评 (4)学生完善操作细节，教师进行考评 3. 实训后 (1)教师总结 (2)学生撰写实训报告
实训考核建议	1. 考核内容：服务意识＋操作能力 2. 考核方式：实际操作(考核标准见附表 2-11) 3. 考评人员：教师或企业兼职教师、学生

>> 任务四　客房计划卫生管理<<

【任务描述】

通过学习与计划卫生相关的知识，明确计划卫生的意义、分类，了解计划卫生的主要内容及相关项目的操作方法，掌握床垫维护流程与标准，完成床垫维护工作任务。

【任务目标】

知识目标：明确计划卫生的意义、分类，了解计划卫生的主要内容，掌握床垫维护流程与标准

技能目标：能够顺利完成床垫维护工作

素质目标：树立严谨规范的制度意识及科学发展观，提升管理思维

【理论引导】

客房计划卫生是在客房日常清洁工作的基础上进行的一项重要的周期性的清洁工作。所谓“计划卫生”，是指采取定期的循环方式，对平时清扫中不易清洁整理的项目定期集中进行清洁整理。客房部根据自己的设施设备状况或淡旺季对计划卫生的项目及时间进行合理的安排。同时，工程部也可以利用这个机会，对某些家具、设备进行检查维修。

一、计划卫生的意义

客房服务员每天的清洁工作量一般都比较大。一个服务员平均每天需要清理12～14间客房，旺季会更多，所以对客房的某些部位，如通风口、天花板、门窗玻璃、窗帘、床罩等，不可能每天都清洁(有些项目也没有必要每天清洁，如地毯)。为了保证清洁卫生水平达标，使客人不仅对客房容易接触部位的卫生感到满意，而且对其他各处卫生都能放心，同时又不致造成酒店人力资源的浪费和紧张，客房部应有计划地对一些特殊项目进行周期性的清洁保养。因此，客房计划卫生的意义在于：减轻客房服务员的日常劳动强度，保证客房的清洁卫生质量，维持客房设施设备的良好运行状态。

二、计划卫生的分类

计划卫生旨在在搞好日常清洁工作的基础上，定期对清洁卫生的死角或容易忽视的部位以及家具、设备进行彻底的清洁整理和维护保养，以保证酒店内外环境的洁净和家具、设备的良好状态。

计划卫生的分类如下。

第一，除日常的清洁整理工作外，规定每天对某一区域或某一部位进行彻底的大扫除。例如，客房清洁员在其负责的12间客房中，每天彻底打扫1间客房，12天即可完成他所负责的所有客房的清洁大扫除。又如，客房清洁员每天对每个客房的同一部位进行彻底打扫，经过若干天对不同部位的彻底打扫后，可以完成对客房所有部位的大扫除。

第二，季节性大扫除或年度性大扫除。这种大扫除不仅包括家具，还包括设施设备和床上用品。一个楼面的大扫除通常要进行一个星期，因而只能在淡季进行。维修人员也可以利用此时对设施设备进行定期维修与保养。

三、计划卫生的主要内容

客房计划卫生的主要内容有家具除尘，家具打蜡，地毯清洗，纱窗、床罩等的清洗，通风口清洁，金属器具的擦拭等。针对不同的项目，应按不同的周期进行清洁保养。

(一)房间部分

房间计划卫生项目一般包括墙纸除尘与修补；清洁出风口；清洗空调网；地毯边角、床底等处吸尘；家具后侧除尘；清洗阳台，擦阳台门；翻床垫；洗涤毛毯、窗帘与床罩；地毯去渍及清洗；吸、洗沙发及椅子；吸灯罩浮尘；清洁、消毒电话；刷洗床头板；清洗纸篓；清洗冷热水瓶；清洁电视架，擦房号牌及房内黄铜制品；给家具打蜡等。

(二)卫生间部分

卫生间计划卫生项目一般有清洁出风口、抽风机；清洗灯箱；刷洗马桶水箱；刷洗浴缸、放水阀、浴帘；刷洗脸盆、下水口及活塞；刷洗卫生间四壁；刷洗卫生间地面；擦洗卫生间不锈钢制品；给大理石台面打蜡等。

上述计划卫生项目，由于其被污染的程度有快有慢，清洁间隔的时间要求也就不尽相同。客房部应根据自身实际情况安排计划卫生的周期，如制订每周计划卫生、每月计划卫生等，并切实加以执行。例如，某酒店楼层计划卫生项目及清洁周期安排如表 10-4-1 所示。

表 10-4-1　某酒店楼层计划卫生项目及清洁周期安排

周期	项目
每天	清洁地毯、墙纸，清洁水箱、灯罩，(空房)放水
3 天	(1)往地漏中喷药 (2)用玻璃清洁剂清洁阳台、客房和卫生间的镜子 (3)用鸡毛掸清洁壁画
5 天	(1)清洁卫生间抽风机罩 (2)清洗吸尘器保护罩
10 天	(1)清洁空房马桶水件 (2)清洁走廊出风口 (3)清洗卫生间抽风主机网
15 天	(1)清洁热水器、洗杯机 (2)用酒精棉球清洁电话机 (3)清洁空调出风口、百叶窗
20 天	(1)清洗客房回风过滤网 (2)用擦铜水擦拭铜家具、烟灰缸、客房指示牌
25 天	(1)清洁制冰机 (2)清洗阳台地板和阳台内侧喷塑面 (3)墙纸吸尘，遮光帘吸尘
30 天	(1)翻床垫 (2)擦拭消防水带和喷水枪
一季度	(1)干洗地毯、沙发、床头板 (2)干(湿)洗地毯 (3)为吸尘器更换轴承润滑油

续表

周期	项目
半年	清洗窗帘、灯罩、床罩、保护垫
一年	(1)清洗遮光布 (2)为红木家具打蜡 (3)湿洗地毯

计划清洁项目安排及清洁方法

四、床垫维护流程与标准

(一)床垫维护流程

床垫维护流程如图 10-4-1 所示。

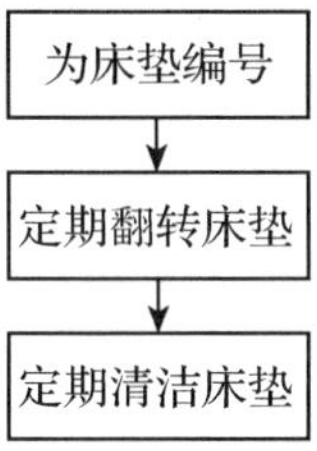

图 10-4-1　床垫维护流程

(二)床垫维护程序与标准

床垫维护程序与标准如表 10-4-2 所示。

表 10-4-2　床垫维护程序与标准

程序	标准
为床垫编号	(1)将床垫的正反两面编上号码 (2)在床头、床尾分别用 1～4 号注明，单号数 1、3 在正面，双号数 2、4 在反面
定期翻转床垫	(1)第一个月将 1 号字放置在床尾，使 2 号字在床头 (2)第二个月将床垫从床头向床尾调转 180°，使 2 号字在床尾，1 号字在床头 (3)第三个月将床垫正反面翻身，使 3 号字在床尾，4 号字在床头 (4)第四个月将床垫从床头向床尾调转 180°，使 4 号字在床尾，3 号字在床头 (5)第五个月将床垫正反面翻身，重新使 1 号字在床尾，2 号字在床头，之后依此类推 (6)也有一些酒店是通过床垫上的商标进行定位，确定周期“调头”与“翻身”的。例如，第一季度商标正面朝上，在床尾；第二季度商标正面朝上，在床头；第三季度商标正面朝下，在床头；第四季度商标正面朝下，在床尾
定期清洁床垫	用吸尘器清理床垫。大部分饮料渍可以溶于医用酒精，但酒精也会让污渍扩散，所以要用一块吸水性好的布蘸着酒精来擦拭污渍。床垫上有霉斑，主要是因为过分潮湿，所以可以找个阳光明媚的日子把床垫拿到室外晒干透，然后把剩下的霉斑擦掉即可

【任务实施】

实训任务	计划卫生之床垫维护实训操作训练
实训目标	能按操作流程与标准完成床垫周期计划维护的实训操作
实训地点	校内实训室或校外实习基地
实训条件	1. 校内实训室：客房实训室及相关设备 2. 校外实习基地：酒店客房
实训过程	1. 实训前 (1)着装整齐，准备实训用具 (2)分配实训小组(建议每组 6～8 人) 2. 实训中 (1)实训组为一个训练小组，模拟计划卫生之客房床垫维护项目 (2)一名学生练习，其他学生观看并负责打分 (3)组内轮流练习 (4)教师进行考评 3. 实训后 (1)教师总结 (2)学生撰写实训报告
实训考核建议	1. 考核内容：服务意识＋操作能力 2. 考核方式：实际操作(考核标准见附表 2-12) 3. 考评人员：教师或企业兼职教师、学生

>> 任务五　客房清洁设备、清洁剂认知及客房消毒训练<<

【任务描述】

学习客房清洁设备及常用清洁剂的相关知识，完成客房消毒工作任务。

【任务目标】

知识目标：熟悉客房清洁设备及常用清洁剂，了解客房消毒工作

技能目标：能够正确使用客房清洁设备；能够辨识并正确使用客房常用清洁剂；能够正确进行客房消毒

素质目标：培养环保意识、节约意识及文明服务素养，爱岗敬业

【理论引导】

一、客房清洁设备

客房清洁设备属于客房设备的重要组成部分，包括一般清洁设备和机器清洁设备。具体地说，一般清洁设备包括扫帚、簸箕、拖把、抹布、尘推、玻璃清洁器、油灰刀、房务工作车等；机器清洁设备包括吸尘器、洗地机、洗地毯机、打蜡机、高压冲洗机等。客房部员工应当学会正确使用清洁设备，尤其是要学会正确使用机器清洁设备。常用客房清洁设备如表 10-5-1 所示。

表 10-5-1　常用客房清洁设备一览表

类别	名称	用途	图示
一般清洁设备	扫帚、簸箕、拖把、抹布	用于清洁地面，清除垃圾和尘土	
	尘推	尘推亦称万向地推，主要用于光滑地面的清洁保养工作	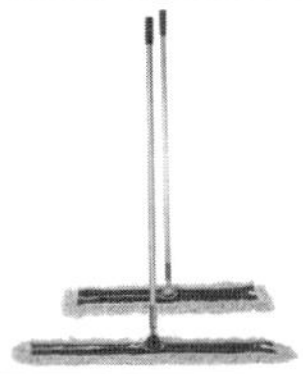
	玻璃清洁器	玻璃清洁器主要由长杆、T形手柄、橡皮刮、刷子和其他配件构成，用于清洁大面积镜面与玻璃	
	油灰刀	油灰刀用于去除黏附在地面上或其他地方的难以清除的污垢	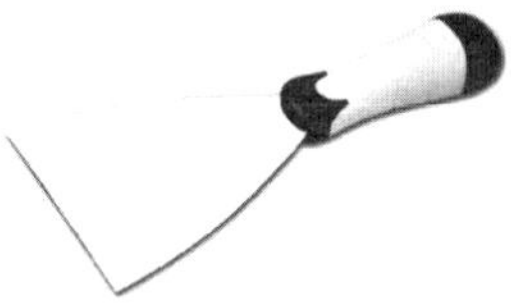
	房务工作车	房务工作车是客房服务员清洁客房时用来运载物品的工具车	
机器清洁设备	吸尘器	吸取尘屑	
	洗地机	清洗硬质地面，吸干污水，并将污水带离现场	
	洗地毯机	可用于地毯的深度清洁，也可用于地毯的日常保养。可以有效清洁并保护地毯纤维，延长地毯的使用寿命	
	打蜡机	用于对地板和光整地面上蜡、打光。新出的机种可完成吸尘打扫、梳理地毯、上蜡打光等全部工作，能同时满足不同的工作需要	
	高压冲洗机	可用于清洁酒店的外墙、门厅台阶、玻璃幕墙、锅炉房、厨房及其设备、公共场所及停车场的地面等	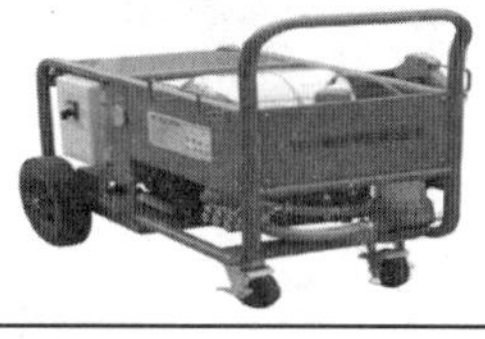

二、客房常用清洁剂

使用清洁剂不仅可以起到清洁的目的，还可以保护被清洁对象并使其光亮如新。清洁剂使用不当会造成严重后果。因此，客房服务员应该了解清洁剂的特性，并掌握清洁剂的使用方法和注意事项。

(一)客房常用清洁剂的特性

根据 pH 的大小，清洁剂可以分为酸性、中性和碱性等。酸性清洁剂的 pH 小于 7，通常为液体状，少数为粉状，主要用于清洁卫生间。酸性清洁剂具有一定的杀菌除臭功效，能中和尿碱、水垢等。中性清洁剂的 pH 约等于 7，有液体状、粉状、膏状等。因其配方温和，故没有腐蚀性。碱性清洁剂的 pH 大于 7，有液体状、乳状、粉状、膏状等，对于清洁一些油脂类或酸性污垢有较好的效果。客房常用清洁剂如表 10-5-2 所示。

表 10-5-2　客房常用清洁剂一览表

名称	特性	适用范围与功能	使用方法
多功能清洁剂	pH 一般在 10 左右，呈碱性	除地毯以外有油垢的地方均可使用，且不损伤物体表面	原装多功能清洁剂多为浓缩剂，使用时要根据说明进行稀释
浴室清洁剂	pH 小于 7，呈酸性	浴室污垢多属碱性，酸性清洁剂可以与碱性污垢发生中和反应，从而有效去除污垢，而且酸性具有一定的杀菌功能，有助于提高浴室内的卫生水平	具有一定的腐蚀性，使用前必须严格按照规定进行稀释
便厕清洁剂	pH 在 1 到 5 之间，呈强酸性	对硬质器皿表面的污垢，尤其吸附于马桶上的污垢有特殊的洗涤、除臭和杀菌效果	倒入数滴后稍等片刻，然后用刷子刷洗，再用清水冲洗干净
玻璃清洁剂	pH 大于 7，呈中、强碱性	用于清除玻璃、镜面上的污垢	将清洁剂装在高压喷壶内，使用时对准污渍喷一下，然后立刻用抹布擦拭
金属上光剂	通过与接触面发生氧化反应起到清洁的作用	用于清洁客房内的铜制品和电镀器皿，如抽屉拉手、灯柱、锁把、水龙头、卷纸器、浴帘挂杆等	将上光剂倒在柔软的干抹布上，然后对准器皿反复擦拭，最后用一块干净的抹布将其擦至光亮
家具蜡	pH 在 8 到 9 之间，呈弱碱性	家具蜡内含蜡(填充物)、溶液(除油垢)和硅铜(润滑、去污)，能去除动物性和植物性油垢，并在家具表面形成透明保护膜，起到防静电和防霉的作用	先将家具蜡倒在干抹布上，把家具表面擦拭一遍，这一遍是清洁家具。约 15 分钟后再用同样的方法擦拭一遍，这一遍是上光。擦拭两次效果更佳

续表

名称	特性	适用范围与功能	使用方法
空气清新剂	含有杀菌化学成分和香料	喷洒在不能经常开窗通风的客房，可使空气芳香四溢，有较好的灭菌功能	一般为高压灌装，如果是瓶装液体，可灌入喷壶内再行喷洒
杀虫剂	卫生用强力杀虫剂，毒性低，药效高，无残留	均匀喷洒于虫类经过或藏匿的地方或直接射向目标，但禁止向食物喷洒	均为高压灌装。喷洒一次有一定的有效期，期满后再次喷洒。可消灭客房内的各种虫类。要注意的是，罐内溶剂多为易燃液体，切勿在近火的地方使用，不要放置在温度高于50℃的地方
地毯清洗剂	pH 等于 7，属于中性	按所含泡沫稳定剂的量分为低泡和高泡两种。低泡适合湿洗地毯，高泡适合干洗地毯	低泡清洗剂用温水稀释后效果更佳

(二)使用清洁剂时的注意事项

使用清洁剂时的注意事项如下。

第一，无论是酸性、碱性还是中性的清洁剂，一次使用过多都会对被清洁对象产生副作用。因此，不能养成长期不清洁，到了一定的时候再用大量清洁剂进行清洁的习惯。

第二，要掌握清洁剂的正确使用方法，特别要了解各类清洁剂的主要性能，这样既能保护自己，又对被清洁对象有利。

第三，从市场购回的清洁剂多为浓缩液，使用前应按说明书中的稀释比例进行稀释。

第四，避免使用劣质的粉状清洁剂，尤其是在清洁表面光洁度很高的瓷器时，以免损伤瓷器表面。

三、客房消毒工作

消毒和除虫害是酒店清洁工作的一项重要内容，是预防各种流行疾病、保证客人健康的重要措施。在客房消毒工作中，每个服务人员都必须增强责任感，明确消毒目的，了解消毒的基本原理，熟悉常用的消毒方法及操作程序。

(一)客房消毒的要求

1. 客房

客房服务员应定期进行预防性消毒，每天给客房通风换气，每星期用紫外线消毒或用其他化学消毒剂灭菌、除虫害，以保持客房的卫生，防止传染病的传播。

2. 卫生间

卫生间的设备用具易于沾染病菌。因此，必须做到天天彻底清洁、定期消毒。

每换一位客人就必须进行严格的消毒。每周在地面上喷洒杀虫剂一次，尤其注意往地漏处喷洒。

3. 杯具

必须统一撤换客房的杯具，并进行严格的洗涤、消毒。对于住客房用过的杯具每天也必须撤换，并将其统一送到洗涤室进行洗涤、消毒。楼层应配备消毒设备和用具。

4. 客房工作人员

严格实行上下班换工作服制度，让工作服起到“隔离层”的作用。清洁卫生间时，应戴好胶皮手套。每天下班时用肥皂清洁双手，并用消毒剂对双手进行消毒。定期检查身体，防止疾病传播。

(二)常用的消毒方法

消毒方法很多，大致可以分为通风日照消毒法、物理消毒法、化学消毒法三种。

1. 通风日照消毒法

(1)通风

通风不仅可以改善室内的空气质量，而且可以防止细菌和害虫等的滋生，因此客房服务员应勤给客房通风，定期更换空调的滤网，防止细菌的滋生、繁殖。

(2)室外日光消毒

阳光中的紫外线可以杀死一些病菌，因此客房服务员可以定期翻晒床垫、床罩、被褥，这样既可起到消毒作用，又可使其松软舒适。

(3)室内采光

阳光透过窗户照射到地面，可以杀死病菌。例如，冬季有 3 小时日照，夏季有 2 小时日照，即可杀死空气中大部分的致病微生物。

2. 物理消毒法

(1)高温消毒法

高温消毒法可分为煮沸消毒法与蒸汽消毒法两种，其原理是通过热的作用，凝固微生物体内的蛋白质而使其死亡。

煮沸消毒法：将洗刷干净的杯具等置于沸水中煮 15～30 分钟即可。此法适合瓷器，但不适合玻璃器皿。

蒸汽消毒法：将洗刷干净的杯具等放到蒸汽箱中蒸 15 分钟，即可达到消毒的目的。

(2)干热消毒法

干热消毒法主要分为干烤法与紫外线消毒法两种，其原理是通过氧化，破坏细胞原生质，使微生物死亡。

干烤法：多采用红外线照射灭菌。目前客房楼层常用的消毒柜多属此类。操作程序是将洗刷干净的杯具放入消毒器中的消毒室，然后将温度调至120℃，将时间设定为30分钟。

紫外线消毒法：可用于对卫生间的空气进行消毒。一般安装20瓦灯管一支，灯距地面为2.5米左右。每次照射2小时，可使空气中的微生物减少50%～75%，甚至90%。

3. 化学消毒法

化学消毒剂能使微生物体内的蛋白质变性，干扰其新陈代谢，起到抑制细菌快速繁殖以及溶菌的作用。

(1)浸泡消毒法

浸泡消毒法一般适用于对杯具进行消毒。使用浸泡的方法消毒时必须把化学消毒剂溶解，同时严格按比例将其调制成溶液，只有这样，才能使其发挥作用。如果溶液浓度过低，则达不到消毒的目的；如果溶液浓度过高，则易留下余毒，伤害人体。

浸泡消毒法的操作程序是：将洗刷干净的杯具分批放入消毒溶液中浸泡5分钟，然后用清水冲净并擦干。常用的化学消毒溶液有以下几种。

一是氯胺T钠消毒剂。氯胺T钠又称氯亚明，呈白色或微黄色粉末状。配置浓度为0.3%的溶液可用于对客房内的空气及物品表面进行消毒。如果是对患肠道或呼吸道疾病的病人住过的房间进行消毒，可配置浓度为1%的氯胺T钠溶液。配好的溶液只能使用一天，对金属器皿有褪色和腐蚀作用。

二是漂白粉消毒剂。漂白粉又称氯化石灰，为白色或灰白色粉末或颗粒，有氯气味。漂白粉消毒液使用范围广泛。配置浓度为0.3%的溶液可用于对客房、杯具、棉织物和房间进行消毒。配置浓度为0.5%的溶液可用于对卫生间进行消毒。漂白粉消毒液要现配现用，不宜久放，放置时间过长容易失效。另外，漂白粉消毒液同样不适用于对金属制品进行消毒。

三是高锰酸钾消毒剂。高锰酸钾俗称灰锰氧，是一种有结晶光泽的紫黑色固体。高锰酸钾易溶于水，溶液呈鲜艳的紫红色。高锰酸钾溶液能使微生物组织因氧化而被破坏，故而具有杀菌消毒的作用。高锰酸钾溶液的配置比例为1∶2000。配制溶液时要用凉开水，用热水会失效。高锰酸钾放出氧的速度慢，浸泡时间一定要达到5分钟才能杀死细菌，可用来对餐具、杯具等进行消毒。使用高锰酸钾溶液消毒时需注意，配置好的溶液通常只能保存两小时左右，当溶液变成褐紫色时就失去了消毒作用，所以最好能随用随配。另外需要注意的是，高锰酸钾是强腐蚀剂，使用时不能直接用手接触，以免烧坏皮肤，只有配成合理浓度时才可直接接触皮肤。

四是84消毒液。84消毒液是一种高效、无毒、去污力强的消毒液，能快速杀灭病毒和细菌。配置浓度为0.2%～0.5%的溶液，适用于对杯具、家具、塑料制品进行消毒。

(2)擦拭消毒法

擦拭消毒法是指用药物水溶液擦拭家具、设备，以达到消毒的目的。客房：打扫完卫生间后即可用化学消毒溶液对客房进行擦拭。例如，可以用配置浓度为10%的苯酚溶液、配置浓度为2%的来苏水擦拭客房的家具。又如，可以用配置浓度为2%～3%的来苏水或84消毒液擦拭卫生间的洁具。擦拭完毕，紧闭门窗约2小时，然后对客房进行通风。

化学消毒溶液对人体有一定的危害，在消毒时应注意采取防护措施，如有接触用清水冲洗即可。

(3)喷洒消毒法

为了避免对人体肌肤造成损伤，可采用喷洒的方式进行消毒。例如，用配置浓度为1%～5%的漂白粉澄清液对客房死角和卫生间进行消毒。需要注意的是，切勿同时使用漂白粉与酸性清洁剂，以免发生氯气中毒。采用喷洒消毒法时宜采用快干型的消毒剂。

(三)杯具消毒操作流程与标准

1. 杯具消毒操作流程

杯具消毒操作流程如图10-5-1所示。

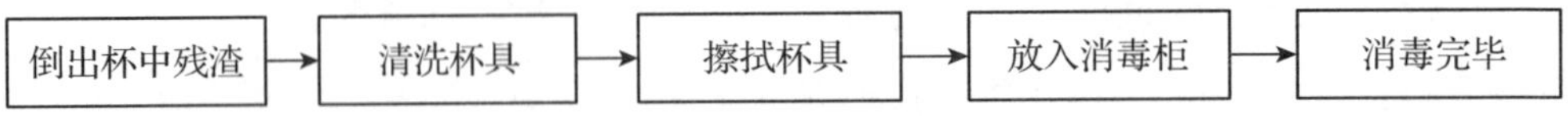

图10-5-1 杯具消毒操作流程

2. 杯具消毒操作程序与标准

杯具消毒操作程序与标准如表10-5-3所示。

表10-5-3 杯具消毒操作程序与标准

程序	标准
倒出杯中残渣	先将杯具中的残渣倒入垃圾桶，然后用水冲净
清洗杯具	将杯具轻轻地放入配好洗涤液的洗刷池中，用杯刷或百洁布去除茶锈等污渍
擦拭杯具	用消过毒的擦杯布擦拭杯具，然后将布对角拉开，左手用布包住杯具底部，手指不能拿杯身，在灯光下检查杯具，要求无水迹、无手印、无毛絮
放入消毒柜	将杯具整齐地放于消毒柜内，摆放时手指不能接触杯身。在洗涤过程中如发现杯具破损要及时挑出，不得再用
消毒完毕	消毒完毕后，将杯具取出，由楼层服务员进房更换。多余的杯具留存于消毒柜内，以备需要时更换。取拿消毒后的杯具时要注意握住底部，不得捏杯口

【任务实施】

实训任务	杯具消毒实训操作训练
实训目标	能按操作流程与标准完成杯具消毒操作
实训地点	校内实训室或校外实习基地

续表

实训条件	1. 校内实训室：客房实训室及杯具、消毒柜、擦杯布等 2. 校外实习基地：客房及消毒间
实训过程	1. 实训前 (1)着装整齐，准备实训用具 (2)分配实训小组(建议每组 6～8 人) 2. 实训中 (1)每个实训小组为一个训练小组，一人操作，其他人负责观察打分 (2)小组互评 (3)教师讲评 3. 实训后 (1)教师总结 (2)学生撰写实训报告
实训考核建议	1. 考核内容：服务意识＋操作能力 2. 考核方式：实际操作(考核标准见附表 2-13) 3. 考评人员：教师或企业兼职教师、学生

【项目小结】

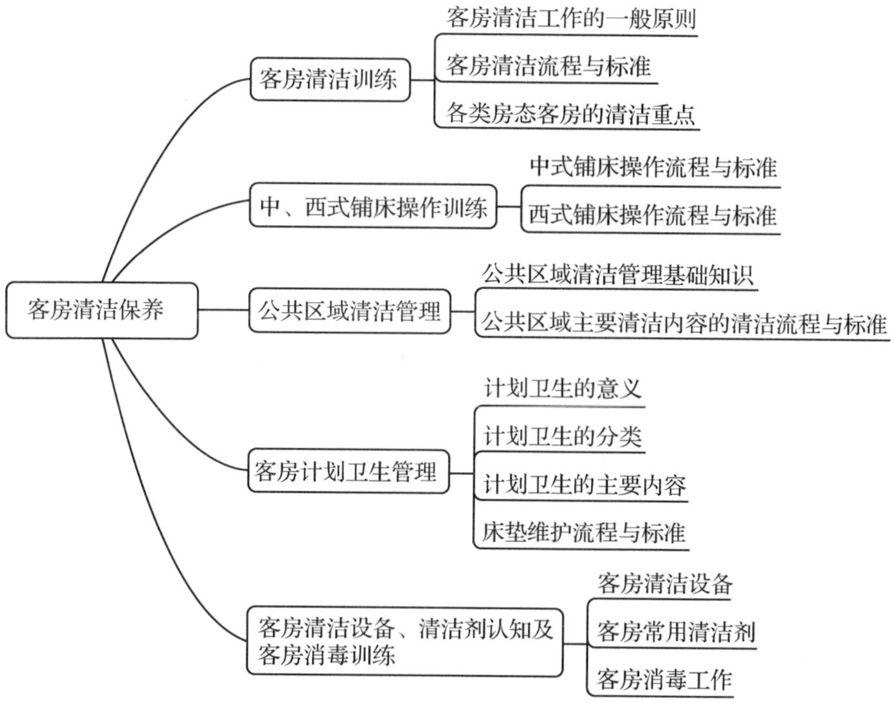

【自我学习】

一、理论思考题

1. 客房清洁程序是否可以打乱？为什么？

2. 中式床铺与西式床铺的优缺点分别是什么？

3. 客房计划卫生项目是如何确定的？

4. 在使用清洁剂的过程中有哪些注意事项？

二、实训拓展题

1. 参观当地任意一家五星级酒店，观察其公共区域的卫生情况，并指出问题，给出建议。

项目十答案

2. 调查当地一家星级酒店，了解其计划卫生项目，并制订计划卫生安排表。

3. 客房服务员小王每次为客人更换床单时，为了省时省事儿总是把两层床单非常迅速地揉成一团，然后扔进布草袋内。有一次，一位客人问小王是否发现床上有一个耳钉。这个耳钉对于客人来说十分重要，客人要求必须找到。小王费了九牛二虎之力，终于在一大堆尚未清洗的床单中发现了客人的耳钉。请指出小王有哪些地方做得不对，并设计场景，进行模拟。

项目十一　客房设备用品、洗衣房与布草房管理

【项目描述】

学习客房设备用品管理、洗衣房与布草房管理等相关知识，形成相应的职业技能，完成客房设备用品管理、洗衣房与布草房管理等工作任务。

【案例导入】

"硬件不行软件补"

入夏，正值滨城青岛的旅游旺季。某三星级酒店一直以来以热情周到的服务而闻名，并提出了"三星级酒店，五星级服务"的口号，但近来常因设施设备老化引起客人抱怨。这几天，酒店中央空调又运转失灵，使得房间闷热，客人感到不适，于是纷纷投诉，有些客人入住当晚就要求退房。这不仅给酒店造成了经济损失，也使酒店的名誉受损。

>>任务一　客房设备用品管理<<

【任务描述】

学习客房设备和客房用品的分类、控制管理等相关知识，形成管理客房设备和客房用品的职业能力，完成客房设备管理和客房用品管理工作任务。

【任务目标】

知识目标：能够复述与星级相匹配的客房主要设备及客房用品的名称及分类；掌握客房设备的六大管理任务以及客房用品的控制管理等方面的知识

技能目标：能够熟练操作客房设备，能绘制客房设备管理概要导图，并完成客房用品的有效管理

素质目标：注重节约，培养与企业共存的使命感

【理论引导】

客房设备用品管理就是对酒店客房运营所需的各种设备和用品所进行的一系列

组织和管理工作。

一、客房设备用品的管理意义

客房设备用品管理是客房管理工作中一个十分重要的组成部分。加强设备用品管理，对促进客房营销活动及提高酒店的经济效益等具有十分重要的意义。

第一，加强客房设备用品管理，可以保证酒店客房经营活动的正常运行。客房是酒店出售的最主要商品。客房经营活动就是通过提供客房、设备和用品以及服务，满足客人的住宿需要。因此，只有加强客房设备用品管理，使它们始终处于完好状态，才能为客人提供起码的住宿条件。

第二，加强客房设备用品管理，是提高客房服务质量的必要物质基础。服务质量就是能够满足客人物质上、精神上享受的程度，其内容包括有形的设备用品和无形的服务两个不可分割的重要方面。因此，客房服务质量在很大程度上依赖于完善的客房设备和客房用品。否则，客房服务就是无源之水、无本之木，提高服务质量就无从谈起。

第三，加强客房设备用品管理，是酒店提高经济效益的重要途径。客房设备属于高级消费品，价格一般比较昂贵。随着酒店设备用品的现代化，与其有关的各项费用，如折旧费、维修费、能源消耗费等在服务费中的比重不断增加。低值易耗品和物料用品价格虽较低，但需求量大，适用范围广，加上客人和员工共同使用，不易控制，容易造成浪费，加大费用。加强客房设备用品管理，可以在保证服务、满足客人需要的前提下，减少浪费，降低能源消耗，从而降低成本，提高经济效益。

第四，加强客房设备管理，尽量节省不必要的开支，做好现有设备的技术维护，适时地更新设备，有利于加速实现客房服务手段的现代化，提高酒店的等级。

二、客房设备用品的管理

客房设备用品是为方便客人使用而设的。这些物品数量大，品种多，消耗快，难以控制。因此，在确保满足客人需要的基础上降低消耗是客房设备用品管理的重要内容。

(一)客房设备用品的分类

1. 客房设备的分类

为了满足客人在客房中的生活所需，酒店在客房中配备了各种家具、电器设备、卫生设备、安全装置及配套设施等。具体分类如表 11-1-1 所示。

表 11-1-1　客房设备分类

类别	客房设备
家具	床、写字台、沙发、衣柜、行李架、壁橱、酒柜等

续表

类别	客房设备
电器设备	电视机、电话、电冰箱、照明灯、空调等
卫生设备	洗脸台、浴缸、马桶、毛巾架、镜子、消毒灯具等
安全装置	烟雾感应器、窥视镜、安全链、安全指示图等
配套设施	微波炉、洗衣机、打印机等

2. 客房用品的分类

客房用品包括一次性消耗品及多次性消耗品。一次性消耗品是指供客人一次性使用消耗或用作馈赠客人的用品，如香皂、信封、明信片、礼品袋、针线包等，也称供应品。多次性消耗品是指可供多批客人使用，但不能让客人带走的客用品，如布草、烟灰缸、酒具等，也称客备品。客房用品分类(以标准间为例)如表 11-1-2 所示。

表 11-1-2　客房用品分类

类别	存放处	客房用品
房间用品	壁橱	(1)挂衣横杆上备有带店徽的衣架。衣架数量按床位计：每床 2 个西服衣架、2 个裙架、2 个裤架，共 12 个；五星级酒店可另配少量缎面衣架或落地衣架 (2)柜下面放置叠放好的洗衣袋、大购物袋、小购物袋。袋的数量按床位计，每床一个。每个洗衣袋上放干、湿洗衣单各一份。有的酒店将袋子放在梳妆台的抽屉里 (3)衣服刷、鞋拔子(有的酒店还配两套浴衣)
	小酒吧	(1)配备水杯、冰桶、开瓶器等用品 (2)杯垫、纸巾、调酒棒、饮料单
	梳妆台(书桌)	(1)酒店介绍册、服务指南、征求意见表、房间用餐菜单、游览图、客房价目表、电话使用说明、烟灰缸 (2)普通信封、航空信封、国际信封、信纸、明信片、传真纸、便笺、笔、针线包、行李标签、客人意见书、火柴等 (3)不锈钢纸篓一个 (4)礼品袋
	茶几	(1)烟灰缸、杯具、热水瓶、花瓶。设酒柜的客房，茶几上面仅摆烟灰缸、火柴和花瓶 (2)茶叶
	床头柜	(1)电话簿、电话卡、晚安卡、环保卡 (2)便签、笔、一次性拖鞋、擦鞋器(纸) 以上用品均印有店徽，摆放时应注意将店徽摆正
	床(按单床配用量计)	(1)保护垫(褥子)一条 (2)床单两条或三条 (3)被子一床 (4)鸭绒枕芯、木棉枕芯各一个，枕套两个 (5)毛毯一条(一般放在壁橱中，天冷时用) (6)床罩一床

续表

类别	存放处	客房用品名称
卫生间用品	洗脸台	(1)烟灰缸、火柴、花瓶、消耗品托盘(篮)、小方巾、不锈钢污物桶、口杯、面巾、体重秤 (2)杯垫、香皂、牙具、面巾纸、沐浴液、洗发液、护发素、润肤液、浴帽、梳子、指甲具、剃须刀
	马桶旁	卫生卷纸、女宾卫生袋
	浴缸旁	大浴巾、小浴巾、地巾、防滑橡胶垫
	皂盒内	大香皂一块

(二)客房设备用品的选择原则

1. 客房设备的选择原则

客房设备的选择原则如图 11-1-1 所示。

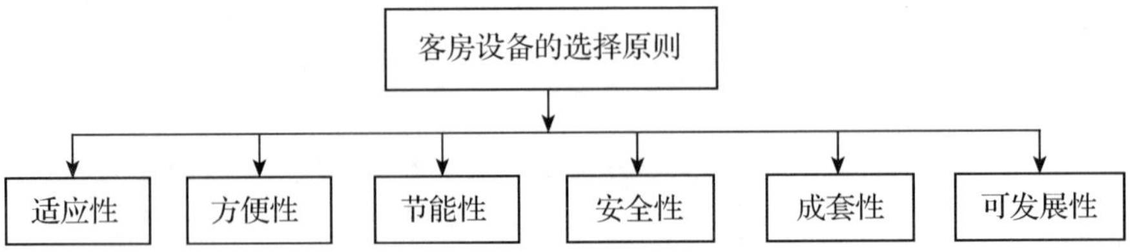

图 11-1-1　客房设备的选择原则

2. 客房用品的选择原则

客房用品的选择原则如下。

第一，确保质量。酒店没有义务为客人免费提供洗漱用品，但如果选择提供，就要确保质量，以免给客人造成伤害。

第二，注重实用性。客房用品是为方便客人的住店生活而提供的，因此必须具有实用性。酒店所选购的客房用品必须是客人真正需要的，同时要便于使用，否则会适得其反。例如，一些酒店提供给客人的洗发液、沐浴液等卫生用品是装在玻璃瓶或硬质塑料瓶内的。客人使用时，很难倒出来，也无法挤压，结果不仅给客人造成了极大的不便，而且也造成了很大的浪费。而有的酒店考虑到客人对卫生的重视，也为了防止疾病的传播，为客人提供了一次性塑料浴缸罩，受到客人的欢迎。

第三，要美观。客房用品应该精致、美观，避免给客人以粗糙、劣质感。

第四，要适度。客房用品的质量和种类必须与酒店的档次相称，此外，供应量也应适合客人的实际需要量，以免造成浪费。

第五，控制成本。选购客房用品时除了要考虑实用、美观、适度以外，还要考虑价格，这是客房用品成本控制的关键因素之一。

(三)客房设备的管理任务

客房设备的管理任务就是要为客房提供与其档次相符的设备，使客房经营活动建立在良好的物质技术基础之上。具体来说，包括设备采购，审查、领用和登记编号，分级归口，日常保管和使用，建立设备档案，设备的更新和改造六方面的内容。

1. 设备采购

客房部各业务部门提出增加设备的计划，客房部再根据实际需要进行综合平衡后加以确定，报请酒店财务部及采购部。采购部购买所需要的各种设备，以保证客房经营活动的正常运行。

2. 审查、领用和登记编号

采购部购进设备以后，客房管理人员必须严格审查。设备保管员负责设备的分配和保管工作。保管员应建立设备登记簿，将设备按进货时的发票编号分类注册，记下品种、规格、型号、数量、价格以及被分配到哪个部门和班组。凡来库房领取设备者都要登记，每个使用单位一本账，以便控制设备的使用。

3. 分级归口

酒店应实行分级归口管理，将设备管理同部门和班组的岗位职责结合起来，在确保服务质量的前提下，实行"增收节支有奖，浪费受罚"的奖惩措施。

分级是指根据客房部的管理制度，分清这些设备是由部门、班组或个人中的哪一级负责管理的。归口是指按业务性质，将设备归其使用部门管理。分级归口管理可以使客房设备的管理由专门的部门或个人负责，从而使客房设备的管理落到实处。

对客房设备分级归口管理的关键是：一要账面落实，各级和各口管理的设备的数量、品种等要一清二楚、有案可查；二要完善岗位责任制、维修保养制和技术操作制等规章制度；三是要和经济利益挂钩。

4. 日常保管和使用

客房设备分级归口以后，部门和班组要设立设备管理员。他们在客房部领导下，负责本部门或班组的设备的日常管理。班组管理员一般由班组长兼任，在设备的使用过程中，要定期和设备保管员核对，发现问题，及时解决。

对于客房设备，服务员要特别注意严格遵守维修保养制度，防止事故发生。一旦发生事故，要立即通知工程部及时修理。如果是因个别员工玩忽职守而发生事故，酒店要对其严肃处理。如果是由客人造成的事故，必要时应要求客人赔偿。

5. 建立设备档案

设备档案主要有客房装修资料(记录客房家具、地毯、建筑装饰材料和卫生间材料等)和机器设备档案[记录设备的名称、购买日期、生产厂家、价格、维修记录(时间、项目、费用等)等]。这是采购和管理设备的依据。

6. 设备的更新和改造

客房部要根据设备的使用情况，及时提出设备的更新和改造计划，报酒店批准，并在酒店的统一领导下，做好客房设备的更新和改造工作(具体见表 11-1-3)。

表 11-1-3　客房设备的更新和改造

项目	周期	内容
常规修整	每年至少进行一次	(1)地毯、饰物的清洁 (2)墙面清洁和粉饰 (3)常规检查和保养 (4)家具的修饰 (5)窗帘、床罩的洗涤 (6)油漆
部分更新	3 年左右进行一次	(1)更换地毯 (2)更换墙纸 (3)更新沙发套、靠垫等装饰物品 (4)更换窗帘、帷幔 (5)更换床罩
全面更新改造	5 年左右进行一次	(1)床的全面更新(包括床头板) (2)地毯的更新 (3)橱柜、书桌和梳妆台的更新 (4)沙发、咖啡桌的更新 (5)墙纸的更新 (6)灯具、镜子和画框等装饰物的更换 (7)卫生间三大件(洗脸台、马桶、淋浴间)的更新 (8)卫生间墙面和地面材料、灯具和水暖器件等的更新 (此外，还应增添一些方便客人的具有新功能、应用新科技的设备)

(四)客房用品的控制管理

1. 控制客房用品的发放

酒店应根据楼层布草房的配备定额明确客房用品发放的周期和时间。这既可以方便中心库房的工作，也是促使楼层日常工作更加有条理并减少漏洞的一项有效措施。

在发放日期之前，楼层领班应将其所辖楼层的库存情况了解清楚，并填写日常消耗品申领单，凭此单领取货物之后，将此单留在中心库房，以便统计。

2. 做好客房用品的统计分析工作

第一，每日统计。服务员在做房时应填写客房服务员工作日报表，在做完房后应对客房用品的耗用量加以统计。客房服务中心文员对客房部所有楼层的客房用品的耗用量做汇总，并填写每日楼层消耗品汇总表。

第二，定期分析。一般情况下，客房部应每月对客房用品的耗用情况做一次分析。

3. 防止客房用品流失

客房用品的流失是造成客房用品失控的重要原因。客房用品流失的原因如下：第一，一些客人在服务员做房时从工作车上顺手牵羊；第二，服务员利用工作之便，经常且大量拿走客房用品。在管理不善的酒店，客房用品常常被大量带出酒店。针对上述情况，客房部可采取以下措施：第一，要求服务员在做房时将工作车紧靠在房门口停放，以便监督；第二，加强对服务员的职业道德教育和纪律教育；第三，要求服务员做好客房用品的领取和使用记录，以便考核；第四，由安保部做好监督工作。

4. 落实奖惩政策

年末酒店要根据消耗定额、年初预算及执行情况落实奖惩政策，加强管理，强化服务员的节约意识。例如，对于住客房内客人没有用过的用品，应继续使用，不应随手扔掉。另外，客房管理工作应紧随“绿色潮流”，尽量使用固定的罐装容器盛放卫生用品，以减少浪费和对环境造成的污染。

【任务实施】

实训任务	酒店客房设备用品认知
实训目标	能将所学的理论知识与实际相联系，对酒店客房部的设备用品、管理有一定的认知
实训地点	校外实习基地
实训条件	校外实习基地中不同等级、不同类型的客房
实训过程	1. 实训前 (1)着装整齐，准备实训所需要的学习辅助工具 (2)分配实训小组(建议每组5～6人) 2. 实训中 (1)由客房部经理介绍该酒店客房的类型等级及参观时的注意事项 (2)由客房服务员介绍所参观客房中的设备用品，学生做好参观记录 (3)由客房部管理人员介绍客房设备用品管理制度，学生利用所学知识适当发表意见 3. 实训后 (1)教师总结 (2)学生撰写实训报告
实训考核建议	1. 考核内容：岗位意识＋认知能力 2. 考核方式：实训报告(考核标准见附表2-14) 3. 考评人员：教师或企业代表、学生

>> 任务二　洗衣房与布草房管理<<

【任务描述】

学习洗衣房管理以及布草房及布草管理的相关知识，形成相应的职业管理能力，在实践中运用所学知识解决工作问题，完成洗衣房的管理工作任务，为企业创造效益，实现自我价值。

【任务目标】

知识目标：了解洗衣房的设备配备、布草房的设备用品配置及布草的分类、配备；掌握洗衣房洗涤服务流程与程序；熟悉布草的管理和控制

技能目标：能够按流程与程序完成洗衣房的洗涤任务

素质目标：培养吃苦耐劳精神，提升酒店环保意识，爱岗敬业

【理论引导】

一、洗衣房管理

酒店洗衣房通常归客房部管辖。酒店内每天都有大量的布草和衣物需要洗涤。洗涤质量和运行效率不仅影响整个酒店的经营活动和成本控制，而且影响客人对酒店的评价。洗衣房的主要职能是对酒店内所有需要洗涤的布草进行定期洗涤、整理、发放。其洗涤流程及原则是，用最合理的成本获得干净、整洁的织物。洗衣房洗涤的对象主要包括布草、客衣、工服(员工制服)三大类。

(一)洗衣房的设备配备

酒店应该根据自身的规模、资金来源、洗涤业务来配备洗衣房的设备，并合理使用设备，以提高工作效率。一般来说，洗衣房的设备配备如表 11-2-1 所示。

表 11-2-1　洗衣房设备配备一览表

名称	用途	图示
湿洗机	主要用于洗涤床单、枕套、被套、毛巾、台布等布草，分全自动、半自动、机械操作三种，容量从 30 千克到 140 千克不等	
烘干机	用于烘干由湿洗机洗净甩干后的布草及衣物，避免由直接熨烫所造成的耗时耗力	
烫平机	专门用于熨烫床单、枕套、台布等面积较大的布草。其原理是通过蒸汽高温杠杆滚压，起到平整、烘干、消毒的作用	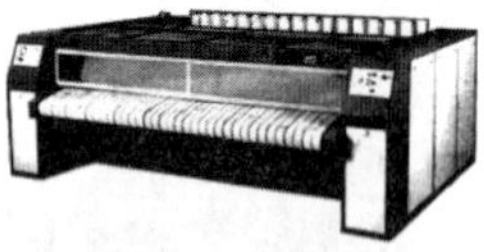
干洗机	用于洗涤不能用水洗的衣物。工作原理同湿洗机，所不同的是除了有主洗机之外，还增加了回收干洗液的装置。另外，现在普遍使用的干洗剂为有毒溶剂，所以还附有安全装置	
人像精整机	人像精整机是根据熨烫原理设计而成的，利用蒸汽和压力共同作用来达到平整、定型衣物的效果，因其外观酷似人形而得名。人像精整机主要用于熨平西服、夹克、衬衣、运动衣等衣物	

续表

名称	用途	图示
蒸汽熨烫机	根据熨烫原理设计，主要用于熨烫一些能耐一定温度和可直接加热的纤维织物，如纯棉、混纺和某些化纤类织物，具有效果好、质量高、省时省力等特点	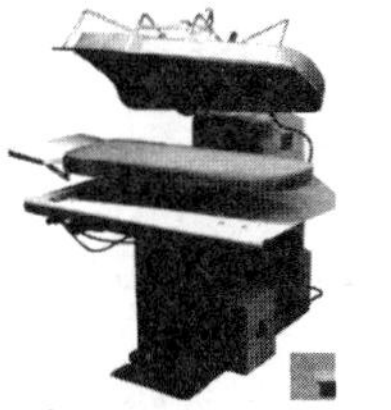
打号机	专门用于给衣物打号，是以加热的形式将不干胶打压到衣物上的，打压的同时将编号印在不干胶正面，快速完成打号	

(二)洗衣房洗涤服务流程

1. 布草洗涤服务流程

布草的洗涤与熨烫是酒店洗衣房的中心工作，其洗涤质量的好坏和洗涤效率的高低直接影响酒店业务能否正常运行。布草洗涤是一项技术性较强的工作，从业人员不仅应具备相关知识经验和操作技能，还应具有认真的工作态度，只有这样，才能较好地完成布草的洗涤工作。同时，酒店要配备先进的洗涤设备和洗涤用品。酒店要重视和加强对布草洗涤工作的管理，确保布草的洗涤质量。布草洗涤服务流程如图 11-2-1 所示。

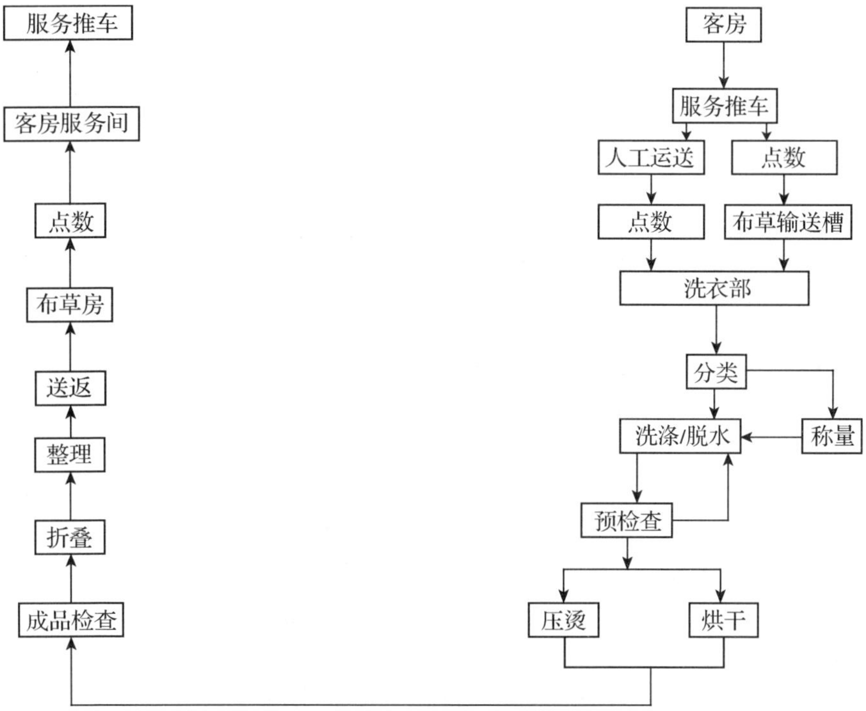

图 11-2-1　布草洗涤服务流程

2. 客衣洗涤服务流程

很多酒店在洗衣房下设客衣服务组。客衣服务组主要负责客衣的收发、清点、打号、检查、核对、叠放、包装、送回等工作。客衣服务员要认真执行客衣洗涤服务流程中的各环节，并协调各环节之间的关系，使客衣洗涤服务能顺畅地从上一个环节转移到下一个环节，保证客衣符合洗涤要求并送到客人手中。客衣洗涤服务流程如图 11-2-2 所示。

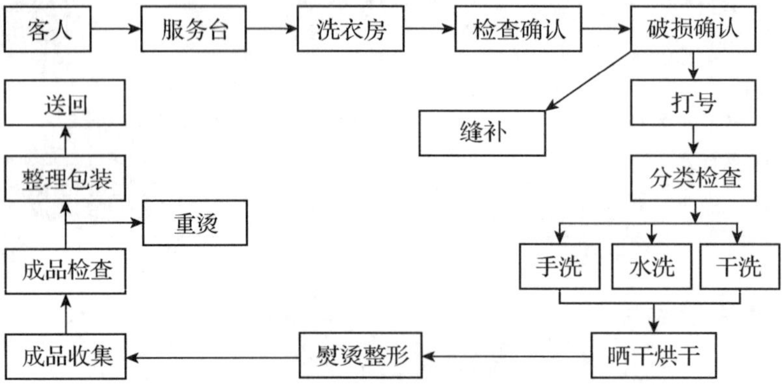

图 11-2-2　客衣洗涤服务流程

3. 工服洗涤服务流程

工服洗涤服务流程如图 11-2-3 所示。

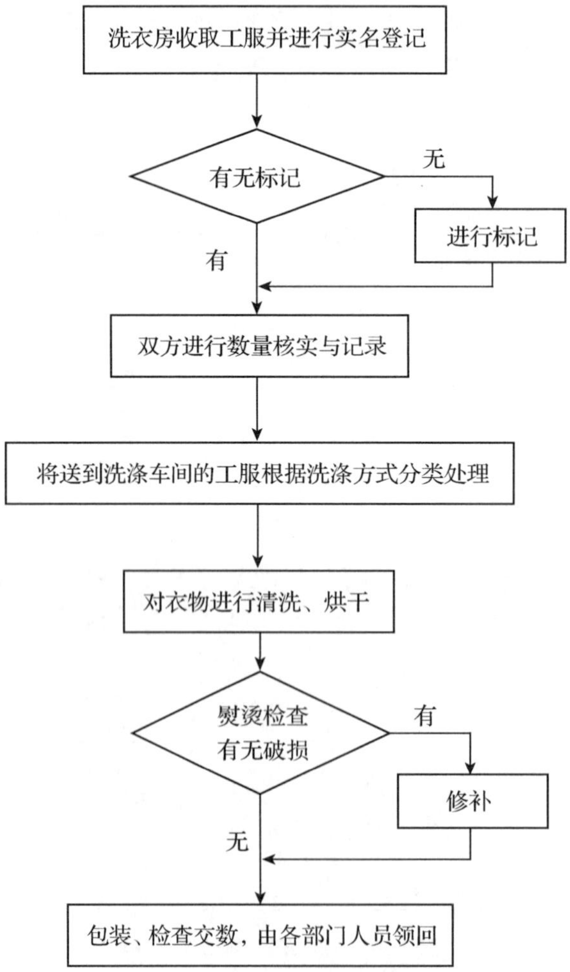

图 11-2-3　工服洗涤服务流程

(三)洗衣房洗涤服务程序

洗衣房洗涤服务程序如表11-2-2所示。

表11-2-2　洗衣房洗涤服务程序

洗涤项目	洗涤程序
布草	(1)做好各项班前准备工作，检查室内的不安全因素 (2)每次清点过数与发放要一次性完成，送来多少，领回多少，不积压，不拖延 (3)收发布草时，先审阅数据，当面办理交接手续 (4)清点破损布草的数量，填写破损布草表，向客房部经理报批 (5)需补充的布草，由布草房领班报主管批准，从布草仓库领取 (6)将收上来的脏布草分类，按照不同种类的布草和脏污程度分类 (7)对洗涤后的布草进行检查，挑出破损的布草，然后将干净的布草分类、折叠、整理后打捆，存在布草房，以备更换
客衣	(1)客衣收发 ①洗衣房收发员每日8：30上岗，8：40上楼层开始对客服务，收取客衣(客人将要洗衣物装入洗衣袋，填写洗衣单，注明房间号、姓名、洗衣件数、时间、要求，楼层服务员将本楼层的衣物收集到工作间)。在收取客衣的过程中做到“三核对”，即核对客人房间号，核对客人洗衣单，核对客人是否填写姓名。核对无误后，将客衣取回 ②如果客人要求加急洗衣，收发员接到客人电话后应在10分钟内到达客人房间并收取客衣。加急洗衣应在4小时内送回客房，交给客人 ③将取回的客衣拿到收发室后立即进行清点、编号、打号、分类检查，然后分出湿洗、干洗、熨烫等类别 ④对于分好类的客衣，该修补的修补，该剪纽扣的剪下纽扣，用纸包好并做记录 ⑤收发员将客衣按不同类别送交洗衣房 ⑥客衣发出后，收发员开始逐份按洗衣单计价算账，登记汇总记账表，待送客衣后交前厅账务核对挂账 ⑦客衣洗烫完后，收发员将剪下来的纽扣按记录缝好，按编号顺序逐份核清客衣，并进行质量检查，发现问题后马上处理 ⑧收发员认真仔细地将核清后的客衣整理好，装入洗衣袋内，按楼层顺序码放在客衣车上，与楼层服务员同时送入客人房间，并请客人核对签收。如果遇到客人离店或“请勿打扰”的情况，将客衣送入客房服务中心，并请客房服务中心文员核对签收 (2)客衣检查打号 ①将收回的客衣进行编号，连同房号、件数一起填写在查核本上 ②如果发现洗衣单上所填项目件数与实际不符，要马上通知主管和办公室予以处理 ③在洗衣单上注明衣服颜色、件数、编号并签名，以便查找 ④按照编号在衣物上打号。如有不能打号的衣物要用手写号，然后用别针将其别在衣物上 ⑤注意看洗衣单上是否列有客人所提的特殊要求，如有，应通知有关人员 ⑥检查是否有物品留在口袋里或别在衣物上，一经发现，应立即上交办公室处理 ⑦如果发现衣物有破损，在征得客人同意后，予以缝补 ⑧打号时，随时注意打号机的温度。须待气压达到标准后，才可使用，否则会发生掉号现象 ⑨检查打号机的墨带，如打号不清，应及时更换，以免衣号混乱 ⑩打好号的衣物可根据送交时间和数量，分成几批交给有关人员进行洗烫 ⑪将已洗烫好的干净衣物按洗衣单上的件数和编号进行核对并包装，同时检查衣物是否有破损或洗涤不净现象，如有，立即通知有关人员返工或缝补。对于错包的衣物要重新核对，直至找出为止 ⑫经过核查，确认无误后，将未打上号或打错号的衣物记在查核本上，连同洗衣单一起交给办公室处理

续表

洗涤项目	洗涤程序
工服	(1)收回脏衣服，查看破损重污，点清件数，提醒衣主将兜里的东西掏净 (2)如发现衣服兜内有东西，应将东西交回本人或上交领班，并做记录 (3)坚持交一件脏工服领一件干净工服的制度。发出的工服必须清洁、无污渍、无掉扣、无开线。必须以衣换衣，以旧换新，编号相符 (4)11：00前，将换洗脏工服送洗衣房，收回干净工服，以备更换 (5)取回干净工服后，检查工服有无破损，如有，要及时修补 (6)取回已修补好的工服，套上衣架，按编号挂到规定的位置 (7)经常检查工服的质量，核对账物，发现问题及时报领班

【经典案例】

住1705房间的外宾罗伯特夫人要求送洗6双袜子。服务员王杰请罗伯特夫人填妥洗衣单并收走了袜子……晚上8：00左右，服务员将洗好的袜子送到1705房，但罗伯特夫人却发现只有5双袜子。次日早晨，罗伯特夫人将此事投诉至大堂经理处。经大堂经理调解，客人的怒气平息了，并办理了退房手续。经查，少的袜子落在了洗衣房，后被送到了客房服务中心失物招领处。

二、布草房及布草管理

布草又被称为布件、布巾或棉织品(见图11-2-4)。在酒店的经营活动中，布草不仅是一种供客人使用的日常生活必需品，而且是用于装饰布置客房的重要物品，对营造室内气氛，创造某种格调起着很大的作用。酒店对布草的管理主要由布草房负责。

图11-2-4 棉织品

(一)布草房管理

1. 布草房的布局

为利于布草的运送，布草房一般设在洗衣房附近。布草房内还设有制服房，制服房则设在邻近员工更衣室、员工浴室之处，以方便员工换制服。

布草房主要包括收发区、储存区、加工区和内部办公区。酒店要根据不同区域的功能，合理地进行内部布局，以便运转，提高效率。

收发区应设在邻近布草房门口的地方。有些酒店设有开放式的收发台，且将收发台设计成可活动式的，以便布草交换。收发区应备有布草分拣筐。

储存区是布草房的主要功能区，配有布草架及制服架，设在收发区的内侧。

加工区一般设在布草房的里侧，位于靠近窗户、采光比较好的地方，或室内灯光比较明亮之处。加工区配有缝纫机和工作台。

内部办公区通常设在收发区附近，以便控制管理。

2. 布草房的基本要求

布草和制服只有被存放在合适的环境中，才能减少损耗，延长使用寿命。布草和制服的存放要求如下。

(1)库房条件

布草房应具有适宜的温、湿度条件。布草受潮后容易霉变，所以布草房的通风状况要良好。布草房内湿度在40%左右为佳，温度在20℃左右为宜，一般在这种环境下存放的布草质量比较好。布草房的墙面材料需经过防渗漏、防霉处理，地面材料以PVC为佳，且要保持清洁。

(2)消防安全设施及要求

布草、制服皆为易燃物品，所以布草房必须符合消防安全要求。布草房内一般不得存放其他物品，特别是化学物品、食品等。另外，布草房应有一系列库房管理制度，如定期进行安全检查，库房内不允许吸烟，闲杂人员不得入内等。

3. 布草房的设备用品配置

为满足布草、制服存放的要求，布草房应配有相应的设备用品。

(1)布草架

布草架用于存放床单、枕套、毛巾等，应设计成开放式的，以利于布草通风。布草架上需贴有标签，注上分类号，以便上架和查找。为节约库房的占地面积，充分利用立体空间，布草架应设计成多层次架。

(2)挂衣架

用于挂放洗烫后不宜折叠的衣物，一般为不锈钢管，高低不同，以充分利用空间。制服区需配有若干挂衣架、衣架杆，最好有标有工号或姓名的固定挂钩，以便存取，提高效率。

(3)衣架

布草房衣架应和客房衣架有所区别，如在衣架上标明布草房字样，或颜色和客房衣架有所区分，这样可防止衣架的流失。

(4)缝纫设备及用品

布草房应配有若干台缝纫机、锁边机等缝纫设备及各色线、扣、剪刀、软尺、硬尺等用品，以供缝补布草、制服时用，也可满足一些衣物的简单织补需要。

(5)工作台

布草房应配有若干工作台，用于收发、登记、临时放置布草。

(6)布草分拣筐

用于分拣布草及制服，一般是塑料制品，也可以用竹制品或柳编制品。

(7)叉衣杆

制服房应配有叉衣杆若干，长短可灵活调节，用于挂取制服。

(8)包装袋

制服房应备有大小不同的包装袋，用于存放制服。

(9)其他

根据需要布草房还应备有一些实用物品，如记号笔(用于给制服编号)，各类收发、交接表格，以及记录本(用于记录布草的运行情况)。

(二)布草管理

1. 布草的分类

根据布草的用途，布草可以分为三大类，即床上布草、卫生间布草和其他布草，具体见表 11-2-3。

表 11-2-3　布草的分类

类别	布草名称
床上布草	枕套、床单、被罩、褥垫、床裙、床罩等
卫生间布草	浴衣、大浴巾、小浴巾、面巾、方巾、地巾等
其他布草	纱窗帘、遮光窗帘、帷幔、沙发套及其他(如小酒吧的餐巾等)

2. 布草的配备

布草的配备是布草管理工作中的一个重要问题。布草的配备须有合理的定额标准，以免影响布草的正常供应，造成浪费和损耗。

通常，布草主要包括在用布草和备用布草两部分。在用布草，即投入日常使用和周转的布草；备用布草，即存在库房以备更换使用的布草。

(1)在用布草的配备

在确定在用布草的配备数量时，要综合考虑下列因素：必须能够满足酒店一天 24 小时运营的使用和周转需要；必须能够适应洗衣房的工作制度对布草周转所造成的影响；必须适应酒店关于客用布草换洗的规定和要求；必须考虑布草的调换补充周期及可能发生的周转差额和损耗流失等情况；能够保证刚洗熨过的布草有一段保养时间。

(2)备用布草的配备

在确定备用布草的配备数量时，要综合考虑下列因素：布草的损耗率；计划更新补充的周期和数量；预计流失布草的补充情况；是否有更新布草品种及规格等计划；定制和购买新布草所需的时间；库存条件及资金占用的损益分析。

根据经验，配备洗衣房的酒店，其客房布草的配备定额一般为 3.5～4 套。其中一套在客房使用，一套在楼层布草房或工作车上，一套在洗衣房或中心布草房，另外的半套或一套存在库房。这里所说的一套是指按酒店规定标准全部客房配备时的总和。一般来说，库存的布草不宜过多，以防止库存时间过长而造成自然损耗。各种布草的损耗情况并不完全一样。此外，有的布草可以改制再利用，因此也就无须都按 3.5～4 套配备各种布草。

3. 布草的管理和控制

(1)合理存放

第一，分类存放。应将布草分类存放，这样便于发放、使用和盘点。

第二，定点定量。由于布草是分散在各处的，为了便于使用和盘点，存放必须定点定量。凡是与布草使用和保管等有关的员工都必须知道布草应该存放的地点、放置的具体位置、种类、数量及摆放的方法。有了统一的规定和要求，大家有章可循，在平时工作中只要检查核对一下，即可知道规格种类的齐全程度、数量的多少、有无差错，这样既能提高工作效率，又能增强员工的责任心。

(2)建立布草收发制度

第一，先洗先出。为了使布草有一定的保养时间，布草收发应遵循先洗先出的原则，避免即洗即用。

第二，保证质量。在收发布草时，要将有破损及洗熨质量不合格的布草分拣出来，防止将这些布草用于客房。

第三，对等交换。布草收发要采用对等交换的办法，即用脏的布草换取相同规格和数量的干净布草。通常由客房楼层勤杂工或各部门服务员将脏的布草送到洗衣房，由洗衣房指定人员清点复核，并在布草换洗单(见表 11-2-4)上签字，最后由布草收发员凭此单到布草房领取干净布草。

表 11-2-4　布草换洗单

楼层：　　　　　　　　　　　　　　　　　　　　　　年　月　日

品种		数量		备注
		收到数	发还数	
床单	大			
	小			
枕套				
浴衣				
大浴巾				
小浴巾				
面巾				
方巾				
地巾				

签字：

第四，建立超额布草领用制度。如果使用部门需要超额领用，应填写借物申请单并报有关人员批准。如果布草房不能足额发放时，应开出欠单作为归还凭据。

(3)建立布草报废和再利用制度

布草出现下列情况时可以报废：布草破损或有无法清除的污渍时；使用期限已到时；统一调换新品种、新规格等时。

布草报废须有严格的核对审批手续，一般由布草房主管核对并填写布草报废单(见表 11-2-5)，报洗衣房经理或客房部经理审批。

表 11-2-5　布草报废单

品名________	规格________	申报人________	批准人________
报废原因	数量	处理意见	
无法除迹			
无法修补			
年限已到			
其他			
合计		年　　月　　日	

对于报废的布草，要洗净，做上标记，捆扎好集中存放。如果能再利用，可改制成其他用品。

(4)严禁布草的不正当使用

酒店要严格限制员工对布草的不正当使用，比如将在用布草当作抹布使用等，对不正当使用布草的员工要严肃处理。另外，如果发现客人不正当使用布草，也要予以劝告或阻止。如果因此致使布草报废的，应要求客人赔偿。

(5)定期盘点

酒店要定期对布草进行盘点，从而了解布草的使用、消耗和储存等情况，发现问题及时处理。盘点布草时要认真、细致和全面。盘点时要停止布草的流动，防止漏盘和重盘，盘点后须填写布草盘点统计分析表并存档。

(6)建立备用布草储量卡

建立备用布草储量卡，可随时了解库房备用布草的品种与数量，并根据现有布草的使用和补充情况，提出布草申购计划。

【任务实施】

实训任务	布草盘点训练
实训目标	能顺利完成布草盘点工作
实训地点	校内实训室或校外实习基地
实训条件	1. 校内实训室：客房实训室及房内床单、被罩、枕套等布草 2. 校外实习基地：客房及房内布草

续表

实训过程	1. 实训前 (1)着装整齐，具备实训所需要的理论知识 (2)将学生分成若干组，每组确定一名负责人 2. 实训中 (1)各小组学习和讨论布草盘点的相关知识 (2)各小组结合校内实训室或校外实习基地的实际，就实训任务进行情境设计和角色分工 (3)各小组结合布草盘点的教学内容，按照操作规范，进入角色，体验本项目模拟实训的全过程 (4)各小组记录本次模拟实训的主要情节，总结实训操练的成功经验、存在的问题及解决办法 3. 实训后 (1)教师总结 (2)学生撰写实训报告
实训考核建议	1. 考核内容：服务意识＋操作能力 2. 考核方式：实际操作(考核标准见附表 2-15) 3. 考评人员：教师或企业兼职教师、学生

【经典案例】

下表是一家拥有 800 间客房的酒店于 2015—2019 年的客房床单盘存清单。

单位：条

项目	2015 年	2016 年	2017 年	2018 年	2019 年
现有床单	11000	11984	13963	14193	14993
新采购	3000	3000	3000	4000	4000
合计	14000	14984	16963	18193	18993
损失	－2016	－1021	－2770	－3200	－2100
结余	11984	13963	14193	14993	16893

2015 年该酒店开业之初共有 11000 条床单。800 间客房里有 1250 张床，外加存放在楼层棉织品储存室里的 65 张折叠单人床，共有 1315 张床。该酒店每个床位的床单配备标准是 5 条，即 6575 条床单(1315×5)已被从储存室拿出来投入使用，剩下的 4425 条被储存在仓库里。

酒店开业第一年，棉织品的损失量高得惊人，主要原因有以下几点：第一，酒店在开业前招收了许多临时工，而在正常运营前没有制定管理措施，加上床单质地很好，所以偷窃现象非常严重。第二，管理层和部门负责人未料到天气会如此潮湿，面对诸多发霉的床单，不知该如何处理。第三，新的棉织品推车边沿锋利，极易钩破床单，再加上缝纫室忙于制作桌布和赶制成百上千套制服，因此那些破损床单要等很长时间才能得到缝补。第四，堆放脏棉织品的地方是混凝土地面，致使上百条床单遭到腐蚀而过早地报废。第五，服务员有时候把垃圾槽与棉织品滑槽搞混，污染了许多床单，使床单沾上各色斑点而无法处理。

第二年，酒店加强了管控措施，情形大为改观，原先存在的大部分问题得到了解决，缝纫室也及时进行缝补，因此这一年的损失比上一年减少很多，不过依然采购了同样数量的新床单。

直到 2017 年，常规的报损因素开始显露出来：大部分每天使用的床单预计仅可坚持 2～3 年。酒店客房出租率上升了近 23%，达到 90%，使棉织品得到了最大限度的使用，再加上新来的员工不能正确使用棉织品，使损失量又上升到了 2770 条。

2018 年，缝纫室负责人辞职，酒店一直找不到像她那样能干的人来接替这一职位，导致破损床单不能及时得到缝补，加上对会议接待的业务乐观估计以及预测棉布和合成纤维织物将出现短缺从而有可能极大地影响床单的供应，客房部管理人员要求酒店有关方面订购了 4000 条床单。

到了 2019 年，高出租率持久不降，客房部管理人员唯恐床单不足，又要求酒店有关方面订购了 4000 条。

以上因素使这家酒店的棉织品严重供过于求，虽然，供过于求远比供不应求要好，但在那种潮湿的季节，供应过剩就将导致极大的浪费。

【项目小结】

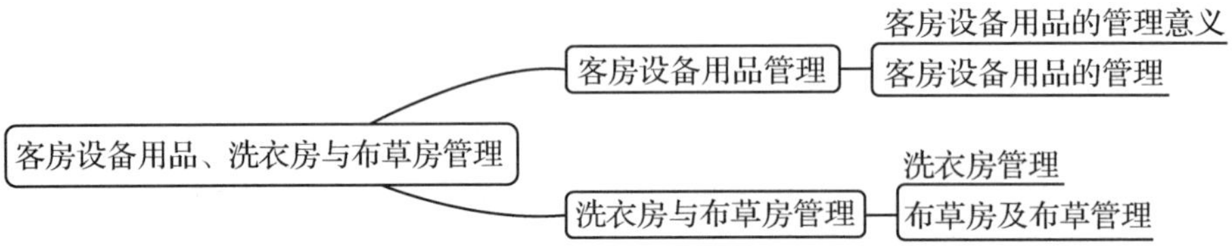

【自我学习】

一、理论思考题

1. 客房设备用品的管理意义是什么？

2. 客房用品的选择原则有哪些？

3. 客房设备的管理任务是什么？

4. 如何对客房用品进行控制管理？

5. 简述布草、客衣、工服的洗涤服务程序。

6. 如何加强布草的管理和控制？

二、实训拓展题

假设你是酒店客房部一名服务员，请就客房设备用品管控、客房用品的使用及布草的管控三个方面提出自己的意见。

项目十一答案

项目十二　客房安全管理训练

【项目描述】

学习客房安全设备配备，客房安全管理制度，火灾、住客失窃以及客人伤病应急处理等相关知识，形成相应的职业能力，以较强的安全意识，按照操作规范完成火灾、住客失窃以及客人伤病等客房安全管理工作任务。

【案例导入】

面对无开门凭据的客人

凭房卡开门是每位客房服务员所应提供的服务，但是如果宾客将房卡遗失或者忘记带出门，那可怎么办？客房服务员小姚在上班的第一天就遇到了这样一件事。

“服务员，帮我开下门。”

“先生，请您出示房卡。”

“我不记得放在哪里了。我很忙，可不可以帮帮忙，开开门？”

“先生，对不起，我们宾馆有严格的规定，凭房卡才能开门。”

“那没有房卡怎么办？”

“可以出示您的身份证吗？”

宾客一脸无奈：“真麻烦！规定是死的，人是活的吧！”客人从包里拿出证件，一脸不高兴。

“请稍等，我与总台联系一下。”经核对，证件信息与登记信息一致，小姚立刻把证件还给客人，为其开门并道歉：“先生，对不起，让您久等了。因为您是我们的客人，而作为宾馆的一名服务员，我有义务为您的安全负责。您的房卡已经遗失，请您去总台补办一张，好吗？谢谢您的合作！”

>> 任务一　客房安全管理认知 <<

【任务描述】

学习客房安全相关知识，熟悉客房安全常见问题，清楚客房常备安全设备，形成必要的安全意识及客房安全事故应急处理的职业技能，按照操作规范完成客房楼层安全事故应急处理任务。

【任务目标】

知识目标：了解客房安全管理内涵、客房安全设备配备、客房安全管理制度

技能目标：能辨识并按照规范操作客房安全设备

素质目标：培养安全第一、预防为主的安全服务意识

【理论引导】

安全无小事，尤其对于酒店来说更是如此。保证客人的人身及财产安全是酒店的基本职能之一，同时客房安全是酒店安全的重中之重。所谓“客房安全”，是指客人在客房内的人身、财产、正当权益不受侵害，客房内也不存在可能导致客人受侵害的因素。客人在住店期间对客房的安全期望值很高。对于在旅途之中或身处异地他乡的宾客来说，作为宾客家外之“家”的酒店客房必须是安全的。酒店有责任和义务保护宾客的安全。安全是酒店各项服务活动的前提。只有在安全的环境内，各项服务活动才能得以开展。但是，酒店也难免会发生意外事故，所以酒店应配备完善的安全设备，健全客房安全管理制度，同时强化服务人员的安全意识，提高服务人员的紧急应变能力，以降低事故发生时的人员伤亡率，减少财产损失。

一、客房安全管理内涵

客房安全管理是指为了保障客人、员工以及酒店客房的安全而进行的一系列有计划、有组织的管理活动。客房安全的内涵主要包括如下几个层面。

第一，酒店住宿客人与客房部员工的人身及财产安全以及客房财产安全。

第二，客房内部的服务及经营活动秩序良好。

第三，客房内部不存在会对客人及员工的人身、财产安全以及酒店财产安全造成威胁的各种潜在因素。

二、客房安全设备配备

客房安全设备有电视监控系统、自动报警系统、消防监控系统、通信系统和房间安保设施等，如表 12-1-1 所示。部分安全设备如图 12-1-1 所示。

表 12-1-1　客房安全设备一览表

序号	名称	种类	配置地点	功能
1	电视监控系统	由摄像镜头、监视器、电视屏幕操作机台、录像等部分组成	楼层过道、客用电梯	见证监控场所活动，便于对发生的可疑现象进行跟踪和取证
2	自动报警系统	微波报警器、红外线报警器、超声波报警器、磁控式报警器等	客房楼层、消防通道	在发生盗窃行为、火灾、爆炸事件时报警。一旦发生特殊情况，报警信号会立刻在安全控制中心显示

续表

序号	名称	种类		配置地点	功能
3	消防监控系统	报警器	手压报警器	客房楼层、楼层入口、服务台边	发生火灾时，立即打开（打碎）玻璃压盖，按下按钮，即可报警
			烟感器	客房楼层、客房	浓烟到一定程度，红灯亮，报警
		灭火器	温感器	客房楼层、客房	温度上升至限定值报警，火警总控制室显示报警信号
			花洒自动喷水系统	客房楼层、客房公共场所	当室内温度达到花洒的启动温度（57.2℃～79.4℃）时，喷头均匀洒水，适合扑灭木头、纸起火
			各种灭火器、消防栓	客房楼层、仓库、洗衣房	二氧化碳灭火器能有效降低起火区域的含氧量，适合扑灭易燃液体起火；干粉灭火器能有效扑灭电起火
4	通信系统	专用电话、传呼系统及对讲机			紧急情况时起联络、指挥作用
5	房间安保设施	门锁		客房	电子门锁系统是保障住客安全最基本，也是最重要的设施
		窥镜			安在门上的为广角镜头，便于住客观察房间的外部情况
		保险箱			供客人存放贵重财物

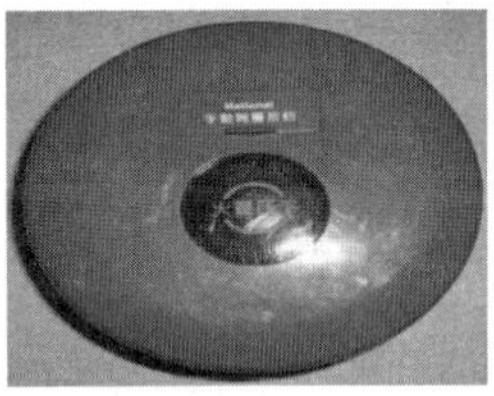
楼道火灾手动报警器

烟感器

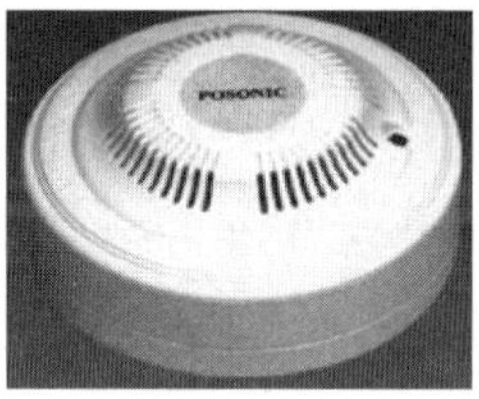

自动喷淋装置

楼道紧急疏散图

灭火器

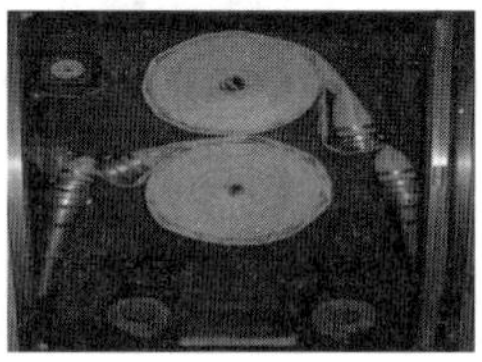
消防栓

安全出口

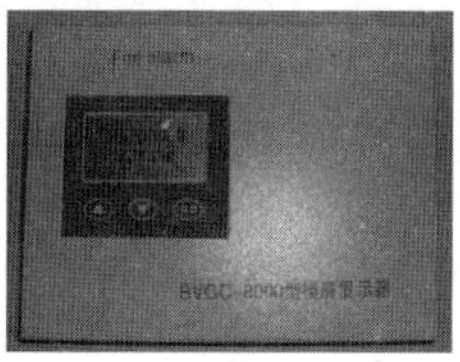
火灾报警器

图 12-1-1　部分安全设备

三、客房安全管理制度

客房部应建立一套行之有效的安全管理制度，明确管理者的责任，并将制度细化到部门内部，将责任落实到个人。安全管理制度包括客人住宿验证登记制度、房卡管理制度、访客登记制度、楼层巡查制度、跟房检查制度、财物保管制度等。

(一)客人住宿验证登记制度

无论是团队客人还是散客，凡是入住酒店客房都必须持有本人有效证件，如身份证、护照、回乡证等，并凭有效证件办理入住登记手续。入住登记手续的验证一般由酒店总服务台负责。楼层服务员要负责查验服务台签发的客人入住通知单，核对无误后才能引领客人进入房间。

(二)房卡管理制度

如果客人将房卡落在客房内，要求客房服务员帮忙开门，客房服务员应与前台核实，确认无误后才可为客人开门。如果客人丢失房卡，客房服务员应及时报告当班主管、客房部经理和安保部，并随时注意丢失房卡的楼层情况。确认找不到房卡后，由安保部将丢失的房卡做作废处理，并为客人补办新卡。

(三)访客登记制度

为维护酒店的正常秩序，酒店要求来访人员必须登记。有些酒店由总服务台负责登记，有些酒店由楼层服务员负责登记。为来访客人做好登记后，应与被访客人再三确认信息。

(四)楼层巡查制度

一般酒店都会安排专职人员定期定时地对客房楼层进行巡查。巡查注意事项有以下几个方面：第一，楼层里是否有闲杂人员、陌生人员。如有，则要劝其离开或按具体情况处理，并做相关登记。第二，是否存在火灾隐患，消防器材能否正常使用。如有问题，应立即解决。第三，门、窗等是否关好，是否有损坏。如有损坏，应及时报修。第四，特别留意房内是否有异常动静及其他情况。如有，应按具体情况灵活处理。第五，设备是否清洁，是否有损坏。如有损坏，及时报修。

(五)跟房检查制度

正常情况下，酒店都会在客人外出或提出退房要求时安排客房服务员跟查房间，主要检查房间内的设备、物品是否有损坏或遗失。

(六)财物保管制度

在为客人办理入住登记手续时，要询问客人是否需要寄存贵重物品。如果客人有保管需求，可以做如下处理：第一，登记清楚要保管贵重物品的客人的信息(所住房号和客人姓名等)。第二，当着客人的面，把客人要保管的贵重物品包装好，并封上封条，同时请客人签名确认。第三，把封好的贵重物品放进保险柜，分别用A、B钥匙锁好。第四，确认客人要保管的天数、保险箱及钥匙号，并在物品保管单上登记清楚客人的房号、姓名、保管天数及保管费用等信息。第五，把物品保管单连同保险箱 B 钥匙交给客人，并把保险箱 A 钥匙用专用包装袋装好。

【任务实施】

实训任务	酒店客房安全管理现场认知
实训目标	了解客房的安全设备、安全管理制度；掌握主要安全设备的操作方法
实训地点	校外实习基地
实训条件	客房、楼层、监控室
实训过程	1. 实训前 (1)着装整齐，事先了解客房安全管理的相关知识 (2)分配实训小组(建议每组 6～8 人) 2. 实训中 (1)教师带领学生统一来到校外实习基地 (2)由合作酒店客房部管理者带领学生参观客房部的各种安全设备，同时讲解各种安全设备的用途和使用方法 (3)参观完毕，学生提出各种有关客房安全管理的问题，酒店客房部管理者回答 3. 实训后 (1)教师总结 (2)学生撰写观后感
实训考核建议	1. 考核内容：学习态度＋参观收获 2. 考核方式：观后感 3. 考评人员：教师或企业兼职教师、学生

>> 任务二　火灾应急处理训练 <<

【任务描述】

学习消防安全知识，了解火灾发生的原因及灭火方法，树立消防安全意识，通过多次消防器材操作练习及消防逃生演习，形成客房消防安全工作的职业技能，完成对客安全保障任务。

【任务目标】

知识目标：掌握客房火灾发生的原因、灭火方法以及火灾事故的处理方法

技能目标：能按操作规范使用各种灭火器，完成客房火灾应急处理任务

素质目标：提升安全服务意识、责任意识、大局意识

【理论引导】

火灾是酒店最大的安全隐患。现代酒店设备先进，设施豪华，投资额巨大，但一场大火旦夕之间就会使一切化为乌有，最主要的是它会直接威胁人们的生命安全。

【经典案例】

客房安全问题不容小觑

某日，在某酒店客房部，被安排入住 8012 房的客人因为房间朝阴面，要求换

房。前台为客人办理了换房手续。客人在搬离 8012 房时，随手将烟头扔进了垃圾桶里。客房服务员小李来检查房间时，客人告诉小李他在房间只待了五分钟，什么都没有碰。小李就听了他的话，没有认真检查这个房间。30 分钟后，酒店安保部打来电话说，8012 房的烟感器报警了。小李立即赶到 8012 房，发现是烟头点燃了垃圾桶内的卫生纸，幸好发现及时，不然后果不堪设想。服务员小李被罚款 300 元，并被部门通报。

一、火灾发生的原因

了解火灾发生的原因可以防患于未然。火灾发生的原因既有主观的，也有客观的，主要有以下几种。

(一)用火不慎

第一，有的客人喜欢躺在沙发或床上吸烟，火星散落在沙发或床上，极易引起火灾。由这种原因引起的火灾在客房火灾中所占比例较大。

第二，有的客人醉酒后乱扔烟头、火柴梗，导致地毯、衣服、纸篓起火。

第三，有的客人将未熄灭的烟头放在沙发扶手上，因事后遗忘或烟头掉落在沙发上而引起火灾。

第四，有的客人在禁止吸烟的地方吸烟，在有可燃气体的场所点火、吸烟，进而引发爆炸起火。

(二)电路及电器问题

第一，电路超负荷运行、老化、短路等容易导致局部过热，产生电火花，进而引起火灾。

第二，客房内的电器设备安装不良，质量差，一次性使用时间过长或使用不当等都易引起火灾。

(三)大量易燃材料的使用

客房内的棉织品、地毯、窗帘、各种木器、家具等都属于易燃材料，一旦发生火灾，这些易燃材料会加速火势的蔓延。因此，有条件的酒店最好使用阻燃的地毯、床品和窗帘等。

(四)其他原因

第一，客人将各种易燃易爆品带进客房。

第二，员工不按安全操作规程作业，如在客房内明火作业，使用化学涂料、油漆等。

第三，防火安全系统不健全，消防设施不完备等。

二、火灾的种类与常用的灭火方法

(一)火灾的种类

按燃烧物质及特性，火灾分为四类。

第一，可燃固体物质火灾(A类)：由木材、纸张、塑胶等引起的火灾。

第二，易燃液体火灾(B类)：由汽油、酒精等引起的火灾。

第三，可燃气体火灾(C类)：由液化石油气、煤气等引起的火灾。

第四，可燃金属火灾(D类)：由钾、钠等引起的火灾。

针对以上种类的火灾，我们应用不同的灭火方法和灭火器材进行灭火。客房部的火灾通常属于A类，即可燃固体物质火灾。

(二)常用的灭火方法

常用的灭火方法有以下几种。

第一，冷却法，即通过使用灭火剂吸收燃烧物的热量，使其温度降到燃点以下，以达到灭火的目的。常用的这类灭火剂是水和二氧化碳。

第二，窒息法，即通过阻止空气与可燃物接触，使燃烧因缺氧而熄灭。常用的这类灭火剂有泡沫和二氧化碳等。我们也可采用石棉布、浸水棉被来覆盖燃烧物。

第三，隔离法，即把正在燃烧的物质同未燃烧的物质隔离开来，使燃烧不能蔓延。

第四，抑制法，即将有抑制作用的化学灭火剂喷射到燃烧物上，使灭火剂与燃烧反应中产生的游离基结合，形成稳定的不燃烧分子结构，从而使燃烧停止。

三、消防器材种类及使用方法

为了防止火灾的发生和蔓延，酒店各个区域、各个要害部位都要配置各种消防器材。一旦发生火灾，可以立即投入使用。客房部员工必须掌握这些消防器材和消防剂的性能、作用和使用方法，以便及时控制火情。客房区域常见的消防器材有两大类：消防栓和化学灭火器(泡沫灭火器、干粉灭火器、二氧化碳灭火器)，其适用范围和操作方法如表12-2-1所示。

表12-2-1　消防栓和化学灭火器的操作

类别	适用范围	操作方法
消防栓	由易燃液体引起的火灾及电气火灾	(1)打开消防栓柜，卸下出水口的堵头，安上消防栓接扣，接上消防水带，注意接口要衔接牢固 (2)然后将水带甩开，注意水带不要拧花或打结 (3)最后拧开阀门，水即从水带输送到火场 (4)使用完毕后，应先关阀门，然后把水带分解开，卸下接扣，把堵头装好 (5)每次使用消防水带后要冲洗干净，晒干卷好，定期检查，如发现漏水要及时修好

续表

类别	适用范围	操作方法
泡沫灭火器	由油类、可燃液体或可燃固体引起的火灾	(1)在未到达火源时切记将其倾斜放置 (2)距离火源 10 米左右时，拔掉安全栓 (3)拔掉安全栓之后将灭火器倒置，一只手紧握提环，另一只手扶住筒体的底圈 (4)对准火源的根部进行喷射即可
干粉灭火器	适用范围广，如易燃液体、电气设备、金属、纺织品等起火，还可扑灭由油、气等燃烧引起的大火	(1)拔掉安全栓，上下摇晃几下 (2)根据风向，站在上风位置 (3)对准火苗的根部，一只手握住压把，另一只手握住喷嘴进行灭火
二氧化碳灭火器	电气火灾，珍贵设备、精密仪器以及油类等起火	(1)使用前不得使灭火器过分倾斜，更不可横拿或颠倒，以免两种药剂混合而提前喷出 (2)拔掉安全栓，将筒体颠倒过来，一只手紧握提环，另一只手扶住筒体的底圈 (3)将射流对准燃烧物，按下压把即可进行灭火 (4)使用时不要握住喷射的铁杆，以免冻伤手

四、火灾事故的处理

客房楼层发生火灾时，客房服务员应具备良好的专业服务能力和紧急应变能力，沉着冷静地按平时防火训练的规定要求迅速行动，确保客人的人身财产安全和酒店财产安全，努力将损失降到最低。

(一)发现火情时的处理

第一，判断火情，立即使用最近的报警装置发出警报。

第二，及时发现火源，用电话通知总机，讲清着火地点和燃烧物质。

第三，迅速利用附近适合火情的消防器材，如灭火器、水枪等控制火势，并尽力将其扑灭。

第四，如发现客房门下有烟冒出，应先用手触摸此门，如果很热，千万不能打开房门。

第五，如果火势已不能控制，则要立即离开火场。离开时应关闭沿路门和窗。在安全距离以外等候消防人员到场，并为客人提供必要的帮助，尽量保护客人的人身和财产安全。

第六，如火情严重，应立即打 119 报警。报警时要讲清酒店的名称、地址，起火原因，具体起火位置。

（二）听到报警信号时的处理

第一，首先要能辨别报警信号和疏散指令信号。例如，有的酒店规定一停一响的警铃声为报警信号，持续不断的警铃声为疏散信号。

第二，听到报警信号后，应立即查看火情是否发生在本区域。

第三，保持镇静和高度的警觉性，随时待命，同时做好客人的安抚工作。

（三）听到疏散信号时的处理

听到疏散信号时表明酒店某处确已发生火灾，客人和全体酒店员工须立即通过紧急出口撤离到指定地点。

第一，迅速打开紧急出口安全门，有组织、有计划、有步骤地疏散客人。

第二，组织客人疏散时，不能乘电梯。

第三，帮助老弱病残与行动不便的客人撤离。在条件允许的情况下，楼层主管要逐间查房，确认房内无人。

第四，各楼出口都要有人把守，以便为客人引路。

第五，待撤离到指定地点后，客房部及前厅部服务人员一起查点客人。如有下落不明或联系不到的客人，应立即通知前来灭火的消防员。

【任务实施】

实训任务	消防器材实训操作训练
实训目标	掌握客房常用消防器材的具体操作方法
实训地点	校内实训室或校外实习基地
实训条件	1. 校内实训室：客房实训室楼道内配备的消防栓、灭火器，教学视频 2. 校外实习基地：客房、消防栓、灭火器、消防通道
实训过程	1. 实训前 (1)着装整齐，准备实训用具 (2)分配实训小组(建议每组 6～8 人) 2. 实训中 (1)教师(或学校安保部人员)示范操作消防栓和灭火器的使用方法 (2)每个实训组形成一个训练小组，各小组训练 20 分钟 (3)每组各抽两名学生演示消防栓和二氧化碳灭火器的操作，演示小组自评，其他小组讨论点评，教师最后讲评 (4)再练习后，逐组演示，教师打分考评 3. 实训后 (1)教师总结 (2)学生撰写实训报告
实训考核建议	1. 考核内容：动手能力 2. 考核方式：实际操作(考核标准见附表 2-16) 3. 考评人员：教师或企业兼职教师、学生

>> 任务三　住客失窃处理训练 <<

【任务描述】

了解住客失窃的原因及预防盗窃的措施，掌握住客失窃的处理流程与标准等知识，树立必要的安全意识，形成快捷、有效处理住客失窃的职业技能。完成住客失窃处理工作任务。

【任务目标】

知识目标：了解住客失窃的原因及预防盗窃的措施，掌握住客失窃的处理流程与标准

技能目标：能按流程与标准处理住客失窃事件

素质目标：培养安全服务意识、责任意识；诚信、友善

【理论引导】

偷盗事件在酒店里时有发生，在管理不善的酒店中更是如此，是令酒店管理者非常头疼的一个问题。偷盗事件的发生不仅会影响客人的心情及在店内的正常活动，而且会影响酒店的声誉。因此，客房部应该采取有效措施，预防偷盗事件的发生。

一、住客失窃的原因

为有效防止偷盗事件的发生，酒店应针对不同的失窃原因采取相应的措施。从窃贼的构成上来看，酒店发生失窃事件的原因一般有以下四种类型。

(一)外部偷盗

外部偷盗是指社会上的不法分子混进酒店行窃。这些人往往装扮成顾客蒙骗店方，盗取住店客人的财物。为防止这类偷盗事件的发生，酒店可以加强管理，提高警惕。

(二)内部偷盗

内部偷盗是指酒店员工利用工作之便盗取客人的财物。由于酒店员工对酒店内部的管理情况、活动规律以及结构布局都了如指掌，因此作案也最容易。

(三)内外联合偷盗

一般是由酒店内部员工向社会上的同伙提供情报及各种便利条件，由其同伙作案、销赃。这种作案方式手段高明，容易成功，给酒店造成的危害大。

(四)住客自盗

住客自盗是指同住一屋的房客中的一位房客伺机窃取另一位房客的财物。这种

事件虽然少见，但也发生过。对于这类盗窃行为，酒店方面只能告诫房客提高警惕，保管好自己的财物，或建议客人单独包房间住。

二、预防盗窃的措施

(一)防止来自外部的偷盗和住客自盗

在日常工作中，客房服务员要善于从住客和访客身上发现疑点，注意他们的言谈举止，多关注神态不正常、行动鬼祟、频繁进出酒店、起居不正常的人，提高警惕，留心观察，必要时及时上报。酒店前台一定要配合客房部把好客人身份验证关，做到入住登记、开房验证、访客登记。

(二)防止来自内部的偷盗

首先，聘用员工时，严格进行人事审核。其次，做好员工的思想工作，对员工进行职业道德教育。再次，采取各种有效的办法，如合理排班、加强员工出入的管制检查以及设置检举箱等，杜绝管理漏洞，强化管理机制，不给作案者以可乘之机。最后，一旦发现有偷窃行为的员工，应予以严肃处理，甚至开除。

(三)防止内外勾结的偷盗

为防止内外勾结偷盗的发生，酒店应加强钥匙管理，一般应采取以下措施：第一，做好钥匙的交接记录；第二，因公需用钥匙时，必须随身携带，不得随处乱放；第三，禁止随便为陌生人开启房门，其他部门的员工如需进入客房部工作(如工程部员工来维修客房设备，礼宾部行李员给客人送行李进房)，均须由客房服务员开启房门。

【经典案例】

如何为忘记带房卡的客人“开房门”?

呼和浩特某酒店客房部当班服务员小刘突然接到客房服务中心的电话，让她去帮 1208 房的客人开门。由于酒店出于为客人财产安全考虑，规定当客人要求开门时必须核实身份，所以小刘上前询问后，希望客人能配合接一下客房服务中心的电话，以此来证明他是本房间的住客，可这位客人没等她说完便开始冲她大喊，说他是酒店的常客，并且已经在这里住了快一个星期了，酒店是怎么搞的，竟然不认识他，并且说他着急赶飞机，需要赶快开门、拿房卡、退房并去赶飞机。由于小刘是刚入职的实习生，从未遇到过这样的事情，她并不确定这位客人就是 1208 房的客人，就耐心地向客人解释，说这是酒店的规定，但客人依旧不听小刘解释，一直在很烦躁地谩骂，直到领班赶来向客人解释这是为了保护住店客人的安全并请客人理解，客人态度才有所缓和，由于 1208 房的客人是酒店的常客，领班非常熟悉，所以立即为客人打开了房门。客人拿到房卡后立即办理了退房。

三、住客失窃的处理流程与标准

客人在住店期间丢失物品时会请求工作人员帮忙寻找，客房部一定要积极帮助客人寻找。若情节严重，客房部要及时报警，并协助有关人员调查原因，寻找线索，尽快帮客人解决问题。

(一)住客失窃的处理流程

住客失窃的处理流程如图 12-3-1 所示。

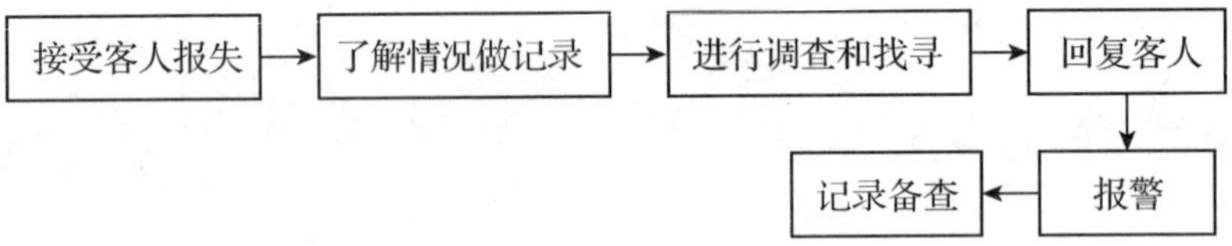

图 12-3-1　住客失窃的处理流程

(二)住客失窃的处理程序与标准

住客失窃的处理程序与标准如表 12-3-1 所示。

表 12-3-1　住客失窃的处理程序与标准

程序	标准
接受客人报失	(1)接到客人在房间丢失财物的投诉后，立即通知值班经理、安保部 (2)封锁现场，保留各项证物，会同保安立即到客人房间 (3)用亲切的语言安慰客人，平复客人情绪
了解情况做记录	(1)失主的姓名、年龄、性别、国籍、职务、来访目的、来店和离店的具体时间、去向等 (2)丢失物品的准确时间，最后见到失物的时间 (3)丢失物品的准确地点、位置 (4)丢失物品的名称、种类、型号、数量、特征、新旧程度、特殊标记、有无保险等 (5)丢失前是否有人来过房间，诸如亲朋好友来访，工作人员打扫房间、工程维修等，失主有无怀疑对象以及怀疑的根据等 (6)失主有何要求，如开具丢失证明或要酒店赔偿
进行调查和找寻	(1)让安保部调出监控录像，以了解出入此客房的人，便于进一步调查 (2)排查失窃前曾到过失窃现场的人员 (3)经过分析后帮助客人寻找，请客人耐心等待或让客人在现场一起寻找 (4)将详细情况记录下来
回复客人	(1)若找到失品，及时交还给客人 (2)若找不到失品，应向客人表示同情，并耐心解释。若丢失原因不明，酒店不负责赔偿，请客人留下电话，以便今后联系

续表

程序	标准
报警	(1)若确定无法找到失物，而客人坚持报警处理时，立即通知保安代为报警 (2)待警方到达现场后，让保安协助客人及警方进行事件的调查
记录备查	将事情发生的原因、经过和结果记录于值班经理交接本上，以备查核

【任务实施】

实训任务	住客失窃处理实训操作训练
实训目标	能按流程与标准处理客人财物失窃事件
实训地点	校内实训室或校外实习基地
实训条件	1. 校内实训室：客房实训室及房间内配备的物品、走廊，教学视频 2. 校外实习基地：客房、电梯、消防通道等
实训过程	1. 实训前 (1)着装整齐，准备实训用具 (2)分配实训小组(建议每组 6～8 人) 2. 实训中 (1)模拟住客财物丢失场景。教师讲解客人财物丢失的处理流程与标准以及注意事项 (2)每个实训组自行设计，学生分别扮演客房服务员、客人及保安等，模拟练习 (3)抽两个小组学生演示，表演小组自评，其他小组讨论点评，教师最后讲评 (4)再练习后，逐组演示，教师打分考评 3. 实训后 (1)教师总结 (2)学生撰写实训报告
实训考核建议	1. 考核内容：服务意识＋应变能力 2. 考核方式：实际操作(考核标准见附表 2-17) 3. 考评人员：教师或企业兼职教师、学生

>> 任务四　其他安全事故处理训练<<

【任务描述】

学习客人受伤、客人醉酒、客人生病时的处理程序与标准以及注意事项等相关知识，培养安全服务意识，能按照操作规范解决客房部突发安全问题，完成相关工作任务。

【任务目标】

知识目标：掌握客人受伤、醉酒、生病时的处理程序与标准以及注意事项

技能目标：能按操作规范独立完成客人伤病、醉酒的处理

素质目标：培养安全服务意识、责任意识及严谨规范意识

【理论引导】

除了发生火灾、盗窃外，客房中还会发生许多其他的意外事故。因此，客房部

应该加以防范，一旦事故发生，要做出妥善处理。针对客人受伤、醉酒、生病等突发事件，客房部应有严密的处理程序与标准。客房服务员应从容镇定，保障客人安全，以减少客人的不满或惊慌情绪。

一、客人受伤时的处理

客人在客房内受伤大多数与客房内的设备用品有关，一是由于设备用品本身有故障，二是由于客人操作不当。客人一旦受伤，客房服务员必须向管理人员报告，同时应立即采取救护措施。

(一)客人受伤时的处理程序与标准

客人受伤时的处理程序与标准如表 12-4-1 所示。

表 12-4-1　客人受伤时的处理程序与标准

程序	标准
前往现场	(1)接到报告后立即前往现场 (2)开房门后发现客人倒在地上时，应判明客人倒地的原因，如在浴室摔倒、因病倒地，客人是否有外伤，客人意识是否清醒等 (3)询问客人的伤情 (4)如需要，陪同客人前往医院就诊
及时处理	(1)如果伤处出血，应用止血带进行止血；如果不能缠绕止血带时，应用手按住伤口处，待医生到达后遵医嘱进行处置 (2)如果是轻度烫伤，先用大量干净水进行冲洗；如果是重度烫伤，不得用手触摸伤处或弄破水泡，应尽快送往医院进行处置 (3)如果四肢骨折，应先止血后用夹板托住；如果是肋骨骨折，应让客人在原地保持不动，并立即请医生处置 (4)如果头部受了伤，要小心止血，并立即请医生前来或送往医院 (5)如果后背受了伤，尽量不要翻转身体，应立即请医生前来或送往医院 (6)如果异物飞进眼睛，应立即用洁净的水冲洗眼睛
善后处理	(1)详细记录事件发生和处理的过程 (2)与有关部门合作，为客人提供酒店能够给予的一切帮助

(二)客人受伤时的注意事项

客人受伤时的注意事项如下。

第一，发现客人受伤后，应采取急救措施或将伤者送往医院救治。

第二，在未查明原因之前，不可轻易向客人做出任何承诺或妄下结论。

第三，酒店应定期检查各种设施设备，排除可能伤害客人的隐患。

除此之外，为避免客房内意外事故的发生，客房服务员在平时的工作中要增强责任心，细心观察，严格按照岗位职责和操作规程办事。管理人员查房时也要认真仔细，不要走过场。只有这样，很多不安全因素才能被消灭在萌芽状态。

二、客人醉酒时的处理

酒店经常发生客人饮酒过量的现象，此时客人处于不能自控状态，因此处理起来要格外谨慎。

(一)客人醉酒时的处理方法

客人醉酒时的处理方法如下。

第一，对轻度醉酒的客人，可婉言劝导，安置其回房休息。

第二，对重度醉酒、不听劝导的客人，要先安抚，然后协助保安将其送回客房，以免其扰乱其他住客或伤害自己。

第三，要特别关注醉酒客人的房间，防止客人在失去理智时破坏房间设施。

第四，醉酒客人如果再度饮酒或大声吵闹，服务员应婉言规劝，以免影响其他客人。

(二)客人醉酒时的处理程序与标准

客人醉酒时的处理程序与标准如表 12-4-2 所示。

表 12-4-2 客人醉酒时的处理程序与标准

程序	标准
发现醉酒客人	(1)当发现客人在房内不断饮酒时，客房服务员应该特别留意该客人的动态，并通知领班。在适当的情况下，与当班其他服务人员或领班借机进房查看，切忌单独进房 (2)若在楼层发现有人醉酒，如证实其并非本酒店住客，应让其离开，或通知保安将其带离楼层；若证实其为住店客人，应通知领班或请其他同事帮忙，安置客人休息 (3)要注意观察客人的醉酒程度，对于重度醉酒的客人，应及时通知上级和安保部，对于轻度醉酒的客人应劝其回房间休息
提供恰当服务	(1)若客人已饮酒过量，但尚清醒，应将纸篓放在床边，以备客人呕吐，并准备好面巾纸、漱口水，放在床头柜上，对呕吐过的地面及时清理 (2)征求客人意见，给客人泡一杯茶，放在床头柜上 (3)安顿客人休息后，房间要留灯，然后轻轻退出房间，关好房门 (4)醉酒客人如有召唤，服务员应与值班主管一同前往
做好记录	在服务员工作日报表上填写醉酒客人房号、客人状况及处理措施，并做好交接工作

(三)客人醉酒时的注意事项

客人醉酒时的注意事项如下。

第一，密切注意房内动静，以防房内物品受损或因客人吸烟而造成火灾。

第二，若服务员在楼层走廊遇见醉酒的客人，不能单独扶其进房，以免发生意外事件。

第三，醉酒客人如有召唤，服务员应与值班主管一同前往。女服务员应避免独自进入客房，以免发生意外事件。

第四，对因醉酒而大吵大闹的客人要留意观察，在不影响其他客人的情况下，一般不予干涉。但若发现客人因神志不清而有破坏行为时，应通知安保部、大堂副理。若已造成设备用品损坏，应做好记录，待客人酒醒后要求其按规定赔偿。

【经典案例】

对醉酒客人的处理服务

某日晚上10点左右，内蒙古某酒店两位客人宴罢归来，满身酒气，醉意很重，歪歪晃晃地走进客房楼层。这两位客人在801房住，由于出门时把房卡忘在了房间里，于是就在8楼大喊："服务员！开门！"客房服务中心正好也在8楼，当天是客房服务中心文员小李值班。小李就打电话给楼层服务员，让其为客人开门(因为下午4点过后到晚上11点客房服务中心就剩1个人上班，且每个楼层都有电话，所以有任何事都可以打电话联系相关人员)。这时客人在楼层里大喊大叫，满口脏话，因为当时很晚了，小李怕他们影响其他客人休息，便对那两位客人说："先生请稍等一下，服务员马上就过来了。"这时，其中一位客人由于喝酒太多，先是扶着墙，然后瘫坐在地上，嘴里抱怨着服务员不来给开门。小李又立即打电话联系安保部。不一会儿一名保安赶到客房楼层，紧接着客房服务员也来了。因为客房服务员是个女服务员，那两个客人又是大醉，所以小李就跟客房服务员说：房卡给我吧，我去开。小李和保安把801的房门打开，保安把坐在地上的客人扶回客房，此时两位客人依旧大喊大叫，脏话不停。在保安的陪同下，客房服务员在客人房间的床头柜前铺上了一块废旧的布草，同时把垃圾桶放在了客人的床边，并倒了两杯温水放在床头柜上，然后三人一起离开了客房。客人入睡，客房又恢复了平静，三人长长地出了一口气。

三、客人生病时的处理

客人在酒店居留期间，可能会感到身体不适或突发疾病。客房服务员发现后要及时汇报处理。

(一)客人生病时的处理方法

1. 一般性疾病

客人可能会偶感风寒或有其他小病，服务员发现后可询问情况，帮助客人请驻店医生，在此后的几天中应多关心该客人，多送些开水，并提醒客人按时服药。

2. 突发性疾病

若客人患突发性疾病，如肠胃疾病等，服务员要立即请医生来，同时报告管理人员，绝对不能擅作主张，救治病人，那样可能会导致严重的后果。在没有驻店医生的情况下，如果患病客人请服务员帮助购药，服务员应婉言拒绝，并劝客人立即到医院或请医生到酒店治疗，以免误诊。

(二)客人生病时的注意事项

客人生病时的注意事项如下。

第一，在日常对病客的照料中，服务员只需做好必要的准备工作即可离去，不得长时间留在病客房内。病客若有需要可电话联系。

第二，如遇危重病人，应立即与医院或急救站联系，组织抢救，同时要立即上报大堂副理或值班经理。救护车未到前由驻店医生给予必要的救治处理。如客人处于清醒状态，则需征得客人同意。

第三，未经专门训练和相应考核的服务员，若发现客人休克或有其他危险迹象时，应及时通知大堂副理或值班经理，不得随意搬动客人，以免发生意外，并请驻店医生前来救治。

第四，若客人不想看病，坚持让服务员代买药品，服务员首先应向客人说明不能代买药品，然后通知大堂副理，并由其通知驻店医生到客人房间，进而由医生判断是否从医务室为病人取药。

【经典案例】

对生病客人细致入微的服务

某日，呼和浩特某五星级酒店的客房服务员小全在清理807房间时发现床头柜上放着一板胃药。这时，细心的小全脑海里浮现出807房客人的样子——总是深锁着眉头，不爱说话，也不怎么笑。小全心想，看来是客人生病不舒服。让每一个入住8楼的客人开心，是小全发自内心的想法和服务宗旨。于是小全迅速为807房客人整理完房间，然后在807房的书桌上晾了一杯白开水，同时把胃药放在水杯旁边。就在小全做完这一切，转身要离开房间的时候，小全还是有点不放心："客人会记得吃药吗？不行，还得留个条。"

尊敬的先生：

欢迎您入住本楼层。我知道您很忙，发现您身体不适，出门前请您别忘了服药。我已经帮您晾了水放在桌上，绝对干净，请放心饮用。祝您每天开心！

自从那天后，小全每次为客人整理房间时，客人都会主动和小全聊天，赞扬酒店并高度评价酒店提供的服务。通过聊天，小全对客人有了更多的了解，进而为其提供更有针对性的服务。

【任务实施】

实训任务	客房部其他安全事故处理实训操作训练
实训目标	能按操作规范正确处理客人受伤、客人醉酒、客人生病等事件

续表

实训地点	校内实训室或校外实习基地
实训条件	1. 校内实训室：客房实训室及房间内配备的物品、走廊，教学视频 2. 校外实习基地：客房
实训过程	1. 实训前 (1)着装整齐，准备实训用具 (2)分配实训小组(建议每组 6～8 人) 2. 实训中 (1)教师讲解处理客人受伤、客人醉酒、客人生病等的方法及处理时的注意事项 (2)每个实训组形成一个训练小组 (3)小组自行设计，模拟客人受伤、客人醉酒、客人生病的场景。学生分别扮演客房服务员、客人及客房部管理者，模拟练习，练习完一次后互换模拟角色 (4)抽 3 个小组分别演示客人受伤、客人醉酒、客人生病的场景，表演小组自评，其他小组讨论点评，教师最后讲评 (5)再练习后，逐组演示，教师打分考评 3. 实训后 (1)教师总结 (2)学生撰写实训报告
实训考核建议	1. 考核内容：服务意识＋操作能力 2. 考核方式：实际操作(考核标准见附表 2-18) 3. 考评人员：教师或企业兼职教师、学生

【项目小结】

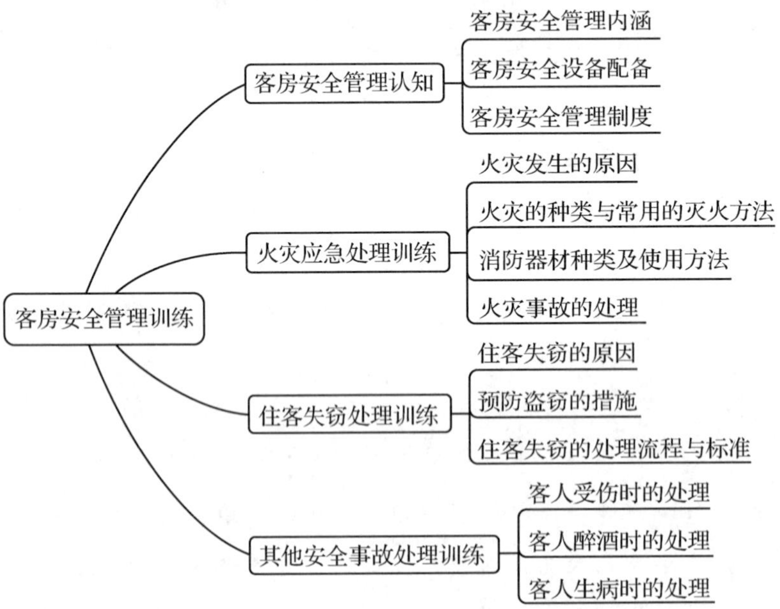

【自我学习】

一、理论思考题

1. 客房安全管理制度通常包含哪些方面的内容？

2. 常用的灭火方法有什么？

3. 客房部偷盗事故如何预防？

4. 客人醉酒时的注意事项有哪些？

5. 客人生病时如何处理？

二、实训拓展题

搜集查阅酒店安全事故相关资料，分析酒店各类安全事故发生的原因及所占的比例。

项目十二答案

参考文献

1. 王秀红．前厅客房服务与管理[M]. 北京：北京理工大学出版社，2018.
2. 仇学琴．酒店前厅客房服务与管理[M]. 天津：南开大学出版社，2011.
3. 邓兰珍，朱朦朦．前厅服务[M]. 广州：暨南大学出版社，2014.
4. 王多惠．前厅服务与管理[M]. 长沙：湖南大学出版社，2013.
5. 孟庆杰，唐飞．前厅客房服务与管理[M]. 大连：东北财经大学出版社，2007.
6. 费寅．前厅客房服务与管理[M]. 北京：中国财政经济出版社，2008.
7. 胡世伟，汪东亮．前厅服务与管理[M]. 北京：北京理工大学出版社，2017.
8. 徐永志．客房服务实训[M]. 成都：四川大学出版社，2015.
9. 梁海兰．客房服务与管理[M]. 长春：东北师范大学出版社，2015.
10. 肖萍，徐紫燕．客房服务与管理[M]. 北京：北京理工大学出版社，2017.
11. 黄莉．客房服务与管理[M]. 长沙：湖南大学出版社，2014.
12. 曾清．前厅服务与管理[M]. 成都：西南交通大学出版社，2015.
13. 王培来．酒店前厅运行管理实务[M]. 北京：中国旅游出版社，2013.
14. 花立明．酒店前厅服务与管理[M]. 上海：上海交通大学出版社，2016.
15. 曹艳芬．酒店前厅服务与管理[M]. 天津：天津大学出版社，2011.
16. 罗伟，刘保丽．酒店前厅客房管理[M]. 武汉：华中科技大学出版社，2017.
17. 袁照烈．酒店前厅部精细化管理与标准化服务[M]. 北京：人民邮电出版社，2016.
18. 江美亮．酒店前厅规范化作业流程・服务细节・疑难解答[M]. 广州：广东经济出版社，2014.
19. 谢永健．酒店前厅与客房管理[M]. 上海：复旦大学出版社，2019.
20. 王大悟，刘耿大．酒店管理 180 个案例品析[M]. 北京：中国旅游出版社，2007.
21. 刘伟．酒店前厅管理[M]. 重庆：重庆大学出版社，2018.
22. 唐羽，郑新娜．前厅客房服务与管理实训教程[M]. 北京：北京交通大学出版社，2012.
23. 赵燕兰．前厅客房服务与管理[M]. 西安：西安交通大学出版社，2012.
24. 单凤儒．管理学基础(第四版)实训教程[M]. 北京：高等教育出版社，2012.
25. 李肖楠，刘艳．酒店前厅运营与管理[M]. 北京：化学工业出版社，2016.
26. 吴玲．前厅运行与管理[M]. 上海：上海交通大学出版社，2018.
27. 牛自成．酒店客房服务与管理[M]. 南京：南京大学出版社，2020.
28. 罗峰，杨国强．前厅服务与管理[M]. 北京：中国人民大学出版社，2018.
29. 川名幸夫．服务的细节 028：帝国酒店 恰到好处的服务[M]. 张舒鹏，译，北京：东方出版社，2015.
30. 杨华．客房服务与管理[M]. 北京：中国商业出版社，2004.
31. 张志佳．客房服务技能实训[M]. 北京：机械工业出版社，2012.
32. 高巍．饭店前厅客房服务与管理[M]. 长春：吉林大学出版社，2010.
33. 吴玲，贺湘辉．酒店前厅管理实务[M]. 广州：广东经济出版社，2008.
34. 王佳．前厅服务技能实训[M]. 北京：机械工业出版社，2012.
35. 付晓萍．前厅服务与管理[M]. 北京：中国物资出版社，2004.
36. 郑宏博．前厅服务与管理[M]. 大连：东北财经大学出版社，2008.

附　录

附表 1-1　散客电话预订服务实训操作考核标准

考核项目	考核要点	考核标准	分值/分	得分/分
职业礼仪	(1)仪容仪表 (2)礼貌礼节	符合前厅预订员的仪容仪表要求	5	
		符合电话礼仪规范	5	
散客电话预订	接听电话	铃响三声以内接听	2	
		问候客人	2	
		报部门	2	
	记录客人的订房要求	询问客人姓名(中英文拼写)、用房日期、预订数量、房型、住店夜次	5	
		聆听客人的预订要求：耐心、认真、仔细并伴有回应语	2	
	查看电脑房态系统	查看电脑房态系统，了解客房状况，并迅速接受或婉拒客人的预订要求	3	
		客满时向客人表示歉意，将客人列入等待名单或婉拒并推荐同档次酒店	4	
		现有空房不符合客人的需求时应推销其他种类的客房	2	
		现有客房符合客人需求时接受订房	2	
	接受预订	明确答复接受客人预订	3	
		询问客人的付款方式	3	
		当客人的费用由公司或旅行社承担时，要求费用承担单位在客人抵店前电传书面信函作为付款担保	3	
		询问客人抵达的航班班次、车次及时间	3	
		向客人说明房间保留时间，或建议客人做保证性预订	3	
		询问客人的特殊要求，如是否需要接机服务等	3	
		对有特殊要求者详细记录并复述	3	
		如果是代理预订，要询问代理人的姓名、单位、电话号码，并做好记录	5	

续表

考核项目	考核要点	考核标准	分值/分	得分/分
	确认客人的预订要求	复述客人的预订要求，全面、准确	5	
		请客人确认其预订要求	3	
	填写预订单	客人抵店时间、房间种类、房价、房间数量、住店夜次等预订信息	5	
		客人预订种类、付款方式、费用承担者、特殊要求、代理人信息	5	
		内容正确、全面，字迹清楚、整齐	3	
	向客人致谢	向客人致谢，并表示恭候客人光临	3	
	预订资料存档	将客人预订信息录入电脑	3	
		将所有的预订资料整理存档	3	
综合印象	(1)操作规范 (2)岗位气质	操作过程规范，动作娴熟，语言简练、流畅、得体	5	
		能体现前厅预订员的岗位气质	5	

附表 1-2 超额预订的处理考核标准

考核项目	考核要点	考核标准	分值/分	得分/分
职业礼仪	(1)仪容仪表 (2)礼貌礼节	符合前厅预订员的仪容仪表要求	5	
		符合电话礼仪规范	5	
超额预订服务	确定超额预订量	根据每日未达宾客统计表和延期宾客统计表确定超额预订量	15	
	超额预订	在超额预订量控制范围内，按一般散客预订服务标准实施	10	
		明确告知宾客房间类型暂时不能确定	5	
	有房处理	在宾客抵店时，根据宾客要求安排房间	10	
		没有宾客所需要的房间时，采用折扣或客房升级的形式来满足宾客需要	10	
	无房处理	提前联系好类似档次的备用酒店	10	
		提供免费的车辆，将宾客送至备用酒店，承担不同酒店之间的房间差价	10	
		如果次日有房，应询问宾客是否在第二日搬回酒店。如获得宾客同意，将宾客视为贵宾接待，并建立贵宾接待审批单	10	
综合印象	(1)操作规范 (2)岗位气质	操作过程规范，动作娴熟，语言简练、流畅、得体	5	
		能体现前厅预订员的岗位气质	5	

附表 1-3 机场代表店外迎送服务实训操作考核标准

考核项目	考核要点	考核标准	分值/分	得分/分
职业礼仪	(1)仪容仪表 (2)礼貌礼节	符合机场代表的仪容仪表要求	5	
		符合问候、迎送等服务礼仪规范	5	

续表

考核项目	考核要点	考核标准	分值/分	得分/分
宾客抵达前	准备工作	索取宾客接车通知单，了解宾客相关信息	5	
		向车队下达出车指令	5	
		准备接机牌等	5	
		关注航班变化，并根据变化情况适当调整接待方案	5	
宾客抵达后	(1)迎接 (2)引领 (3)自我介绍 (4)沿途介绍	提前抵达机场，精神饱满，举牌等候	5	
		自我介绍，引领宾客上车，确认行李件数	10	
		出发前电话告知礼宾部宾客抵达信息	10	
		沿途介绍：酒店情况、沿途景点	10	
		到达后引领宾客办理入住手续	5	
宾客离店	(1)送客准备工作 (2)宾客送别工作	与车队联系并弄清送客相关信息	5	
		到达机场后，协助宾客搬运行李，办理登记、托运等手续	10	
		向宾客道别，做好情况记录	5	
综合印象	(1)操作规范 (2)岗位气质	操作过程规范，热情友好，语言表达能力和沟通能力强	5	
		能体现机场代表的岗位气质	5	

附表 1-4　门童店内迎送服务实训操作考核标准

考核项目	考核要点	考核标准	分值/分	得分/分
职业礼仪	(1)仪容仪表 (2)礼貌礼节	符合门童的仪容仪表要求	5	
		符合站位、问候、引领等服务礼仪规范	5	
迎客服务	散客到店	引领停车，保持交通通畅	5	
		面带微笑致欢迎语	5	
		按照标准开启车门	10	
		按照标准开启大门	10	
	团队到店	站立在车门一侧，迎接宾客下车，点头致意、问候	5	
		协助行李员卸行李，招呼行李员引领宾客进入大堂	5	
送客服务	散客离店	主动叫车，将车引至指定位置	5	
		协助行李员将行李放入后备厢	5	
		请宾客上车，提供拉车门服务，并向宾客道别	10	
		轻轻关上车门，面带微笑，后退一步，挥手道别	5	
	团队离店	站立在车门一侧，向每一位上车的宾客点头致意，主动搀扶老人或行动不便的宾客	10	
		司机关门后，伸手示意司机开车，并目送宾客离去	5	
综合印象	(1)操作规范 (2)岗位气质	操作过程规范，动作娴熟	5	
		能体现门童的岗位气质	5	

附表 1-5　散客行李服务实训操作考核标准

考核项目	考核要点	考核标准	分值/分	得分/分
职业礼仪	(1)仪容仪表 (2)礼貌礼节	符合行李员的仪容仪表要求	5	
		符合站位、问候、引领等服务礼仪规范	5	
散客行李服务	散客到店	出门迎接，表示欢迎	5	
		将行李卸下车，清点、检查行李	5	
		引领宾客时，走在宾客的左前方两三步远，注意回头招呼宾客	5	
		办理入住登记时，行李员应站在前台一侧、宾客身后 1.5 米处，看管行李，听候召唤	5	
		主动接过接待员手中的房卡，引领宾客至客房，途中适时介绍酒店特色、新增设的服务项目、特别推广活动等	10	
		让宾客先进电梯。行李员进电梯后，按好电梯楼层，站在电梯控制牌处，面朝宾客，并主动与宾客沟通。电梯到达后，让宾客先出电梯，行李员随后提行李跟出	10	
		进房间前，介绍钥匙使用方法及其他用途，然后按照酒店既定程序敲门、开门	10	
		房间服务：介绍房内设施设备及其使用方法	10	
		向宾客道别，轻关房门，迅速离开	5	
	散客离店	接到运送行李的请求后，问清房号、姓名、行李件数和搬运时间等，并做好记录	5	
		进入客房后帮助宾客清点行李，检查行李是否有破损情况	5	
		来到大厅后，礼貌地告知宾客收银处的位置，将行李装上车，向宾客道别，祝宾客旅途愉快	5	
综合印象	(1)操作规范 (2)岗位气质	操作过程规范，动作娴熟，礼貌热情	5	
		能体现行李员的岗位气质	5	

附表 1-6　团队行李服务实训操作考核标准

考核项目	考核要点	考核标准	分值/分	得分/分
职业礼仪	(1)仪容仪表 (2)礼貌礼节	符合行李员的仪容仪表要求	5	
		符合站位、问候、引领等服务礼仪规范	5	
团队行李服务	团队到店	清点行李，检查有无破损，将行李放在指定的地点，标上团号，拴上行李牌，摆放整齐。注意不同团队的行李之间应留有空隙	15	
		在每件行李上挂上行李标签，根据团队分房表，核对宾客姓名，在每张行李标签上写上宾客房号、行李件数	15	
		正确装载行李：硬下软上，大下小上，同团同车，同层同车	10	
		到达客房时，将行李放在房门一侧，按门铃	5	
		将行李放到房间，待宾客确认后离开	5	

续表

考核项目	考核要点	考核标准	分值/分	得分/分
	团队离店	安排次日团队预离店的行李运送事宜，确定收取行李时间	5	
		在规定时间到楼层及客房门口收取行李，记录每个房间的行李件数，并拴好行李牌	10	
		把行李集中到行李处，整齐排列，与领队或陪同清点件数，确认无误后，双方签字。待运送行李的车辆到达后，协助行李押运员将行李装车	15	
综合印象	(1)操作规范 (2)岗位气质	操作过程规范，动作娴熟，礼貌热情	5	
		能体现行李员的岗位气质	5	

附表 1-7　行李寄存服务实训操作考核标准

考核项目	考核要点	考核标准	分值/分	得分/分
职业礼仪	(1)仪容仪表 (2)礼貌礼节	符合行李员的仪容仪表要求	5	
		符合站位、问候、引领等服务礼仪规范	5	
行李寄存服务	接受行李寄存	问候宾客	2	
		询问并确认宾客身份：姓名、房卡；团队宾客的团号、房卡	5	
		询问并确认宾客要寄存的行李件数、办理时间	5	
		检查并确认宾客要求寄存的行李在可寄存范围内	5	
	制作行李寄存卡	认真填写行李寄存卡的全部内容	3	
		请宾客确认并在行李寄存卡主卡上签名	3	
		将行李寄存卡副卡交给客人，作为提取行李的凭证	3	
		将行李寄存卡主卡挂在行李箱明显位置	3	
		填写行李寄存记录	3	
	存放行李	制作行李牌：行李寄存卡主卡卡号、宾客房号、寄存总件数	4	
		在行李上标挂行李牌，两件以上的行李寄存时要用行李绳将其绑在一起	4	
		将寄存行李送入寄存室	3	
		寄存室的行李应以组为单位整齐码放，行李牌应放在明显位置，以便查找	5	
		团队寄存的行李应以团为单位码放，并用行李网将同一团队的所有寄存行李罩在一起	3	
	接受行李提取	问候宾客，请宾客出示行李寄存卡副卡	5	
	核对行李寄存卡	核对行李寄存卡副卡与寄存记录，确认一致后，请宾客在副卡上签字	6	

续表

考核项目	考核要点	考核标准	分值/分	得分/分
	提取行李	根据行李寄存卡副卡为宾客提取行李	4	
		如果是当日寄存的行李，应在行李柜台核对查找，核对主、副卡内容及宾客签名是否一致	4	
		如果不是当日寄存的行李，应到行李寄存室核对查找，核对主、副卡内容及宾客签名是否一致	4	
		将寄存行李交给宾客并请其确认件数	3	
		在行李寄存记录上注明领取人姓名	3	
综合印象	(1)操作规范 (2)岗位气质	操作过程规范，动作娴熟，礼貌热情	5	
		能体现行李员的岗位气质	5	

附表 1-8　散客入住登记受理服务实训操作考核标准

考核项目	考核标准	分值/分	得分/分
职业礼仪	符合接待员的仪容仪表要求	5	
	符合站位、问候、接待等服务礼仪规范	5	
迎接客人	3 米内问候，声音洪亮	5	
	面带微笑	5	
识别有无预订	(1)有预订，确认预订内容 (2)无预订，推销客房	20	
办理入住登记手续	填写散客入住登记表	10	
	按客人要求排房	10	
	打印房卡，制作客房磁卡钥匙，开餐券	10	
	收取客房押金	10	
指引客人入房	告知客房方位	5	
	向客人致谢	5	
综合印象	操作过程规范，动作娴熟、优雅	5	
	能体现接待员的岗位气质	5	

附表 1-9　团队入住登记受理服务实训操作考核标准

考核项目	考核标准	分值/分	得分/分
职业礼仪	符合接待员的仪容仪表要求	5	
	符合站位、问候、接待等服务礼仪规范	5	
迎接客人	3 米内问候，声音洪亮	5	
	面带微笑	5	
协助客人办理入住	团队登记	20	
	分发钥匙	10	

续表

考核项目	考核标准	分值/分	得分/分
指引客人入房	告之客房方位	5	
	行李员引导	10	
	向客人致谢	5	
确认相关事项及细节	制作表单	10	
	资料存档	10	
综合印象	操作过程规范，动作娴熟、优雅	5	
	能体现接待员的岗位气质	5	

附表 1-10　贵宾入住登记受理服务实训操作考核标准

考核项目	考核标准	分值/分	得分/分
职业礼仪	符合接待员的仪容仪表要求	5	
	符合站位、问候、接待等服务礼仪规范	5	
接待工作	熟悉客人的详细情况	5	
	安排房间，并通知礼宾部、电话总机室等	5	
	将客人信息登记表、房卡、客房钥匙装入信封	5	
	按照接待规格，通知各部门做好准备	5	
	检查准备情况	5	
办理入住登记手续	称呼贵宾姓名，表示热烈欢迎	5	
	带客进房，对酒店房间进行简单介绍	10	
	办理手续	10	
制作表格、存储信息	记录入住手续办理情况	10	
	制作表格	10	
	存储信息	10	
综合印象	操作过程规范，动作娴熟、优雅	5	
	能体现接待员的岗位气质	5	

附表 1-11　换房服务实训操作考核标准

考核项目	考核标准	分值/分	得分/分
职业礼仪	符合接待员的仪容仪表要求	5	
	符合站位、问候、接待等服务礼仪规范	5	
了解换房原因	了解换房原因	10	
	查找客人需要的房间	10	
寻找客房	排房	5	
	介绍房型和房价	10	
办理换房手续	填写换房单	10	

续表

考核项目	考核标准	分值/分	得分/分
行李服务	询问客人是否需要行李服务	5	
	行李员协助换房，收回房卡	10	
	注销房卡	5	
后续操作	更改电脑资料	10	
	电话通知各部门	5	
综合印象	操作过程规范，动作娴熟、优雅	5	
	能体现接待员的岗位气质	5	

附表 1-12　离店日期变更服务实训操作考核标准

考核项目	考核标准	分值/分	得分/分
职业礼仪	符合接待员的仪容仪表要求	5	
	符合站位、问候、接待等服务礼仪规范	5	
客人提前离店	更改预订记录	10	
	通知打扫，更改房态	10	
客人延期离店	了解续住需求	10	
	核实订房情况	10	
	填写推迟离店通知单	10	
婉拒客人的延期要求	主动解释	10	
	帮助联系其他酒店	10	
	如客人不离开，为即将到店的客人另寻房间	10	
综合印象	操作过程规范，动作娴熟、优雅	5	
	能体现接待员的岗位气质	5	

附表 1-13　留言服务实训操作考核标准

考核项目	考核标准	分值/分	得分/分
职业礼仪	符合问讯员的仪容仪表要求	5	
	符合站位、问候、接待等服务礼仪规范	5	
问候客人	接待客人：微笑服务、礼貌称呼	5	
	接听留言电话：清晰地报出所在部门	5	
查询住店客人信息	询问被查询客人的姓名和房号，及时与电脑信息比对	5	
	查看客人是否已经住店	5	
填写留言单	准确记录留言者的姓名和联系电话	5	
	详细填写访客留言单	10	
核对确认	将留言单上的内容复述一遍	10	
处理留言	在留言登记簿上记录该留言的大致内容	10	
	电话告知总机该留言的内容	10	
	针对客人不同情况，对留言单做出正确处理	10	

续表

考核项目	考核标准	分值/分	得分/分
道别	礼貌地向客人道别	5	
综合印象	操作过程规范，礼貌热情	5	
	能体现问讯员的岗位气质	5	

附表 1-14　贵重物品保管服务实训操作考核标准

考核项目	考核标准	分值/分	得分/分
职业礼仪	符合收银员的仪容仪表要求	2.5	
	符合站位、问候、接待等服务礼仪规范	2.5	
问候客人	礼貌地问候客人，详细了解客人的寄存要求	5	
启用保险箱	询问客人房号，并查验房卡	5	
	请客人填写贵重物品寄存单	5	
	提醒客人阅读保险箱使用须知和注意事项	5	
	将保险箱的箱号记在寄存单上	5	
	取出存放盒，并示意客人将寄存物品放入	5	
	将存放盒与已填好的寄存单第一联同时放入保险箱，锁上箱门，并请客人亲自确认箱门已锁好	5	
	再次向客人介绍保险箱使用须知和注意事项	5	
	将寄存单第二联及保险箱子钥匙交给客人，总钥匙则由总台收银处保管	5	
	填写客用保管箱使用登记表，以备查核	5	
中途开箱	请客人出示房卡、保险箱子钥匙	5	
	请客人在寄存单相关栏内签名，记录开启日期及时间	5	
	在客用保管箱使用登记本上登记	5	
客人退箱	请客人出示房卡、保险箱子钥匙	5	
	打开保险箱，请客人取出寄存物品，同时提醒客人检查保险箱内是否有遗落物品	5	
	锁上保险箱，请客人在寄存单终止栏内填写退箱日期、姓名，并比对客人签名是否一致，收回寄存单客人联	5	
	在客用保管箱使用登记本上登记退还时间、经手人姓名等	5	
	将贵重物品寄存单存档	5	
综合印象	操作过程规范，动作娴熟、优雅	2.5	
	能体现收银员的岗位气质	2.5	

附表 1-15　行政酒廊服务实训操作考核标准

考核项目	考核标准	分值/分	得分/分
职业礼仪	符合接待员的仪容仪表要求	5	
	符合站位、问候、接待等服务礼仪规范	5	
欢迎客人	立于行政楼层电梯间	5	
	准确地称呼客人，向客人微笑	5	

续表

考核项目	考核标准	分值/分	得分/分
引导入座	为客人拉椅	2	
	正确铺餐巾	3	
	询问客人需要何种饮料	2	
	倒退两步，转身离开，迅速回到领位台	3	
倒冰水	立于客人右侧	2	
	用左手轻轻拿起水杯	2	
	将水往水杯中间倒	2	
	将水杯倒八分满	2	
	将水杯轻轻放置在客人右手边	2	
服务饮品	左手托托盘，用右手进行服务	5	
	立于客人右手边，将饮品倒入相应杯具	5	
席间服务	添酒水：不断添加酒水，杯里的酒水不能少于1/3	5	
	更换烟灰缸：烟灰缸内不能超过两个烟头，不能有许多杂物	5	
上甜品	立于客人右侧	2	
	在客人左手边放甜点叉，右手边放甜点匙，两者离开桌边一英寸	2	
	从冷菜间取出甜品	2	
	用右手服务	2	
	退后两步，离开	2	
上咖啡或茶	在糖盅内放4包咖啡晶糖、6包白糖；在奶盅内倒1/2盅奶	2	
	将糖盅、奶盅置于餐桌中间	2	
	右手拿咖啡底碟，上放咖啡杯，茶匙平置于咖啡杯前，从客人右手边将其放于客人两手之间	3	
	用茶壶/咖啡壶为客人倒2/3满，将壶放于客人右手边。壶口应朝外，勿对客人	3	
结账送客	为客人拉椅	5	
	与客人道别，欢迎客人再次光临	5	
综合印象	操作过程规范，动作娴熟、优雅	5	
	能体现接待员的岗位气质	5	

附表1-16　总机电话接转服务实训操作考核标准

考核项目	考核标准	分值/分	得分/分
职业礼仪	符合话务员的仪容仪表要求	5	
	符合电话礼仪规范	5	
接电话	总机铃响三声之内应答电话	5	
	礼貌、友善，且面带微笑	5	
问候客人	用中英文熟练、准确地自报家门 (1)外线：“您好，××酒店” (2)内线：“您好，总机”	10	

续表

考核项目	考核标准	分值/分	得分/分
转接电话	迅速、准确地转接电话，并说“请稍等”	10	
特殊情况操作	若转接后无人应答，铃响五声后，话务员应委婉地向致电者说明：“对不起，电话没人接。请问您是否需要留言?”	10	
	正确处理致电者只告诉客人姓名或房号的特殊情况	10	
	正确处理客人要求保密房号这种特殊情况	10	
	正确处理客人采取“免打扰”措施这种特殊情况	10	
	正确处理客人打错电话这种特殊情况	10	
综合印象	操作过程规范，语言简练、流畅、得体	5	
	能体现话务员的岗位气质	5	

附表 1-17　叫醒服务实训操作考核标准

考核项目	考核标准	分值/分	得分/分
职业礼仪	符合话务员的仪容仪表要求	5	
	符合电话礼仪规范	5	
接听电话	总机铃响三声之内应答电话	5	
	礼貌、友善，且面带微笑	5	
记录需求信息	记录客人的房号、叫醒日期、叫醒时间、通知人、通知时间、受理人	10	
	询问是否需要二次叫醒	10	
复核叫醒时间和房号	复核客人下午叫醒与早晨叫醒的时间差异	10	
把叫醒信息输入机台	将客人的信息准确输入机台	20	
核对叫醒	检查所输入叫醒有无差错以及是否有其他情况影响叫醒	10	
保存叫醒记录	对特殊情况做好记录，要求字迹清晰，表达准确	10	
综合印象	操作过程规范，语言简练、流畅、得体	5	
	能体现话务员的岗位气质	5	

附表 1-18　收银结账服务实训操作考核标准

考核项目	考核要点	考核标准	分值/分	得分/分
职业礼仪	(1)仪容仪表 (2)礼貌礼节	符合收银员的仪容仪表要求	5	
		符合站位、问候、接待等服务礼仪规范	5	
准备工作	(1)核对预退房状态 (2)准备好预退房客人账单并检查应收款项	根据房态，核对好预退房数量及状态变化	4	
		能够根据房态准确找到预退房客人账单	3	
		核对账单，检查应收款项	3	

续表

考核项目	考核要点	考核标准	分值/分	得分/分
退房结账受理	(1)迎宾 (2)受理 (3)通知查房 (4)与客人沟通	面带微笑，热情问候	5	
		主动询问客人需要，受理客人结账并询问房号	10	
		确认客人身份及房号，并收回房卡	5	
		通知客房部查房	5	
		主动询问客人是否有其他消费	5	
		接到客房查房结果，与客人核对	5	
结清账款	(1)打印账单 (2)结算客人账款 (3)礼貌道别	打印客人账单，并请客人确认	5	
		确认无误后请客人签字	5	
		核对账款余额，消费金额小于押金，则退还客人剩余押金；反之则收取账款	10	
		与客人礼貌道别，并欢迎其下次再来	5	
存档	(1)客人账单 (2)变更房态	将客人所有结账记录装订并放入文件柜	5	
		变更房态	5	
综合印象	(1)操作规范 (2)岗位气质	操作过程规范，动作娴熟、优雅	5	
		能体现收银员的岗位气质	5	

附表 1-19 客房销售技能考核标准

考核项目	考核标准	分值/分	得分/分
职业礼仪	符合接待员的仪容仪表要求	5	
	符合站位、问候、接待等服务礼仪规范	5	
推销酒店产品(服务)	运用正确的推销方法	10	
	主动将有关的宣传资料展示给客人	10	
	正确介绍产品(服务)的优点(或特色)以及其他有关情况	10	
	准确把握成交时机	10	
特殊推销要求	设法让查询、问价的宾客对酒店的客房及服务项目产生兴趣	10	
	对犹豫不决的宾客多给予建议	10	
	向消费能力有限的宾客进行推销	10	
	推销酒店其他服务项目	10	
综合印象	礼貌、热情，能灵活运用各种销售技巧	5	
	能体现接待员的岗位气质	5	

附表 1-20 宾客投诉处理实训操作考核标准

考核项目	考核标准	分值/分	得分/分
职业礼仪	符合前厅服务员的仪容仪表要求	5	
	符合站位、问候、接待等服务礼仪规范	5	

续表

考核项目	考核标准	分值/分	得分/分
接到投诉	认真聆听，准确了解每一个细节	5	
	保持目光接触，以示尊重	5	
	询问客人的姓名和房号	5	
	做简要记录	5	
安抚客人	向客人表示同情	5	
	向客人道歉	5	
采取措施	全力处理投诉	10	
	注意时效	5	
	告知客人处理方式	10	
	不可同意职权外的赔偿或让步	5	
回复客人	亲自将处理结果告诉客人	5	
	再次表达歉意	5	
记录存档	对客人的宝贵意见表示感谢	5	
	将事情的全部经过记录在案	5	
综合印象	热情诚恳、大方得体、不卑不亢、反应迅速	5	
	能体现前厅服务员的岗位气质	5	

附表 2-1　迎宾送客服务实训操作考核标准

考核项目	考核要点	考核标准	分值/分	得分/分
职业礼仪	(1)仪容仪表 (2)礼貌礼节	符合客房服务员的仪容仪表要求	5	
		符合站位、问候、接待等服务礼仪规范	5	
迎宾准备	(1)了解客情 (2)布置房间 (3)检查设备	根据接待通知单，了解客人的特殊禁忌	4	
		按接待规格布置好房间物品、礼品	3	
		检查房间，确保空调等设备正常运转	3	
到店迎接	(1)迎接宾客 (2)引领入房 (3)房间介绍 (4)退出客房	面带微笑，热情问候	5	
		主动帮助客人提拿行李，正确引领客人至客房	10	
		正确敲门，打开房门，插卡取电后，请客人先进	10	
		向客人介绍新增设的服务项目、设施设备等	15	
		告知客人需要帮助时的处理方法	5	
		向客人致意，面向客人微笑退出房间	5	
离店送客	(1)行前准备工作 (2)送别宾客 (3)查房	提醒客人拿好自身物品，协助礼宾部做好客人行李运送工作	5	
		礼貌送别	5	
		检查客房，告知总台更新房态，做好记录	10	
综合印象	(1)操作规范 (2)岗位气质	操作过程规范，动作娴熟、优雅	5	
		能体现客房服务员的岗位气质	5	

附表 2-2　洗衣服务实训操作考核标准

考核项目	考核标准	分值/分	得分/分
职业礼仪	符合客房服务员的仪容仪表要求	5	
	符合进房、问候等服务礼仪规范	5	
收取客衣	有需要送洗的衣物，要及时收取	10	
	客人要洗衣但没有填写洗衣单，则不要收洗，留言提醒客人联系客房服务中心	5	
核对洗衣单	核对洗衣单上所有信息是否准确	10	
	在洗衣单上标记特殊需求，并向洗衣房交代清楚	5	
检查客衣	检查客衣是否与洗衣单相符	10	
	检查客衣是否有破损、特殊污点	5	
	判断客衣是否会褪色、缩水	5	
认真登记	收取客衣时，在客衣收取记录表上做好登记	5	
	对于有特殊洗涤要求的衣物，要在洗衣单上做好标记，同时向洗衣房交代清楚	5	
送还客衣	仔细核对衣物，点清件数，按房号送回	10	
	按进房程序进房	5	
	请客人在存根联上签字	5	
综合印象	操作过程规范，动作娴熟、优雅	5	
	能体现客房服务员的岗位气质	5	

附表 2-3　小酒吧服务实训操作考核标准

考核项目	考核标准	分值/分	得分/分
职业礼仪	符合客房服务员的仪容仪表要求	5	
	符合进房、问候等服务礼仪规范	5	
清点检查	清洁房间时必须检查小酒吧的酒水消耗情况	10	
	接到退房通知后，应尽快对房间内的各项物品进行检查。若该房有饮用小酒吧酒水情况，应立即按规定通知前台	10	
查阅核对	(1)查阅客人填写的账单与消费情况是否一致 (2)若客人没有填写账单，客房服务员就按照实际消费情况填写	15	
送单	经核对无误后，送至收银处、客房服务中心或酒水中心，通过电脑对其进行记账	15	
添补	在规定时间统计楼层的酒水和食品消耗情况，并填写酒水日消耗单	10	
	凭客房小酒吧点算单第三联从仓库领取消耗的酒水和食品，并及时补充入房，做好记录	5	
报损	更换所有即将过期的酒水和食品，并在其有效期内进行处理	15	
综合印象	操作过程规范，动作娴熟、优雅	5	
	能体现客房服务员的岗位气质	5	

附表 2-4　开夜床服务实训操作考核标准

考核项目	考核标准	分值/分	得分/分
职业礼仪	符合客房服务员的仪容仪表要求	5	
	符合进房、问候等服务礼仪规范	5	
准备工作	工作车及备品准备充分	2	
	工作车置于客房门口，位置正确	3	
进入房间	进房程序正确	3	
	征得客人同意，若客人不需要开夜床则做好记录	2	
开灯、开空调、关窗帘	开灯并检查所有照明设备是否正常工作	2	
	将空调开到指定的刻度上	1	
	轻轻拉上遮光窗帘和二道帘	2	
开夜床	将靠近床头一边的被角反折，使之成为等腰直角三角形，原床头一侧的直角边与被子中线重合，折角平整，下垂自然	5	
	地巾摆放于折角一侧，地巾靠床头边与被子反折的45°角边(靠近枕头一侧)齐平，地巾靠床体边与被子下垂边沿垂直齐平	5	
	将浴袍或睡衣叠放在床尾或被子折角上	5	
	将拖鞋摆放于地巾之上，便于使用	5	
	按酒店规定在床头柜或其他指定位置放上天气预报卡、晚安卡或小礼品等	5	
	夜床主题创意设计用品新颖、卫生，突出个性化，摆放位置安全，方便使用，整体美观，具有艺术美感	10	
整理房间	清理烟灰缸、桌面，倒垃圾	5	
	更换用过的茶具，增添冷、热饮用水	5	
调试电视，开好酒水单	使电视频道齐全，图像清晰，且电视频道与服务指南内容一一对应	2	
	检查冰箱和小酒吧的饮料，开好酒水单	3	
整理卫生间	清洗脸盆、浴缸和马桶，方法正确	2	
	补充卫生间用品，用品摆放整齐，符合要求	2	
	将地巾放在浴缸外侧的地面上，位置摆放正确	2	
	更换或整理毛巾	2	
	将浴帘下摆放入浴缸内，并拉开2/3	2	
检查、留灯	环视一遍卫生间及房间，检查有无不妥之处	1	
	关灯，只留夜灯和走廊灯；若客人在房内，不用关灯	1	
退出房间登记	向客人道别后退出房间，轻轻将房门关上	1	
	在客房晚间服务记录表上登记	2	
综合印象	操作过程规范，动作娴熟、优雅	5	
	能体现客房服务员的岗位气质	5	

附表 2-5 客人遗落物品处理实训操作考核标准

考核项目	考核标准	分值/分	得分/分
职业礼仪	符合客房服务员的仪容仪表要求	5	
	符合服务礼仪规范	5	
案例准备	案例符合主题	5	
	分析案例中事故发生的各类原因	10	
	提出事故处理方法	10	
情景模拟	依据案例进行角色演练	20	
	情景模拟生动、准确	10	
应变测试(教师在案例中添加特殊情况)	处理特殊情况	5	
	处理方法恰当	10	
	表述清晰、有逻辑	10	
综合印象	处理过程规范，反应灵敏	5	
	能体现客房服务员的岗位气质	5	

附表 2-6 客房部其他服务实训操作考核标准

考核项目	考核要点	考核标准	分值/分	得分/分
职业礼仪	(1)仪容仪表 (2)礼貌礼节	符合客房服务员的仪容仪表要求	5	
		符合站位、问候、引领等服务礼仪规范	5	
情景模拟处理	(1)情景设计 (2)操作程序 (3)服务意识	情景设计合理，紧扣主题	20	
		操作程序正确	40	
		服务意识强	20	
综合印象	(1)操作规范 (2)岗位气质	操作过程规范，动作娴熟、优雅	5	
		能体现客房服务员的岗位气质	5	

附表 2-7 优质客房服务实训操作考核标准

考核项目	考核标准	分值/分	得分/分
职业礼仪	符合客房服务员的仪容仪表要求	5	
	符合服务礼仪规范	5	
准备阶段	依据情景设计剧本	5	
	分析客人类型	10	
	分析接待要点	10	
情景模拟	依据剧本进行角色演练	20	
	情景模拟生动、准确	10	
应变测试(教师在案例中添加特殊情况)	处理特殊情况	5	
	处理方法恰当	10	
	表述清晰、有逻辑	10	
综合印象	处理过程规范，反应灵敏	5	
	能体现客房服务员的岗位气质	5	

附表 2-8　走客房清洁服务实训操作考核标准

考核项目	考核要点	考核标准	分值/分	得分/分
职业礼仪	(1)仪容仪表 (2)礼貌礼节	符合客房服务员的仪容仪表要求，言谈举止得体	10	
技能操作	准备工作	工作车布置准确合理，放置得当	2	
		吸尘器放置合理	1	
	开门进房	按进房程序进房	3	
		开门清洁作业，直至清洁完毕	2	
		及时填写报表	2	
	开窗通风	开窗，关空调	3	
	巡视检查	检查房间设备有无异常	3	
		检查有无客人遗落物品	3	
		有问题及时上报	1	
	清理垃圾杂物	清理烟灰缸	3	
		清理垃圾桶	3	
		清理房间垃圾	3	
		清理卫生间垃圾	3	
	擦尘、检查设备	检查所有灯具是否完好	2	
		检查门、窗、墙面、天花板、地毯以及各种家具是否完好	2	
		将报修记录报告领班	1	
		抹尘的顺序准确	3	
		抹尘的同时检查、调试设备	3	
		抹尘用的抹布干、湿分开	3	
	整理卫生间	步骤准确，效果良好	5	
	补充客用物品	用干净托盘补充消过毒的茶具、玻璃杯等客用物品	3	
		更换添补的物品均应无水迹、无污渍	3	
	吸尘	按地毯表层毛的倾倒方向由里到外吸尘	3	
		吸尘的同时调整家具与摆件	3	
	检查	环视整个房间是否打扫干净，检查物品摆放规格是否到位	3	
		检查是否有抹布等遗落在房内	3	
		发现有漏项应及时补漏	1	
		房间整体效果美观并符合要求	3	
	关门、登记	将所有清洁工具放回到工作车上	3	
		关灯	3	
		锁门	3	
		填写工作报表	3	

续表

考核项目	考核要点	考核标准	分值/分	得分/分
综合印象	(1)操作规范 (2)岗位气质	操作过程规范，动作娴熟、优雅，能体现客房服务员的岗位气质	5	

附表 2-9 中式铺床实训操作考核标准(国家行业赛评分标准)

考核项目	考核标准	分值	扣分	得分
仪容仪表 (5 分)	头发干净，整体着色自然，发型符合岗位要求	1		
	服装、鞋子、袜子整洁，符合岗位要求，衣服熨烫挺括	2		
	手部洁净，指甲修剪整齐，不涂有色指甲油，不戴过于醒目的首饰，选手号牌佩戴规范	1		
	仪态端庄，站姿、走姿规范优美，表情自然大方，面带微笑	1		
床单 (23 分)	开单一次成功(两次扣 1 分)	1		
	抛单一次成功(两次扣 1 分)	1		
	打单定位一次成功(两次扣 1 分，三次扣 2 分，三次以上不得分)	4		
	床单中线居中，不偏离床中线(偏 1 厘米以内不扣分，1～2 厘米扣 1 分，2～3 厘米扣 2 分，3 厘米以上不得分)	4		
	床单正反面准确(毛边向下，抛反不得分)	1		
	床单表面平整光滑(每条水波纹扣 1 分)	4		
	包角紧密、垂直、平整，式样统一(90°)	4		
	四边掖边紧密、平整(每条水波纹扣 1 分)	4		
被套 (4 分)	正反面准确(中凸线朝上，抛反不得分)	2		
	一次抛开，平整光滑(两次扣 2 分，三次以上不得分)	2		
羽绒被 (39 分)	羽绒被放于床尾，羽绒被长宽方向与被套一致	1		
	抓住羽绒被两角一次性套入被套内，抖开被芯，操作规范、利落(两次扣 2 分，三次及以上不得分)	4		
	抓住床尾两角抖开羽绒被并一次抛开定位(两次扣 2 分，三次扣 3 分，三次以上不得分)	4		
	被子与床头平齐(以羽绒被翻折处至床头距离 45 厘米为评判标准，相差 2 厘米之内不扣分，2～3 厘米扣 2 分，3～4 厘米扣 3 分，4 厘米以上不得分)	4		
	被套中线居中，不偏离床中线(偏 1 厘米以内不扣分，1～2 厘米扣 1 分，2～3 厘米扣 2 分，3～4 厘米扣 3 分，4 厘米以上不得分)	5		
	羽绒被在被套内四角到位，饱满、平展(每角 1 分)	4		
	羽绒被在被套内两侧两头平整(每一侧一头 1 分)	4		
	被套表面平整光滑(每条水波纹扣 1 分)	4		
	羽绒被在床头翻折 45 厘米(每相差 2 厘米扣 1 分，不足 2 厘米不扣分)	4		
	被套口平整且要收口(2 分)，羽绒被不外露(1 分)	3		
	尾部自然下垂，尾部两角美观、标准统一	2		

续表

考核项目	考核标准	分值	扣分	得分
枕头(2 个) (14 分)	四角到位、饱满、挺括	4		
	枕套开口朝下并反向于床头柜	1		
	枕头边与床头平行	2		
	枕头中线与床单中线对齐(偏 1 厘米以内不扣分，1～2 厘米扣 1 分，2～3 厘米扣 2 分，3 厘米以上不得分)	3		
	枕套沿无褶皱，表面平整、自然下垂	4		
总体效果 (10 分)	三线对齐(偏 1 厘米以内不扣分，1～2 厘米扣 1 分，2～3 厘米扣 2 分，3 厘米以上不得分)	5		
	平整美观	5		
综合印象 (5 分)	操作过程规范，动作娴熟、敏捷，姿态优美，能体现客房服务员的岗位气质	5		
操作时间：　分　秒	超时：　分　秒	扣分：　分		
选手跑床、跪床、撑床：　次		扣分：　分		
备注：规定操作时间为 3 分钟				
实际得分：				

附表 2-10　西式铺床实训操作考核标准(国家行业赛考核标准)

考核项目	考核标准	分值	扣分	得分
准备铺床	操作者站在床尾中间位置，以不贴住为宜	2		
第一次甩单定位	准确、一次到位	3		
	不偏离中心线	4		
	床单正面向上	3		
	床单中线居中，两边吊边均等，前后吊边一致	2		
第一次包边包角	四角成直角，平整、挺括	6		
	四边紧绷、平整，不得有床单外露	4		
	床面平整	2		
第二次甩单定位	准确、一次到位	3		
	不偏离中心线	4		
	床单反面向上	3		
	床单中线居中，两边吊边均等，前后吊边一致	2		
铺毛毯	准确、一次到位	3		
	不偏离中心线	4		
	毛毯商标在床尾右后位置	3		
	毛毯与床头齐平	2		
	盖单覆盖毛毯翻折 30 厘米	4		

续表

项　目	操作标准	分值	扣分	得分
第二次包边包角	两个角式样、角度一致	3		
	两个包角均匀、紧密	3		
	床两侧塞进床垫部分均匀	3		
	床尾塞进床垫部分充足、紧实	3		
套枕套	四角饱满，外形平整、挺括	4		
	枕芯不外露	2		
枕头摆放	与床两侧距离相当	4		
	枕头开口朝下并反向于床头柜	2		
	枕头中线与床单中线对齐	2		
铺床罩	床面平整美观，床罩与床垫边线重叠	3		
	床罩盖没枕头不露边，床罩多余部分要塞入枕头中间和底部	3		
	床尾两角垂直、挺括	2		
仪容仪表	服装整洁，头发干净，面部妆容浓淡适度	4		
	不跑床，不跪床，不撑床	4		
	操作轻松、潇洒、有节奏、不忙乱、不重复	4		
操作时间：　分　秒	超时：　分　秒	扣分：　分		
选手跑床、跪床、撑床：　次		扣分：　分		
备注：规定操作时间为 3.5 分钟				
实际得分：				

附表 2-11　大堂清洁实训操作考核标准

考核项目	考核要点		考核标准	分值/分	得分/分
职业礼仪	(1)仪容仪表 (2)礼貌礼节		符合客房服务员的仪容仪表要求	5	
			符合站位、问候、引领等服务礼仪规范	5	
操作过程	整理		首先整理前台、行李架、手推车、报架等	5	
			如整理中发现有客人遗落的物品，及时交给领班或失物招领处	5	
	倒垃圾		烟灰缸内的烟蒂超过 3 个时则需更换烟灰缸。先用干净的烟灰缸盖在需更换的烟灰缸上一同撤走，再将干净的烟灰缸换上。倒烟灰时要确保烟蒂已熄灭	4	
			倒痰盂后将痰盂冲洗干净，然后放上相当于痰盂高度约 1/3 的清水或消毒水	3	
			将垃圾桶内的废弃物品清理到固定的垃圾桶内	3	
	除灰	大理石台面	用干抹布擦拭，并用清洁蜡清洁大理石表面	3	
			保持台面无尘、无污渍	2	
		玻璃	对玻璃门等容易脏的地方随时用干抹布擦拭，做到无污渍、无手印	3	
			定期对玻璃进行彻底清洗	2	

续表

考核项目	考核要点		考核标准	分值/分	得分/分
		指示牌	用玻璃清洁剂清洁指示牌的玻璃表面，保证玻璃表面光亮无尘、无污渍	2	
			用擦铜水抛光铜边、铜牌，保持指示牌光亮、无手印	3	
		装饰物	用擦铜水为壁画、壁灯灯罩等装饰物除尘时要谨慎小心	1	
			擦拭时一手固定装饰物，另一手先用湿抹布擦拭灰尘，再用干抹布将水渍擦干，务必将水渍全部擦干，避免残留的水渍损坏材质	2	
			使用湿抹布擦拭灯罩时，应避免碰触到灯管或灯泡，以免发生危险	1	
			擦拭工作完成后，应检视壁画或装饰物是否悬挂牢固或摆放整齐	1	
		计算机	用专用清洁剂和专用擦镜纸擦拭计算机外部、计算机屏幕，以及放计算机的台面	2	
			用干抹布擦干计算机外部的水渍	1	
			保持计算机表面无污渍、无印迹	1	
			擦计算机外壳时要注意断电	1	
		踢脚板	用干抹布擦干净踢脚板上的尘土	1	
			如发现有污渍，戴上手套，用蘸有稀释后的清洁剂的百洁布轻轻擦拭踢脚板表面，使其无污渍、无印迹	1	
			再用湿抹布擦到干净为止，不可有去污剂残留，以免破坏地板或墙面	1	
			用家具上光蜡擦亮踢脚板	1	
			如发现踢脚板破损或不牢固，立即请工程部进行修理或更换	1	
		盆栽	拣去花盆内的烟蒂杂物	1	
			及时剪除枯叶。调换即将凋谢的花草	1	
			一手托住叶子底部，另一手用湿抹布轻拭灰尘，以同一方向擦拭，避免遗漏	2	
			擦好后浇水时，溅出的水滴及弄脏的地面应随手揩干、擦净	1	
		报架、沙发、椅子	整理好报纸后，还要用干抹布轻拭报架 茶几若是玻璃的，则先用湿抹布擦拭后，再斜看有无沾上的污渍，若有，则喷一点玻璃清洁剂，用干抹布擦拭干净 擦拭木椅子时要特别注意雕花部分 用吸尘器吸去沙发边角上的渣子、尘土，使其保持干净 检查报架、沙发、椅子等的牢固性，如果发现问题，及时报修	5	

续表

考核项目	考核要点		考核标准	分值/分	得分/分
	地面清洁	大理石地面	对大堂地面随时进行拖尘，保持地面光亮照人，定期保养	5	
		地毯	随时用吸尘器吸尘，根据脏污程度更换清洗	5	
	整理归位		将艺术装饰品归位	3	
			将被移动过的大厅沙发、座椅、茶几归位	4	
			将被移动鼓起来的地毯拉平归位	3	
综合印象	(1)操作规范 (2)岗位气质		操作过程规范，动作娴熟、优雅	5	
			能体现客房服务员的岗位气质	5	

附表 2-12　计划卫生之床垫维护实训操作考核标准

考核项目	考核要点	考核标准	分值/分	得分/分
职业礼仪	仪容仪表	符合客房服务员的仪容仪表要求	10	
床垫维护	为床垫编号	将床垫的正反两面编上号码 在床头、床尾分别用 1～4 号注明，单号数 1、3 在正面，双号数 2、4 在反面	20	
	定期翻转床垫（此部分为描述）	第一个月将 1 号字放置在床尾，使 2 号字在床头 第二个月将床垫从床头向床尾调转 180°，使 2 号字在床尾，1 号字在床头 第三个月将床垫正反面翻身，使 3 号字在床尾，4 号字在床头 第四个月将床垫从床头向床尾调转 180°，使 4 号字在床尾，3 号字在床头 第五个月将床垫正反面翻身，重新使 1 号字在床尾，2 号字在床头，之后依此类推 也有一些酒店是通过床垫上的商标进行定位，确定周期“调头”与“翻身”的。例如，第一季度商标正面朝上，在床尾；第二季度商标正面朝上，在床头；第三季度商标正面朝下，在床头；第四季度商标正面朝下，在床尾	30	
	定期清洁床垫（此部分为描述）	用吸尘器清理床垫。大部分饮料渍可以溶于医用酒精，但酒精也会让污渍扩散，所以要用一块吸水性好的布蘸着酒精来擦拭污渍。床垫上有霉斑，主要是因为过分潮湿，所以可以找个阳光明媚的日子把床垫拿到室外晒干透，然后把剩下的霉斑擦掉即可	30	
综合印象	(1)操作规范 (2)岗位气质	操作过程规范，动作娴熟、优雅	5	
		能体现客房服务员的岗位气质	5	

附表 2-13　杯具消毒实训操作考核标准

考核项目	考核标准	分值/分	得分/分
职业礼仪	符合客房服务员的仪容仪表要求	5	
	符合进房、问候等服务礼仪规范	5	
倒出杯中残渣	先将杯具中的残渣倒入垃圾桶，然后用水冲净	10	
清洗杯具	将杯具轻轻地放入配好洗涤液的洗刷池中，用杯刷或百洁布去除茶锈等污渍	10	
擦拭杯具	用消过毒的擦杯布擦拭杯具，然后将布对角拉开，左手用布包住杯具底部，手指不能拿杯身，在灯光下检查杯具，要求无水迹、无手印、无毛絮	20	
放入消毒柜	将杯具整齐地放于消毒柜内，摆放时手指不能接触杯身。在洗涤过程中如发现杯具破损要及时挑出，不得再用	20	
消毒完毕	消毒完毕后，将杯具取出，由楼层服务员进房更换。多余的杯具留存于消毒柜内，以备需要时更换。取拿消毒后的杯具时要注意握住底部，不得捏杯口	20	
综合印象	操作过程规范，动作娴熟、优雅	5	
	能体现客房服务员的岗位气质	5	

附表 2-14　酒店客房设备用品认知实训报告考核表

考核项目	考核标准	分值/分	得分/分
房型与设备用品的匹配	阐述酒店客房类型及对应的设备，分析客房用品的配备是否符合要求	25	
客房设备	介绍设备名称、品牌、特色、运行情况、保养情况	25	
客房用品	介绍用品名称、品牌、特色、管控措施	25	
感知见解	分析设备用品管理制度是否完善，并提出自己的见解	25	

附表 2-15　布草盘点实训操作考核标准

考核项目	考核要点	考核标准	分值/分	得分/分
职业礼仪	仪容仪表	符合客房服务员的仪容仪表要求	5	
通知	通知相关部门及人员做好准备	通知客房部、洗衣房、布草房、餐饮部等相关部门及人员做好准备	5	
盘点	盘点布草	盘点客房部布草的使用、消耗和储存情况	20	
		盘点洗衣房布草的使用、消耗和储存情况	20	
		盘点布草房布草的使用、消耗和储存情况	20	
		盘点餐饮部布草的使用、消耗和储存情况	20	
记录	盘点结果	在客房部布草盘点统计分析表(如下所示)上填写盘点结果	10	

附客房部布草盘点统计分析表

名称	结存	进入	总数	房间	工作间	仓库	布草房	报损	遗失	合计	单价	金额	备注
特大床单													
中床单													

续表

名称	结存	进入	总数	房间	工作间	仓库	布草房	报损	遗失	合计	单价	金额	备注
小床单													
枕套													
浴巾													
面巾													

附表 2-16 消防器材实训操作考核标准

考核项目	考核要点	考核标准	分值/分	得分/分
职业礼仪	仪容仪表	符合客房服务员的仪容仪表要求	10	
消防栓	操作流程	打开消防栓柜，卸下出水口的堵头，安上消防栓接扣，接上消防水带，注意接口要衔接牢固	5	
		然后将水带甩开，注意水带不要拧花或打结	5	
		最后拧开阀门，水即从水带输送到火场	5	
		使用完毕后，应先关阀门，然后把水带分解开，卸下接扣，把堵头装好	5	
泡沫灭火器	操作流程	在未到达火源时切记将其倾斜放置	5	
		距离火源 10 米左右时，拔掉安全栓	5	
		拔掉安全栓之后将灭火器倒置，一只手紧握提环，另一只手扶住筒体的底圈	5	
		对准火源的根部进行喷射即可	5	
干粉灭火器	操作流程	拔掉安全栓，上下摇晃几下	5	
		根据风向，站在上风位置	5	
		对准火苗的根部，一只手握住压把，另一只手握住喷嘴进行灭火	10	
二氧化碳灭火器	操作流程	使用前不得使灭火器过分倾斜，更不可横拿或颠倒，以免两种药剂混合而提前喷出	5	
		拔掉安全栓，将筒体颠倒过来，一只手紧握提环，另一只手扶住筒体的底圈	5	
		将射流对准燃烧物，按下压把即可进行灭火	5	
		使用时不要握住喷射的铁杆，以免冻伤手	5	
综合印象	操作规范	操作过程规范，动作连贯	10	

附表 2-17　住客失窃处理实训操作考核标准

考核项目	考核标准	分值/分	得分/分
职业礼仪	符合客房服务员的仪容仪表要求	5	
	符合进房、问候等服务礼仪规范	5	
接受客人报失	上报值班经理、安保部	5	
	封锁现场	5	
	安慰客人	5	
了解情况做记录	了解客人信息及丢失物品详情	10	
	问清失主要求	5	
进行调查和找寻	会同保安、客人找寻失物	10	
	详细记录	10	
回复客人	失物找回，送还客人	5	
	失物未找回，耐心向客人解释	5	
报警	若客人要求报警，通知安保部代为报警	5	
	协助警方调查	5	
记录备查	详细记录	10	
综合印象	操作过程规范，程序合理	5	
	能体现客房服务员的岗位气质	5	

附表 2-18　客房部其他安全事故实训操作考核标准

考核项目	考核要点	考核标准	分值/分	得分/分
职业礼仪	(1)仪容仪表 (2)礼貌礼节	符合客房服务员的仪容仪表要求	5	
		符合站位、引领、问候等服务礼仪规范	5	
场景模拟	(1)场景设计 (2)处理程序 (3)应变能力	场景设计合理，扣主题	20	
		能按照正确的处理程序提出恰如其分的处理方法	40	
		应变能力强	20	
综合印象	(1)操作规范 (2)岗位气质	操作过程规范，动作娴熟、优雅	5	
		能体现客房服务员的岗位气质	5	